城市跨部门治理中的领导小组

基于J市"一日游"市场整治案例的追踪研究

汤利华 著

当代中国出版社
Contemporary China Publishing House

图书在版编目(CIP)数据

城市跨部门治理中的领导小组：基于 J 市"一日游"市场整治案例的追踪研究 / 汤利华著. -- 北京：当代中国出版社，2024.8. -- ISBN 978-7-5154-1418-8

Ⅰ．F592.1

中国国家版本馆 CIP 数据核字第 2024PS9371 号

出 版 人	王　茵
责任编辑	姜楷杰
责任校对	贾云华　康　莹
印刷监制	刘艳平
封面设计	宋　涛
出版发行	当代中国出版社
地　　址	北京市地安门西大街旌勇里 8 号
网　　址	http://www.ddzg.net
邮政编码	100009
编 辑 部	（010）66572264
市 场 部	（010）66572281　66572157
印　　刷	中国电影出版社印刷厂
开　　本	710 毫米 × 1000 毫米　1/16
印　　张	15.25 印张　1 插页　225 千字
版　　次	2024 年 8 月第 1 版
印　　次	2024 年 8 月第 1 次印刷
定　　价	75.00 元

版权所有，翻版必究；如有印装质量问题，请拨打（010）66572159 联系出版部调换。

前　言　不妨一起留意下这个"习以为常"

本书是在我的"大论文"基础上修改而成的。因所涉是公众并不陌生的议题，又觉得除在领域内有所创见外，还有一个颇具情节性的旅游市场治理案例，原希望在语言、结构等方面做一些改良以便邂逅者也愿意"刷一刷"，但几经尝试，终知这个小目标并不太容易实现。思来想去，还是在这里与关注公共治理的读者多做些沟通吧：先给个在此稍做停留的理由；再对全书有些古板的面目做点解释——其实它也是不远人的。

一、要读懂政府协同，有必要了解"小组运行"

近年来有本题为《置身事内：中国政府与经济发展》的书以"读懂中国经济，必须读懂中国政府"的视角、"能深入剖析地方政府的内在运行机制"而受到读者好评，我读来也颇觉得开卷有益。应该说，何止是"读懂经济——要读懂政府"呢？有学者早已指出：要理解中国，就必须理解中国政府；还进一步提醒，要理解中国政府，必须理解其科层组织，而科层组织完成任务的过程是组织内各部门的协作过程——协同能力是政府治理能力的关键……本书大而言之也是剖析政府内在运行的，具体是聚焦较为重要的组织协同机制。当然，我的关注比《置身事内：中国政府与经济发展》要窄很多，较"抓经济"的显主题，更关注内隐一些的"行政过程"，形式上也明显更"论文"些。

应该可以说，这个议题放眼全球也是很有意义的——跨部门协同被普遍认为是21世纪各国建立整体政府、提升治理能力的关键。回到国内，我们常听闻甚至接触过的各种"领导小组"无疑是本土最具代表性的跨部门协同机制。尽管这是个对公共部门乃至公众而言都不陌生甚至是习以为常的存在，但对其的科学认知，不论是在实践界还是理论界，都一定程度仍处于复杂会话中。从学界看，国内外研究者在持续关注并取得进展的同时，仍对作为机制核心、也最能反映这种机制的实然功能与结构的小组运行过程——其在复杂城市等多重环境下是如何运转的？仍存在"经验世界的广泛应用和理论界的语焉不详"之间反差的缺憾……所谓研究很重要的是有问题意识，提出的问题是决定研究的上限的——本书就是在国家推进治理体系与治理能力现代化提升，同时国内城市跨部门治理挑战在凸显等背景下，探讨普遍存在的领导小组的运行规律这一核心议题的。回答问题的方式并不"炫"，简单说就是在"讲道理""摆事实"中推进的。

二、要了解"小组运行"，有必要读懂"八股"章节

至于这个研究结果的打开方式，主体上还只能是这样线性的：首先在理论上构建一个理解本土领导小组运行的学理框架，然后选择一个代表性的案例（J市在小组机制下整治"一日游"案例）来加以实证，最后提出对策启示及研究局限等。这里请注意是"结果呈现"并非"研究过程"，后者其实是非线性、很烧脑的，是"道理"与"事实"间反复碰撞而来的，以下逐一解释前者以便读者阅读。

"导论"一章，主要是以现实真问题为导向，从多方面阐明缘何要进一步探讨该议题。具体展开之前会对所指的领导小组、运行机制等核心概念做必要界定；从中能发现，"领导小组"只算通俗提法，"非常设机构""临时机构""议事协调机构"等是它曾有的学名，至于从组织学上它该如何画像，这里就不"剧透"了。

"文献综述"一章，主要是详细介绍国内外研究者在该领域所做的工作。研究无疑是站在前人肩膀上的——前有古人，我努力不重复别人的劳动，后还会有来者；这部分个人觉得的确有些枯燥冗长了，你大可不读或从"综"直接跳转到"述"，这里会评价相关研究进展并提出自己的思考。

"理论研究"一章，主要提出重要的模型图，即用概念和线条让你能相对简单明了、很具象地了解小组运行的图景；这部分也即通俗说的

"讲道理",当然这个道理的提出是有依据的、有所创新的——主要是借助组织学中两个重要的理论或分析工具来构建我所谓的"领导小组运行的适应模型"。

"研究设计与案例背景"一章,是为"摆事实"做准备的。主要介绍所采用的案例研究方法及其依据,还解释了案例选择的理由;鉴于所选案例存在着时间跨度大且有些复杂等特点,也是较少从跨部门视角来完整呈现的,还很温馨地白描了案例背景与过程概要。

接下来的第五至第八章就是在"道理"的指导下具体"摆事实"了:分别对"一日游"市场整治中四个典型场景的小组协同类型进行"分析性叙事",这四章从理解习惯看也可合并为一大章,就是用夹叙夹议的语言、有逻辑地讲一个跨越20年的市场治理故事。

第九章在以上对不同场景"深描"基础上,对四个子案例进行集中比对分析,还利用其他城市小组治理案例加以辅证——算是"掰开了揉碎了"来论证了。之后,从对小组运行规律的把握进一步反观其组织特征(即组织学画像),还比较了小组制与科层制、中外"小组"运行的区别。

最后一章总结了主要结论和可能的贡献:围绕小组运行分析框架所涉变量,提出优化小组运行机制的思路、原则和相关建议;鉴于任何科学研究都是有局限的、只是"一家之言"或"一面之词",最后指出研究的不足与未来希望能所达致等。

最后列出多页中外参考文献是研究规范的要求,当然其中一些是可以作为扩展阅读的。

大致这样就交代完了,真不知是否有你喜欢的。也许有的会对案例中市场治理从"合作最小化"到"合作最大化"突变的组织机制感兴趣;有的会觉得领导小组的"结构动态化呈现"有点意思;有的还可能会问,讲文旅故事莫非也在蹭流量?是的,当下的文旅无疑是"热辣滚烫"的(淄博、"尔滨"们还记忆犹新吗?),而我对议题的关注最早就是源于对旅游市场治理(即地方为该市场发展所做的保驾护航)的观察——这些年文旅局长们纷纷出镜促发展,其背后是协同的支撑,更别说更为复杂的市场治理需要的机制了。当然,这也是我不惑之年冒出"前半段看风景、后半段透过风景看更丰富的大地"想法的落地——服务关联广泛的文旅业同时,更把这个"小熟悉"作为案例深加琢磨——始于此但不止于此吧,希望透过它看懂更具一般性、也更重要的"习以为常"。相信聪慧的你"刷"完后也会看到更多的。

目 录

前　言　不妨一起留意下这个"习以为常" ………………………… 001

第一章　导　论 …………………………………………………… 001
　第一节　研究背景 ……………………………………………… 001
　　一、现实难题与合作"悖论" ………………………………… 002
　　二、国家历来重视部门协同及小组议题 …………………… 003
　　三、现代城市跨部门治理挑战凸显 ………………………… 006
　第二节　研究问题与意义 ……………………………………… 008
　　一、研究问题 ………………………………………………… 008
　　二、研究意义 ………………………………………………… 010
　第三节　核心概念 ……………………………………………… 011
　　一、跨部门协同 ……………………………………………… 011
　　二、领导小组 ………………………………………………… 013
　　三、运行机制 ………………………………………………… 016
　　四、城市治理 ………………………………………………… 018
　第四节　研究思路与内容安排 ………………………………… 019
　　一、总体思路 ………………………………………………… 019
　　二、章节安排 ………………………………………………… 021

第二章　文献综述 ………………………………………………… 023
　第一节　一般意义跨部门协同运行相关文献 ………………… 023

一、跨部门协同的动因 …………………………………… 024
　　二、跨部门协同的结构 …………………………………… 026
　　三、跨部门协同的过程及影响 …………………………… 030
　　四、国内一般意义跨部门协同影响因素 ………………… 032
　第二节　作为特殊跨部门协同的领导小组运行研究进展 … 035
　　一、小组运行的动因与功能 ……………………………… 036
　　二、小组的结构、运行过程及影响研究 ………………… 038
　　三、作为小组集体行动的"运动式"相关研究 ………… 041
　第三节　对已有研究的思考 ………………………………… 044
　　一、对一般跨部门协同运行的基本认知 ………………… 045
　　二、领导小组运行机制的初步认知 ……………………… 046
　　三、已有研究待提升之处 ………………………………… 049

第三章　开放系统中领导小组运行的分析框架 …………… 053
　第一节　开放系统中的环境—结构论：组织结构权变与制度理论… 054
　第二节　小组运行分析框架提出的逻辑 …………………… 057
　　一、运用组织结构权变理论形成小组运行过程基本要素链 … 058
　　二、运用制度理论等对小组运行内外环境及之间关联做分析 … 060
　第三节　小组运行适应模型的要素及包含内容 …………… 063
　　一、环境要素：任务环境、协同制度与系统情景 ……… 065
　　二、主体要素：组织目标、结构及集体行动 …………… 067
　第四节　小组运行适应模型中的要素间关系 ……………… 068
　　一、小组运行的动力机制和过程机制 …………………… 068
　　二、小组运行的反馈机制与约束机制 …………………… 070
　　三、"纵向控制—横向协调"作用下的四种小组运行类型 ……… 071
　本章小结 ……………………………………………………… 076

第四章　研究设计与案例背景 ………………………………… 078
　第一节　研究设计 …………………………………………… 078
　　一、研究方法与工具选择 ………………………………… 078

二、数据收集与分析 ……………………………………………… 082
　　三、案例选取理由 ………………………………………………… 084
　第二节　案例背景 …………………………………………………… 087
　　一、任务环境总体特征 …………………………………………… 091
　　二、治理主体基本情况 …………………………………………… 094
　　三、案例过程描述（2000-2020年）……………………………… 101

第五章　松散联盟型"一日游"市场整治小组运行 ………………… 110
　第一节　任务环境与组织目标：21世纪初"此类投诉能否降20%" 110
　第二节　小组结构：纵向与横向皆弱 ……………………………… 114
　　一、小组的纵向控制机制 ………………………………………… 114
　　二、小组的横向协调机制 ………………………………………… 115
　第三节　小组集体行动及影响："联而不合"效能弱 …………… 117
　本章小结 ……………………………………………………………… 120

第六章　权威依赖型"一日游"市场整治小组运行 ………………… 121
　第一节　任务环境与组织目标：2008奥运年"投诉量显著下降"… 121
　第二节　小组结构：纵向加强而横向仍弱 ………………………… 123
　　一、小组的纵向控制机制 ………………………………………… 123
　　二、小组的横向协调机制 ………………………………………… 125
　第三节　小组集体行动及影响："同而不和"反弹快 …………… 128
　本章小结 ……………………………………………………………… 132

第七章　扁平科层型"一日游"市场整治小组运行 ………………… 133
　第一节　任务环境与组织目标：关乎城市形象大问题"零容忍"… 133
　第二节　小组结构：纵向与横向皆强 ……………………………… 135
　　一、小组的纵向控制机制 ………………………………………… 135
　　二、小组的横向协调机制 ………………………………………… 138
　第三节　小组集体行动及影响：聚合力出重拳 …………………… 146
　本章小结 ……………………………………………………………… 149

第八章 资源依赖型"一日游"市场整治小组运行 150
第一节 任务环境与组织目标:"零投诉"后"总结、完善、提高" 150
第二节 小组结构:纵向减弱而横向仍强 152
第三节 小组集体行动及影响:趋向常态化的协同行动 155
本章小结 159

第九章 领导小组运行的逻辑 160
第一节 四个子案例中的结构及行动比对分析 160
一、整治小组四种不同的结构及行动比较 162
二、小组不同结构及行动的其他案例印证 166
第二节 四个子案例的不同呈现与转化分析 169
一、呈现与转化特征 169
二、呈现与转化机理 170
三、小组运行类型转化的其他案例印证 171
第三节 四个子案例小组运行的不同制度约束与变迁分析 174
一、以旧《旅游条例》为代表的小组运行环境分析 175
二、以新《旅游条例》为代表的小组运行环境分析 176
三、其他跨部门治理领域制度变迁案例印证 179
第四节 小组运行整体机制与核心特征 180
一、"一日游"整治小组的整体运行 180
二、小组结构的动态性与功能的适应性 183
三、与西方小组方向一致而运行方式有别 184
案例研究小结 187

第十章 结论、建议及讨论 188
第一节 主要结论与贡献 188
一、主要结论 188
二、主要贡献 191
第二节 小组运行优化的原则与思路 193
一、小组运行优化的原则 194

二、小组运行优化的思路 ································ 196
第三节　小组运行优化建议 ································ 197
　一、处理好纵向机制的促进性和适度性 ···················· 197
　二、进一步重视横向机制的价值与局限 ···················· 198
　三、加强协同制度供给以优化小组运行环境 ················ 198
　四、处理好组织目标与任务环境的关系以优化外适应 ········ 200
　五、对"中国情景"的理解与治理现代化视域下的完善 ······· 200
第四节　研究的局限与展望 ································ 202

参考文献 ·· 206
后　记　努力用学术讲好本土城市治理故事 ·················· 229

第一章 导 论

第一节 研究背景

"人类社会的合作何以可能？合作又是建立在什么基础之上？"是社会科学思考的核心问题之一；进入 21 世纪，上述问题常以另一种方式提出：合作困境究竟因为哪些因素而生成？不同组织怎样能相互配合而不是相互掣肘？——其也是管理学经久不衰令人着迷的话题；而跨部门协同同样是公共管理中的永恒主题。

作为公共事务治理主体的政府是由相互依存、相互作用的纵横交错的各部门组成的复杂系统，其良好状态理应是一个"纵之而通、横之而通"的整体——政府组织内部各部分之间的关系状态直接影响着组织整体性功能的发挥程度和公共事务治理的绩效。以纵向分层、横向设科专业化分工为特征的科层制曾是"理想类型"，然而科层制在现代社会也面临巨大挑战。奥斯本（Osborne）曾做过一个有关"老鼠问题"的形象描述：如果在公寓大楼里发现一只老鼠，那属于住房检查员的责任；如果这只老鼠跑到一家餐馆，那它归卫生部门管辖；如果它跑了出去死在一个小巷里，那就归公共工程部门管理了——这从一个角度说明，在包括问题盘根错节等在内的高度复杂化社会，希望公共部门职权界定明确清晰显得日益无能为力（周志忍，2008）。本案例中的 J 市多部门整治的非法"一日游"也曾类似一个到处"串门"的"老鼠"：发小广告时它归城管部门管，上了旅游大巴它归交通部门管，大巴车跑在路上归交警管，由正规导游带队时归旅游部门管，进了购物店后归工商部门管……传统的基于职能的结构面对复杂的社会问题显得信心不足，政府纵向过程与横向过程问题之间的张力明显加大——而这期间的大量"痛苦"与亟须横向合作的难题有关（迈克·希尔等，2011：207）。

鉴于以上，整体性治理被认为是 21 世纪政府变革最明显的特征（Perri6，1997）。学者们对于整体性治理的研究虽仍莫衷一是，但均认可其最明显的特征是强调制度化的跨部门合作（Kettle，2000）。可以看到，西方国家在长达 20 年之久的新公共管理改革之后的重点已经从结构性分权、机构裁减和设立单一职能的机构转向整体政府相关改革（Christensen，2006）。而国内情况看，基于现实较普遍存在的"协作难"等相关难题或困境，协同性也已成为国家行政体制改革的基本特征和方向（王浦劬，2014）。一些研究者本世纪初在积极从西方学习引进整体政府等相关理念的同时，也开启了对本土政府组织内普遍设置、最具代表性的跨部门协同机构性机制——领导小组（以下可简称小组机制或小组）的相关研究。鉴于该议题的重要性与复杂性，学界对跨部门治理中的小组机制的研究在取得积极进展的同时，也在一定程度上存在着"经验世界的广泛应用与理论界的语焉不详"之间反差的遗憾。例如，现有研究还不能有效解释 J 市在小组机制下、在不同场景中跨越 20 年治理整顿"一日游"市场所体现出的协同运行规律，这为该议题的研究留下了知识整合和理论创新空间。理论与实践表明，后续有待在科学理论指导下，利用适合的分析工具，结合本土实际进一步对其薄弱环节开展研究从而形成系统解释，这将有利于本土城市协同治理体系与能力提升。以下从现实难题、国家重视、现代城市面临挑战等方面具体说明跨部门治理中的小组议题是一个有待继续深入的主题。

一、现实难题与合作"悖论"

中国走向现代化进程中，在中央与地方为代表的纵向协同关系出现失衡现象需"集分平衡"（王沪宁，1991）加以应对的同时，"块"上的横向关系也在一定程度上存在张力——且这种水平结构的政府部门间关系的复杂程度远远高于央地关系（谢庆奎，2000）。有人形容一些地方政府是"一袋土豆"，即看起来是一个政府而实际上里面是一个个的"土豆",每个"土豆"都是一个利益板块而每个利益板块都跟社会各种利益交织在一起(朱四倍,2007)。一方面,在"大部制"改革的趋势中仍存在着主管部门多而横向协同治理难等监管难题:有的城市一位主要领导身兼数十个协调相关职务;有的城市几十个部门中设有上百个协调机构(机制)——从简短的"馒头办""西瓜办"到叠床架屋达几十个字林林总总,同时仍一定程度上存在"九龙治水天下大旱""多个监管部门管不好一张嘴"等颇受诟病现象。换个角度看,城市各部门间存在着"都要管""都难管""都不管"的情况。而另一方面,又可间或看到被认为是"简单粗暴"但"见效"的各种联合整治,与之常有关联的是"老大难老大难,老大出面就不难"的"一把手"集中治理现象。

有研究者发现国内治理存在一种"怪现象":问题发生前,往往是"政府最小化"状态,政府对市场上发生的破坏规则行为听之任之几无作为;问题发生后则是"政府最大化",政府几乎倾尽一切与该问题有关的资源去应对这一问题,整个市场规则也因此停摆,政府与市场都付出了很大代价(臧雷振等,2014)。在城市跨部门治理领域也存在着常规情况下政府的"合作最小化"与非常规情况下的"合作最大化",或者说"执行力突然放大"现象(贺东航等,2019)。观察表明,这些反差与在跨部门治理中已习以为常但知之仍较少的领导小组机制有某种关联,其中机理需进一步关注和系统解释。

二、国家历来重视部门协同及小组议题

部门间的集成高效是行政体制改革的重要议题。政府改革的实质是政府简政、分权与放权,难点是理顺关系——历次党和国家机构改革都与理顺部门关系、提高部门协同性密切相关:如1951年政务院即做出了《关于调整机构紧缩编制的决定》[①];1988年政府机构改革正式提出理顺机构的概念;2003年提出切实贯彻一件事主要由一个部门负责或牵头部门

[①] 1949年成立的政务院(即国务院前身)设立政法、财经、文教、人民监察等4个委员会分管35个部门。其之后的1953年第一个国家五年计划实施,为加强中央计划指导,经济管理职能开始向直接、微观的方面发展,综合性的管理部门分化成为专业性的管理部门。可见相关参考文献。

负责的原则以避免职责交叉和责任不明；其后多次党和国家的重要会议都非常重视理顺关系、提高协同性的议题（见表1-1）。2021年发布的国家"十四五"规划还明确提出完善跨领域跨部门联动执法、协同监管机制等与协同议题相关的内容。现阶段，我国国务院设置组成部门26个，而广义政府的部门已达"百部"[①]（刘炳辉，2019）。可以说，中央层面的"条条"众多且央地间的"职责同构"（朱光磊，2005）是地方跨部门合作的一个结构性背景。

表1-1 党和国家部分重要会议涉及部门协同相关内容一览

年份	会议及文件	相关内容
2007	党的十七大《高举中国特色社会主义伟大旗帜 为夺取全面建设小康社会新胜利而奋斗》	提出健全部门间协调配合机制等。
2008	党的十七届二中全会《关于深化行政管理体制改革的意见》	明确指出探索实行职能有机统一的大部门体制，完善行政运行机制。
2013	党的十八届三中全会《中共中央关于全面深化改革若干重大问题的决定》	首次提出推进国家治理体系和治理能力现代化。
2018	党的十九届三中全会《深化党和国家机构改革方案》	提出了机构改革要以推进党和国家机构职能优化协同高效为着力点。
2019	党的十九届四中全会《中共中央关于坚持和完善中国特色社会主义制度 推进国家治理体系和治理能力现代化若干重大问题的决定》	在"坚持和完善中国特色社会主义行政体制，构建职责明确、依法行政的政府治理体系"部分中提及"协同""协调""跨部门"等关键词，继续提出"健全部门协调配合机制，防止政出多门、政策效应相互抵消"等。

资料来源：作者根据相关文件整理。

2008年《关于深化行政管理体制改革的意见》中的大部制包含了两重含义：首先是整合职能相近部门，由一个部门统一管理以实现组织层

[①] 与之相较的部分国家政府部的数量情况是：巴西24个，加拿大19个，英国18个，美国15个，日本13个等。可见相关参考文献。

面的大部门体制；其次是不能做到由一个部门管理的要明确主次责任，由一个部门牵头建立跨部门协调机制以实现机制层面的大部门体制（李文钊，2014）。本研究关注的即是大部制精神重要体现或者说被认为是作为大部制"生物学补充"、最具代表性的跨部门协调机制——领导小组。自新中国成立以来，党中央、国务院各个部门大都按照专业和行业进行职能分工，有的重大任务一个部门难以完全统领时就需要建立（该类）跨部门协调机制（曾培炎，2010：3）；而我国的历次机构改革都涉及小组的调整——在20世纪80年代中之前的历次机构改革中已多次强调要认真清理整顿各种相关机构（尚文化，1985）。从1986年第一个关于领导小组的专门性文件《国务院关于清理非常设机构的通知》的出台到2008年《国务院关于议事协调机构设置的通知》的发出，多次会议和文件涉及对领导小组的相关规定与表述（要点见表1-2）。还可以看到，国家文件中的"领导小组"名称已经历了从"无名氏"—非常设机构—议事协调机构和临时机构—议事协调机构等的变更，而现实中频繁运用的"小组"也被较早批评为存在着"市长打更，职能部门睡觉"[①]等"领导小组病"。在对治理跨界问题中"领导挂帅"效果的质疑的同时[②]，也被认为陷入"精简—膨胀—再精简—再膨胀"的"怪圈"（叶托，2015）。如经过自20世纪80年代以来的多次清理后，2014年群众路线教育实践活动以来全国又一次性减少13万余个领导小组和议事协调机构[③]等。2018年党的十九届三中全会通过的《中共中央关于深化党和国家机构改革的决定》提出要"优化党中央决策议事协调机构，负责重大工作的顶层设计、总体布局、统筹协调、整体推进"。随着全面深化改革事业的启动，领导小组机制继续在新时期以新的形式发挥作用，一批新的高层次的领导小组陆续产生并运转。同时，"长期存在重设立轻运行"、需"完善配合机制，提升运行效能"、要"突破运行关"等被认为仍然是地方领导小组需

---

① 佚名. 鹤壁市政府精简机构 提高工作效率 结束"市长打更，职能部门睡觉"的局面[N]. 人民日报，1985.10.14.

② 可见：阮望. 领导"挂帅"八股文小议[J]. 财经问题研究，1995（6）；王争亚. 领导挂帅就能推得动？[N], 中国环境报，2015.7.8等。

③ 周琳等. 全国一次性减少13万余个领导小组和议事协调机构[N]. 新华社，2014.10.22.

要正视的问题[①]。

表 1-2 部分国家党政文件中"领导小组"相关规定与表述一览

年份	党政文件/决定	相关规定/表述
1986	《国务院关于清理非常设机构的通知》(国发〔1986〕100号)	该通知把各级国家机关在常设机构之外设置的委员会、领导小组、办公室等统一称"非常设机构"。提出区别情况,撤并一批非常设机构;严格控制设置、加强管理、建立健全审批制度等。
1993	《关于国务院议事协调机构和临时机构设置的通知》(国发〔1993〕27号)	将国务院的"非常设机构"更名为"议事协调机构和临时机构"。
2004	党的十六届四中全会《中共中央关于加强党的执政能力建设的决定》	第一次做出"规范各类领导小组和协调机构,一般不设实体性办事机构"表述。
2007	党的十七大报告	首次将"精简和规范各类议事协调机构及其办事机构"列为行政管理体制改革重要内容。
2008	党的十七届二中全会《关于深化行政管理体制改革的意见》	精简和规范各类议事协调机构及其办事机构,不再保留的,任务交由职能部门承担。严格控制相关议事协调机构设置,涉及跨部门事项,由主办部门牵头协调。确需设立的按规定程序严格审批,一般不设实体性办事机构。
2008	《国务院关于议事协调机构设置的通知》(国发〔2008〕13号)	凡工作可以交由现有机构承担或者由现有机构进行协调可以解决问题的,不另设立议事协调机构,涉及跨部门的事项,由主办部门牵头协调……一般不单设实体性办事机构,不单设核定人员编制和领导职数。

资料来源:作者根据相关文件整理。

三、现代城市跨部门治理挑战凸显

城市因其较一般意义的地方更具有的复杂性而成为本书的研究单元。现代城市作为区域的政治、经济、文化、科教等中心,是劳动力、资本、各类经济生活基础设施高度聚集,人流物流、资金流、信息流高度交汇,

---

① 可见地方相关行政(编办)人员的撰文,如:王严.加强规范管理 完善配合机制 着力提升议事协调机构运行效能[J].机构与行政,2020(12):50-51;耿瑞悦.议事协调机构运行监管的探索[J].机构与行政,2021(08):46-47 等。

子系统繁多的开放复杂巨系统（宋刚，2007）。中外城市化的发展为城市公共管理提供了强大现实需求，而传统的一般城市政府的垂直化层级管理阻碍了观念和信息的自由流动，已不适合解决非"垂直性"的问题（史蒂芬·戈德史密斯，2019：5）。现代城市的复杂性决定了城市管理工作的复杂性，现代城市管理中面临种种协同治理困境和悖论，协同化需求与碎片化现实之间的张力在其中体现得尤为明显，亟须提升协同治理能力来有效应对。

城市掌握权力——以及我们作为生活于其中的公民行使权力——的方式，是当代世界的重要特征（安东尼·奥罗姆，2017：6）；城市治理也是最能体现国家治理能力和治理水平的领域之一。鉴于城市治理的重要性与复杂性，我国于2015年12月召开了中央城市工作会议，这个时隔37年再次召开的会议在"建设"与"管理"两端着力，重在转变城市发展方式，完善城市治理体系，提高城市治理能力，解决城市病等突出问题；其配套文件[①]已提出协同治理城市痼疾顽症，还就深入推进城市管理执法体制改革，改进城市管理工作提出要求。其后的2016年2月又出台配套文件[②]，对推进依法治理城市、改革城市管理体制、完善城市治理机制等提出明确要求。从具体地方（城市）实践看，如安徽省出台推进城市执法体制改革改进城市管理相关实施意见，希望从源头上克服一些地方所习惯的"运动式管理""突击性整治"，消除城市管理工作中的短板[③]。本书案例所涉的J市于2017年5月审议通过的《关于全面深化改革提升城市规划建设管理水平的意见》进一步明确了城市体制改革的方向，通过委员会等机构机制解决城市管理中相关部门"专业性"强但跨部门的"统筹性"弱的问题即是其中的一项重要内容。

综上，现代社会中科层制强调分工的同时必然产生协同需求与困境，"纵之而通、横之而通"的整体政府是世界上很多国家努力的方向；作为

---

① 《中共中央国务院关于深入推进城市执法体制改革，改进城市管理工作的指导意见》（中发〔2015〕37号）。
② 《中共中央国务院关于进一步加强城市规划建设管理工作的若干意见》（2016.2.6）。
③ 《中共安徽省委安徽省人民政府关于深入推进城市执法体制改革改进城市管理工作的实施意见》（皖发〔2016〕40号）。

公共管理和组织学的核心议题之一的跨部门协同是 21 世纪建立整体政府的关键。而在本土治理特别是城市治理中，政府内各部门间的合作关系是构建有效政府的第一原则，依然是在公共管理变革中亟须加以解决的核心议题，是实现其他跨部门协同的基础——"善政"依然是通向"善治"的关键（俞可平，2014）。领导小组是本土普遍存在的、最具代表性的跨部门协同机制，在现实中发挥着不可替代的作用，同时也存在不同的认知和质疑。理论进展与现实表明，有必要在既往研究基础上，把该议题继续深入研究下去。

第二节　研究问题与意义

一、研究问题

鉴于我国部门间协调不力已突出体现于整个行政过程（张成福等，2012）的事实，协同性是新时期我国行政体制改革的基本特征之一（王浦劬，2014）。政府跨部门协同无疑也是我国学界长期的关注议题。如前述，本世纪初一些学者已陆续引入整体政府等相关理论，希望对政府改革提供理论资源；呼吁"加强合作治理研究是时候了"（夏书章，2012）。与此同时，一些学者较早注意到了国内较普遍设置的、本土特征明显、在跨部门协调议事中发挥着重要作用"领导小组"现象，并认为需要把其作为科学来研究（程同顺，2001）。

现有对领导小组的研究在取得一些共识的同时也不乏认知分歧之处：如对小组的功能认知，一些研究肯定小组协同机制的"统合作用"（陈柏峰，2017；王浦劬，2019 等）；而一些研究在指出现实持续存在协同困境的同时也指出这种机制的"花架子"等局限（周志忍，2013；赖先进，2015；原超，2017 等），即现有研究结论中"高效统合作用"与"协同仪式化"等两端认知同时存在。又如对小组结构的研究，存在"矩阵"或"特殊矩阵"（童宁，2007；原超，2017 等）、"简约版科层制"（刘志军，2015 等）或"项目制"（陈玲，2015 等）等不尽一致的认知。可见，在这些关于小组的组织协作属性基本认知上学界还存在分歧之处。而在最能认知其实然功能、实然结构等性质的小组运行研究方面，目前存在"横向协作论"（曹丽媛，2013；朱春奎等，2015等）、"高位驱动论"（周志忍，2013；徐明强，2021等）与"矩阵作用论"（文宏，2015；原超，2017等）不同认知，相关解释间还未有较深入的对话，仍存在"经验世界的广泛应用和理论界的语焉不详"的缺憾。还值得注意的是，近几年才较多见诸报端、与领导小组关系密切的"工作专班"（刘鹏，2022等）同时存在着"务实举措"[①]与"花架子"[②]的不同评价。

鉴于研究现状，有研究者已洞见到不同于"一类领导小组、一种运行逻辑"的研究思路，认为小组的运行会是"同一逻辑、不同呈现"（周望，2018）。笔者从 J 市在领导小组机制下多部门联合整治"一日游"市场这个跨越 20 年的历时性案例中发现，在本世纪初、2008 年奥运会前后、2018 年"史上最严"整治前后、非法"一日游"实现"零投诉"后等不同场景中，存在不同的协同类型及相应治理效果。可以说，小组协同运行的机理是较为复杂的，现有相关研究在产生了持续知识贡献的同时，仍一定程度存在系统性、动态性研究不足，一些认知还一定程度呈碎片化，已有成果与小组在治国理政中的作用还不能很好地相匹配。总之，实践和既有研究表明，有待利用更有力的分析工具进一步选择典型案例加以研究，以便对该种习以为常的组织现象形成更有解释力的系统认知。

从全球范围内看，公共管理的研究内容更多是由环境决定的而非理论逻辑。本研究以城市现实问题为导向，在经验观察和理论进展双重推动下，以系统探析小组运行的"同一逻辑、不同呈现"机理为方向，重点探讨三个有密切关联的问题：（1）城市跨部门治理中普遍存在的领导小组运行机制是怎样的；（2）小组的协同任务过程会呈现怎样的类型或形态；（3）不同类型之间的转化规律如何等。从具体要素关系上说，是对开放系统中与领导小组运行相关的任务环境、组织目标、小组结构及集体行动等多个关键因素做整体性分析。

---

① 如可见：马刚. 专班工作法是抓具体抓深入的务实举措[N]. 贵州日报，2019.3.2：2.
② 如可见：张玉胜."工作专班"泛滥也是形式主义[N]. 人民政协报，2020.12.14：5.

二、研究意义

正如黄仁宇（2007）所言，学术研究的意义不在于发现和批判，而在于发掘和解释其背后的逻辑；本书理论研究与案例研究相结合，研究本土具代表性的跨部门协同结构性机制——领导小组机制的实然运行规律议题，具有"解释逻辑"的理论意义，也有预测行动与优化机制等现实意义。

（一）本研究的主要理论价值

本研究从开放系统高度对领导小组运行过程提出一个基于组织学的适应模型，让复杂的小组运行机理形成结构化认知并得到较为整体的解释，进而区分了小组运行的四种不同协同类型并剖析了其转化规律，使既往不同侧面的发现得以统一解释。以上两点是对小组运行"同一逻辑、不同呈现"的系统解释，这对于进一步深入把握微观组织层面的小组机制乃至"小组治国"制度研究都有积极的意义。研究还首次在跨部门协同视野下较为完整地贡献了 J 市整治"一日游"市场这个看似"小事件"但影响非小的历时性治理案例，能丰富本土小组运行的经验事实，有利于在本土实践中进一步搭建该领域研究由"实践增量"向"理论增量"的转化桥梁。

（二）本研究的主要现实意义

政府组织内关系直接决定了其整体功能发挥程度和公共事务治理绩效，探寻制度化且行之有效的政府部门协同机制对于提高现代城市地方治理能力至关重要。本研究力图认知实然、洞悉逻辑，以求把握小组运行规律，其成果可以预期这种具代表性的跨部门协同的行动逻辑和效果；能进一步认识小组治理的优势与不足，有助于权衡协同模式的选择，所提出的优化建议能服务于大城市治理能力现代化提升。总之，可以为优化跨部门治理中的领导小组运行提供案例借鉴和政策启示。

综上，本研究有助于整合相关知识贡献，进一步打开小组协同运行"黑箱"，能丰富本土政府协同治理理论和政府过程理论，对提升城市治理能力现代化有积极意义。与此同时，为国家"十四五"规划提出的"完善跨领域跨部门联动执法、协同监管"提供直接的理论支撑与政策建议。

第三节 核心概念

概念是理论思维的基本元素，是对事物本质特征的概括和抽象，反映了人们对事物性质的基本认识，是理论框架构建的逻辑起点。以下在简介作为研究领域的跨部门协同概念后，重点介绍领导小组、运行机制等核心概念，最后对本研究中的"城市治理"一词所指做出必要说明，以利于对研究对象形成明晰认知。

一、跨部门协同

"协同"在《辞源》中的解释为"和合""一致"。管理学中协同与分工同为两大基石性问题，战略学中强调的协同功能是部分之和的匹配和整体效应的放大。协同学（Genetics）是系统科学的重要分支理论，着重探讨各种系统从无序变为有序时的相似性；作为独立学科的协同学强调协同的自发性、有序性和自组织（Self-organization）性，产生新的有序结构的生发机理。社会分工必然伴随协同需求，自哈肯创立协同学之后还产生了探讨如何通过社会协同，实现社会系统跃迁，将无序变为有序的社会协同学，其被认为是实现人类社会未来生存和发展模式的机制（曾健等，2000）。协同理论的诞生与传统公共行政的范式转化，产生了协同政府、整体政府、整体性治理等理论（曹堂哲，2009），如有学者把贯彻协同治理理念的政府形态称为协同型政府。世界经合组织把协同机制分为结构性和程序性机制：结构性机制重在考察跨部门协同的组织类型和运行架构；程序性机制侧重考察协同的工作程序、阶段要素以及辅助工具。前者（结构性机制）的设计上又可分为正式结构与非正式结构。

跨部门协同（Cross-sector Collaboration），可以被认为是多元行动主体超越组织边界的制度化合作行为（徐艳晴、周志忍，2014）。跨部门协同作为一个研究领域，涉及的理论基础非常宽泛，不仅涉及经济、政治、社会、管理学等众多传统学科，还吸收了协同学、系统学、生态学、信息学等新型学科的资源优势，可以说是集自然科学、社会科学、人文学科等于一体（孙迎春，2014：50）。中外学者已对该领域开展了一些理论梳理工作，如 Gazley（2008：42）列出了开展跨部门协同的一个多学科和跨学科的研究路径,涉及经济学、政治学与政策研究、组织行为、社会学与人类行为等多学科的众多理论;又如孙迎春(2014:16)从协作动力、结构和过程要素三个维度,按照跨部门协同建设过程中需要回答的为什么协同、如何安排协同和怎样协同等问题来梳理其基础理论的发展脉络及内在关联。要注意的是,西方语境的一些跨部门协同多是指公私部门间的协同(政府部门、私营部门及第三部门的跨界合作),其影响因素涉及动态与静态、内部与外部等多层面的众多因素(刘新萍,2013)。

涉及政府部门间关系的跨部门协同是指多个不同的公共部门为实现共同确定的目标而通过信息、资源和权力的共享、共同决策、联合行动等开展较为正式的深度合作(Innes J. E.,2004),其相较于整体政府、协同政府等理论研究兴起较早。该类跨部门协同有不同的分类方式,如据协同政府相关理论,狭义小概念中的跨部门协同主要指政府部门之间的协同;中等概念中包括了上下级政府、上级部门与下级政府间的协同;从广义概念看,包括政府与市场、政府与社会间的协同(赖先进,2018:5-6)。从这个角度看,本书重点关注的议题属狭义概念,即政府内部横向平行部门间的协同。澳大利亚政府把可应用于公共事务管理的协同分三个层次:政策制定中的协同、执行和项目管理中的协同以及公共服务提供中的协同,三者的区分在西方学理上一般认为是存在的。例如,英国的"协同政府"侧重于决策中的跨部门协同,美国的"跨部门合作机制"侧重于政策执行中的管理,即西方研究中有的协调形式适用于决策但不适用于执行(周志忍,2008)。但国内情况则有所不同,国情和现实运行决定了决策与执行往往是统一体(地方领导小组体现得更为明显)。

国内与政府跨部门协同相关的概念或表述还有"行政协调"(金国坤,2008)、"行政协同"(李琪、麻宝斌,2010)、"跨部门治理"(杨宏山等,2018;耿爱生等,2020)以及"协同执法"等,其中的"行政协调"在行政学领域常用,"协同执法"则多出现在法学学科。相关经验提法还如"集中整治""联合执法"(吴鹏等,2006)等。英文中的Collaboration、Cooperation、Harmony、Join-up、Partnership、Working together、Synergy等都有与"协同"相关的意义,有学者认为它们之间有区别,也有学者认为仅属不同学科习惯表达"协同"相关概念（曹堂哲，2009）。本研究主要探讨本土议题，因而在对外文使用中倾向于后者（在涉及时会注意不同语境下的区别）。

二、领导小组

领导小组（Leading Small Group）涉及跨部门事务，学者们对其有不同的界定：如认为是对国内广泛存在的各级各类协调小组、工作小组、委员会、指挥部等议事性、协调性工作机构和机制的总称（周望，2018）；是中国政治与行政实践中，为加强整合而成立的相对灵活且隐性的组织机构统称（刘炳辉，2018）等。作为一种机制或制度其可以有狭义和广义两种理解：狭义上看，是规定某一领导小组的组织构成、内部成员关系以及与外界互动方式的各种规范的集合，随着领导小组这一实体组织的成立而生并随其撤销而终；而广义是关于这种组织的构成、行为方式和关系的普遍规则，具有相对稳定性和时间上的延展性（赖静萍，2015：292）。这种国内治理过程中普遍存在的重要机制，在官方文件中的称谓经历了"非常设机构""议事协调机构和临时机构"到"议事协调机构"[①]等的变更。

领导小组被认为最早诞生于非常状态背景下，属于非常状态下的综合统一机制（钟开斌，2018）。从近代以来看，至少可追溯到中共在革命战争时期对军事指挥和领导者的探索，如1935年长征中成立由毛泽东、周恩来、王稼祥组成的新"三人团"（即"三人军事领导小组"）[②]，虽然这个临时性机构与之后的领导小组运作方式有很大不同，但它的成立和运作被认为奠定了中共之后在处理党政等事务上"遇大事、立小组"的思路（倪星等，2014）。又如，在抗战时期的1941年，陕甘宁政府曾成立由多部门组成的防疫委员会以应对当时严峻的疫情（温金童等，2005）。该机制开始进入到新中国治理舞台的标志性事件是中央工作多个小组的

[①] 中央编制办公室对"议事协调机构"做出的解释是：为完成某项特殊性或临时性任务而设立的跨部门的协调机构。

[②] 相关史实可见：中共中央党史研究室第一研究部. 红军长征史[M]. 中共党史出版社，2020.

成立和运行[①]：1958年6月10日党的八届四中全会结束后，中共中央《关于成立财经、政法、外事、科学、文教各小组的通知》决定成立财经、政法、外事、科学及文教等5个小组（周望，2019）。随着中国机构改革在深度和广度上的双向深层次推进，广泛存在于各级党政中的议事协调机构开始整体性地进入到机构改革的视野中。

从"治大国，立小组"等提法可看出，小组机制是中国治国理政中重要而特殊地位的单元：领导小组较早被西方学者认为是中国政治体制中不同于解剖学的生理学部分，基本隐蔽在公众视野之外但极其重要（李侃如，2010：221等）；是观察中国治理动态关键坐标（Miller，2014）等；国内学者也认为其是中国最重要、最具代表性的跨部门协同结构性机制（程同顺等，2001）；是中国特色的优势机制（王浦劬等，2019）和大国治理机制（周望，2019）。"领导小组"向"委员会"的转变，彰显了"小组治国"思路的制度化（Tsai & Zhou，2019）。其功能一般被认为是大部制的"生物学"补充，与常规治理方式一起构成了官僚制组织相互依存、互为补充的有机循环体系（刘军强、谢延会，2015）。有的研究者还认为小组作为一种亚正式制度与中国现代国家的建构进程有着密切的逻辑关联（赖静萍，2015：292）；对小组进行优化会对党和国家治理体系产生纲举目张的作用（原超，2020）。

研究者们对领导小组作为一种组织形式的主要特征做过多种概括：如"高位驱动型组织"（杨宏山，2016；贺东航、孔繁斌，2020），"高等级化、低正式化整合机制的代表"（李文钊，2014），等级协调式临时性组织的一种特殊组织形态（原超，2017），一种任务型组织（张康之，2009；谢秋山、陈世香，2018）等。这种特殊的跨部门协同组织形式已深深嵌入我国治国理政中，其数量众多，种类繁杂，有不同的类型划分方式：单一维度划分，如按层级看，可分为中央级小组与地方小组；根据职责内容可划分为党的小组、政的小组或党政的小组；根据权属关系

[①] 新中国成立后较早出现的，如党中央于1951年设立的"一五"计划领导小组；又如：1956年2月中共中央转发广东省委《对资本主义工商业改造领导小组"关于目前对资本主义工商业改造工作中值得注意的问题"的报告》。可见：《共和国日记》编委会．共和国日记（1956）[M]，中央文献出版社、河南人民出版社，2017．

可划分为职责同构型、权责自属型（或按要求设立型与自主设立型）等；根据存在时限可划分为常设型、阶段型、短期型。二维划分看，如根据牵头部门的自主性和需处理任务性质两个维度，可分为专项工作型小组、共识决策型小组、归口管理型小组、突发任务型小组等（原超，2017）；又如根据中央层级领导小组运行呈现出借力与自立的维度，可把其在实践中所对应的分成常态、实体、间歇、虚置等四种具体模式（周望，2018）。

从研究历程看，台湾研究者邵宗海（2005）较早涉及了具有"任务编组"性质的中央领导小组研究。自大陆研究者程同顺（2001）从历史和现实角度把"组"作为特殊单元进行政治学的观察和考量、首次较系统地初步勾勒了小组政治在中国的特殊地位并提出应把其作为一门科学研究以来，其已逐步成为中国学界关注的研究议题，近年来随着一批高层次小组的启动运行及扶贫攻坚等行动又一次形成研究热点（高其才等，2020；徐明强，2021；鲁宇，2022 等）。国外学者相比国内有较早涉及，如 Lampton（1976）对中央血防九人小组的相关研究等。总的看来，中外对于作为整体研究对象的小组研究大致已形成三种研究范式：一是政治运行形态的小组，如西方学界多关注中央层面小组的政治及其决策功能。二是党政关系中的小组，可以看到海外学者更为关注其在党政协调机制的角色和运行，且大多是讨论中央层级的小组，多是从结构功能主义的角度来解释小组的特点（Barnett，1985 等）；国内学者的相关研究近年来也有增多趋势，如王浦劬等（2019）也从党政关系角度解读中央及小组的角色。三是作为治理机制的小组，多从政策执行、组织理论等视角关注作为治理形态的小组机制及其协调功能，这其中的一些侧重从地方治理或运动式治理等视角的研究受到越来越多的关注。可以看到，不同的范式或视角也是动态的，如西方学者在对中国决策过程的研究中，领导小组由政治权威施加个人影响的非正式决策工具（Barnett，1985）和中共中央对官僚机构独立性的控制手段（Lampton，1976），已转变为中共解决碎片化运行的组织方式（Lieberthal & Oksenberg，1988）和具有党政枢纽的重要机制（Miller，2008）。

总的看来，我国的"小组治国"可以说已经从政治控制向国家治理转变（倪星、原超，2014）。目前的研究是多学科介入的，如政治学（邵宗海，2005；赖静萍，2009；张铮，2019等）、公共管理（如周望，2010；原超，2019等）、法学（孙楠，2017；高期才，2020；冯晓畅，2021）等。同时，相比于小组的重要性与活跃程度，学界给予的关注相对来说还算较少的（郎明远，2020等）。这其中，不同于中央层面小组机制丰富的角色和功能，地方领导小组功能虽相对单一但对地方治理产生着重要影响。本研究中的领导小组主要指的是国内城市（地方）较普遍存在的以加强横向整合为目的，以党政领导协调推动跨界公共事务解决的机制，其被认为是"决策与执行统一体"或"新行动共同体"而有必要进行进一步的整体性研究。

三、运行机制

运行机制（Operating Mechanism）是组织研究的重要组成部分和难点所在，也是政府研究及领导小组研究的重要而薄弱环节，也称组织的任务过程（How to work）。源于自然科学的"机制"一词原指机器的构造和工作的原理，或指有机体的构造、功能和相互关系，后被广泛用于描述一个复杂的工作系统中所表现出的某些规律性（李景鹏，2008：158）；也即系统的构成及各构成部分之间相互作用的关系、过程和方式（也有称行动逻辑），例如，政府的行动逻辑指政府行动所遵循的原则和规律（贺雪峰，2006：1），是揭示隐藏在治理行为表象后的机制，具有动态性和历时性。运行机制是指系统事物进行正常运行时各要素间所必须的一系列相互关联的规则、程序和由这些规则程序形成的整体秩序，也即只有由多种要素构成的系统才存在运行机制问题（是系统事物的运行机制）；在一个系统中的各个要素虽各有特定的功能，但又都是为整体功能服务的，因而运行机制是整体的机制，对其研究也要从整体着眼。组织运行是引起自身运动的过程，是一个输入、输出的过程，是组织为实现组织目标和发挥自己功能的过程。鉴于运行机制在一般组织研究乃至本土公共组织研究中的重要性，以下从为何要研究领导小组的运行以及与机制有关的科学方法论做进一步说明。

组织学上的"结构"可以从不同的维度来研究（朱晓武等，2008）。

在本研究中，一个组织的结构是指其人员和工作是如何组织的正式形式，其常由组织的章程阐述；而"过程"是赋予组织章程生命的活动（如沟通、决策制定和组织发展等），有时对其问题的理解比简单地观察结构设计更能加深对组织行为的理解（吉布森等，2002：6）。也即"结构"是相对静态的，而一定结构的"运行"是动态的——要认识一种协同机制的实然情况，不能只看静态的结构，更要观察它的运行——往往看"运行"比看"结构"更能了解其本质。从另一角度看，公共组织中的权力可从动态与静态两方面分析：公共组织权力与其行使的主体相结合形成一种网络状架构，它与行政组织层级结构的金字塔架构相一致；但权力的静态结构不过是一种外在的结构，只是权力实际运行的一种外在表现，在公共组织权力网络状架构背后是其运行的真正内容——公共组织权力的真实结构必须从其运行的方向、方式、轨道、层次、时间和结果诸方面综合考察（朱国云，2003：130）。具体到中国的国家与地方治理中，政府治理结构、过程和方式的选择是决定政府治理机制的三大要素（易承志，2017）；而政府过程研究较早就被认为是一个重要且薄弱的环节（朱光磊，2008：2）；在中国转型和制度变迁的诸多研究领域中，有关政府内部运行机制的研究存在明显空白（周雪光，2011）；如何理解中国政府的运行（这里的政府是广义的）也因此成为理论界关注的热点问题（杨雪冬，2012）。对小组机制现有的研究已涉及其产生、结构与功能及运行的同时，一些研究者（周望，2017；原超，2017；张铮，2019等）先后指出当下仍存在未能有效回答"领导小组如何运行"这一核心问题的缺憾。总之，运行机制研究是一般政府过程研究，更是小组机制研究中的重要内容。

还需提及的是，作为社会科学研究基本范畴的行动者（Agency）与结构（Structure）的关系是最受关注、也较为复杂的理论议题之一（赵鼎新，2020）；行动者导向（Agency-oriented）和结构导向（Structure-oriented）也是代表社会科学研究方法论中两类最为基本的分析倾向。前者看，社会现象主要是通过行动者的意图和行为来加以解释；而后者，则更强调约束性的客观因素的作用。不同研究路径在公共管理（政策科学）中也获得较高重视并出现了整合两者的路径：基于结构限定—社会互动—结构再生产的时序性框架，"行动者—结构"的二元冲突获得了一个符合形态发生学逻辑的解释（涂锋，2009），这使得默顿（2006）所提出的涉及社会互动进程的"中层研究"得以开展。本研究也是在结构分析与机制分析相结合的视角（渠敬东，2007）或称"结构—过程"分析范式（吴晓林，2017）下研究小组运行议题；也认同孙迎春（2017：10）等对跨部门协同相关研究的界定，即文中的机制概念既包括组织运行过程的"机制"内容，也涉及负责结构设计与安排的"体制"内容，这样能链接微观与宏观，避免运行研究滑入小因果关系，能更好把握小组运行的深层逻辑。

综上，本研究所指的运行机制是在开放系统视野下，引起小组自身的运动过程；是一个输入、输出的过程，是小组为实现组织目标和发挥自身功能的过程。简言之，就是从整体着眼，在一定环境下对小组运行的动因、运行的过程及反馈进行系统研究，把微观层面和宏观层面因素加以结合以便更好地探究其规律性。

四、城市治理

该词中的"城市"是本书的分析单元而"治理"是本书的分析内容。前述研究背景部分已解释了城市的特征所在，鉴于"治理"一词的丰富含义，以下有必要对其在中外的运用做概要介绍以说明本研究中的城市治理所指。

可谓学术热词的"治理"，在西方社会语境下得到发展并被赋予了众多含义（如有学者归纳有300多种定义），如被认为是一种体现了国家与社会间协调和关系的机制（Fulong Wu，2002）；鲍勃·杰索普（1999）指出其作为"时髦用语"处于"前理论范式"且莫衷一是，需从该词产生背景、所对话的理论来做理解，如"Less Government，More Governance"语境中，Governance指治理的方式方法，Government指负有治理之责的机构，而相关的Governing则用来指治理行为本身。他重点探讨的治理是不同于他组织的自组织，其表现形式包括自组织的人际网络、经谈判达成的组织间协调等。

中文中的"治理"一词则有统治、秩序、安定、整顿、惩处等三种含义（徐勇，2001）；事实上 Governance 被译为"治理"最早出现在市政学，用来研究如何有效解决城市的种种问题（陈振明，2017：4）。可以看到，在国内理论与现实运用中作为行动过程的治理与作为行动方式的治理同时存在：前者（即行动过程），主要指治国理政或统治（管理）；后者（即行动方式），是用于阐明一种历史转变的区别性术语，具有协商性和协作性（自组织）。而国内相关习惯表述，如把国家治理体系分为政府治理、市场治理、社会治理（俞可平，2014）等，这些可以被认为是西方理论的本土化应用方式。总之，国内很多学者认为治理是个有弹性的概念，治理理论只有在本土化的研究基础上才能实现较理想的重塑和概念使用。本研究基本沿用本土的治理用法，即政府主导开展的致力于解决城市和地方的各种社会问题的行政活动（行动过程），可等同于通常意义的城市管理（宋刚，2007；王荟，2017）。

综上，本研究领域为城市跨部门治理：城市为分析单元，跨部门（协同）为组织方式，治理指行政活动；重点研究的是本土最具代表性、作为特殊的跨部门治理形式的领导小组的运行机制，即旨在推动地方跨界治理工作开展和部门间沟通协调的一种特殊的临时组织的运行规律。研究范围主要是：从城市治理的协同维度看，是以政府内代表平等主体的"横向"为重点；从城市治理逻辑维度看，小组是决策与执行的统一体（或称"新的行动共同体"），因而需对其作整体性研究；从城市治理时间维度看，主要是城市运行的治理（相较于城市建设等）。可以看到，城市治理领域的协同议题越来越成为研究热点，而中国城市传统的本质特征是地方体系和城市体系的合二为一——这里的城市治理又与地方治理有着密切关联。

第四节　研究思路与内容安排

一、总体思路

本研究关注的是城市跨界事务治理中的领导小组运行议题；采用理论研究与经验研究相结合的方法来开展议题研究，遵循"经验观察—发现问题—文献阅读—提出问题—建构理论框架—案例深描—子案例比对与分析—验证理论并扩展分析—形成结论并提出对策"的研究思路。逻辑结构见图1-1。主要包括理论研究与案例研究两大部分。

（一）理论研究：提出小组运行的分析框架（适应模型）

综合利用组织结构权变理论和制度理论等环境—结构理论提出分析框架：（1）借助能解释跨部门协同过程的代表性理论——结构权变理论形成"环境—目标—结构—行动及影响"基本运行逻辑链。（2）进一步根据小组运行实际、借助制度理论等理论对小组运行进行内外环境分析（即小组的"内适应"与"外适应"分析）：对重点研究的"内适应"，依据小组内关系形成纵向控制—横向协调机制两维度以分析其内部互动类型；对"外适应"，借助制度理论对小组运行的外环境进行分层，用以分析结构约束对小组运行的影响。综上，在理论方面初步构建了一个由环境、目标、结构、行动等四个广义变量组成，涵盖由动力机制（外适应）、过程机制（内适应）、协同约束机制及链接内外环境的反馈机制组成的小组运行模型——以"环境驱动、目标转化、制度约束、权威依托、纵横作用、不同呈现"为整体过程，以"多重环境叠加影响、纵横机制直接作用下的结构动态化呈现"为主要特征的小组运行适应模型，其中的一个重点是利用"纵向控制—横向协调"分析维度（进行类型学分析）把小组内互动区分为四种"理想类型"（Ideal Type）；还据已有相关研究基础分析了各变量包含的具体内容、变量间的关系并提出核心命题。

（二）案例研究：检验理论框架

选择J市整治"一日游"市场这个在政府跨部门协同方面具有代表性，同时又具有自身特点（过程历时性，能反映四个不同情景下协同运行类型变化）的案例进行追踪研究（从2000年前后到2020年前后）：重点对治理整顿"一日游"小组成立初期、2008年奥运会前后、《J市旅游条例》出台至"史上最严"整治期间及其之后等四个不同场景进行深描，并进一步作子案例比对分析来验证核心理论。从案例可以看到，在四个不同场景下，处于多任务结构中的J市科层组织分配不同注意力形成或转化中心工作目标，影响了"一日游"整治小组整合程度；小组内部互动以纵向权威控制为主导的同时，旅游部门及协同部门等横向部门间的协调因素同时发生作用，在纵、横向直接作用中最终形成四种协同类型及相应的集体行动；集体行动又会通过反馈机制影响任务环境乃至对制度环境产生影响，最终实现小组运行动态平衡。案例能生动呈现整治小组是"如何"（How）在内外适应中，特别是在内部互动中运行和实现类型转化的。

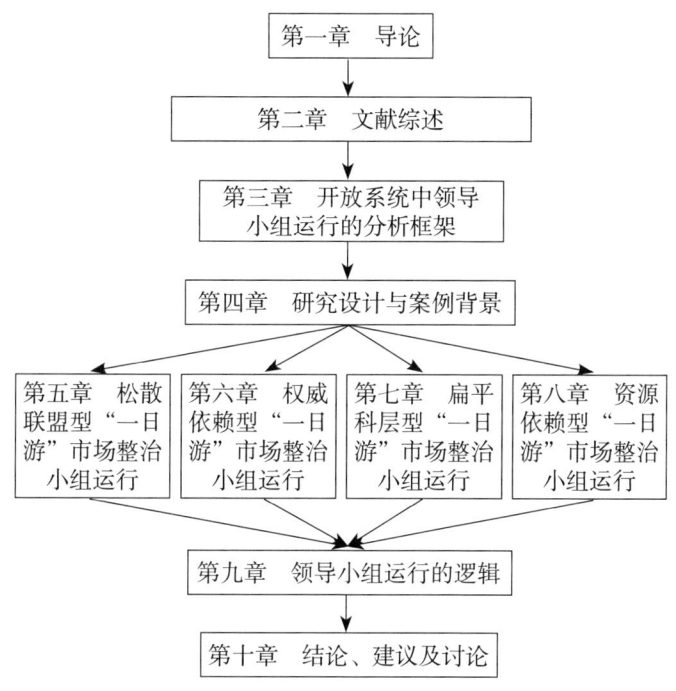

图 1-1 本书研究逻辑结构示意

二、章节安排

第一章为导论，以问题为导向，阐明缘何要进一步研究本土较有代表性的跨部门协同结构性机制——领导小组的运行机制议题；对核心概念做阐述以进一步框定研究范围等。

第二章为文献综述，沿着跨部门协同的动因、结构、过程等逻辑链，在梳理国内外一般跨部门协同领域理论进展和视角演进基础上，重点梳理本土特殊的跨部门协同——小组运行相关研究进展并提出自己的思考。

第三章进行理论研究，提出小组运行的分析框架。鉴于本研究对象的特点和既往研究的不足，借助组织结构权变理论及制度理论等在解释组织跨部门过程中可以互为补充的环境—结构理论要素，提出跨部门治理中小组运行的统一分析框架，即小组运行的适应模型。

第四章为研究设计与案例背景。先介绍研究方法与研究工具选择，数据收集、分析并解释案例选择理由；其后，鉴于本案例的历时性（Time-series）与复杂性，也是较少、较完整呈现的跨部门治理案例，还进一步介绍了案例背景与过程概要：描述J市整治"一日游"市场这个具有"小事件、大影响"、既具有代表性也具有独特性的历时性案例的背景和过程；重点对任务环境特征与治理主体特点做必要阐述。

第五、第六、第七、第八章分别对"一日游"市场整治中的四个子案例（四个典型场景的小组协同类型）进行深入分析。

第五章分析本世纪初整治小组成立初期呈现出的松散联盟型协同运行类型，详细剖析该种类型的任务环境、组织目标、纵横向机制及相应的小组集体行动与影响反馈。

第六章分析2008年奥运会前后呈现出的权威依赖型协同运行类型，详细剖析该种类型的任务环境、组织目标、纵横向机制及相应的小组集体行动与影响反馈。

第七章分析从J市新旅游条例出台到"最严整治"期间呈现出的扁平科层型协同运行类型，详细剖析该种类型的任务环境、组织目标、纵横向机制及相应的小组集体行动与影响反馈。

第八章分析"一日游"市场"最严整治"后呈现出的资源依赖型协同运行类型，详细剖析该种类型的任务环境、组织目标、纵横向机制及相应的小组集体行动与影响反馈。

第九章在以上对不同场景分别"深描"基础上，对四个子案例进行比对分析，并利用其他小组治理案例加以辅证；之后，进一步对"一日游"整治小组的整体运行进行归纳、对其结构的动态化呈现等核心特征进行阐述，最后还比较了中外小组运行的区别。

第十章总结了本研究的主要结论和可能的贡献；围绕小组运行分析框架所涉变量，提出优化小组运行机制的思路、原则和相关建议；指出研究的局限与未来展望等。

第二章 文献综述

文献综述作为研究的基础,是收集和整理与特定问题相关的已有出版资料,并进行描述性分析和概括。综述可以涵盖不同层次或维度的主体,其完整性和价值取决于对纳入其中研究成果的分析。本研究所涉及的跨部门协同领域作为公共管理和组织学研究的核心议题之一,主要研究对象是科层组织内部不同部门之间的关系和互动问题。相关研究主要存在于两个分支:其一主要是组织理论中关于组织之间关系的讨论;其二是不系统地存在于公共行政和政策执行等相关理论分析中(原超,2017:27)。作为本研究对象的领导小组议题则属于一种特殊的跨部门协同形式。沿着组织间跨部门协同的动因、结构与过程基本逻辑链(孙迎春,2014:16),在本章第一节中梳理一般意义的跨部门协同运行相关研究基础上,第二节重点梳理作为特殊的跨部门协同——领导小组运行的相关文献,第三节在以上从较宽泛到特定研究梳理基础上提出对已有研究的思考,为后续理论框架的构建和分析做铺垫。

第一节 一般意义跨部门协同运行相关文献

对一般意义跨部门协同文献梳理包括:在对一般组织跨部门协同研究基础上,侧重对政府组织跨部门协同文献进行梳理,西方整体政府及协同治理等代表性的跨部门协同过程相关研究是其中重点;其后梳理国内一般跨部门协同运行的相关研究。

一、跨部门协同的动因

国外学术界对跨部门协同研究产生的理论分析浩若烟海，主流观点可以归纳为冲突理论与交换理论两个不同的论域，前者强调跨部门协同是被动适应的结果，后者认为是主动调适的结果。

组织冲突论认为跨部门协同的产生是为了解决部门之间基于利益部门化或者权利碎片化导致的冲突问题（Coser，1956：188）。随着劳动分工水平的日益深入，引入跨部门的协调机制或机构来解决因专业化分工而产生的跨部门冲突成为需要；又如，以功能为本的组织结构设计把一个完整的企业组织切割成许多部分导致企业组织间冲突产生。总之，认为任务的依存性和目标的差异性是导致跨部门冲突的主要原因；部门间的自我协调是有范围和条件的，只有存在互利和双赢的潜力时协调才可能成功。

在交换理论视域下，进行跨部门协调是一种主动的改造性行为，其产生的基本原因都与资源依赖或者交换关系相关。资源依赖理论认为组织不能产生它需要的资源因而必须依赖环境，其依赖性的本质和范围由资源的稀缺性和重要性决定（杰弗里·菲佛等，2006）。从组织间的依赖关系出发，Thompson（1967）提出跨部门协同的产生是基于组织存在的包括集合的依赖、序列的依赖与互惠的依赖三种基本的依赖关系；Zald（1970）指出跨部门协调产生与核心组织采取策略从而增强自主性（Autonomy）有关；复杂社会问题需要各种复杂组织共同应对（Van de Ven，1976）。除资源依赖理论外，社会交换理论、公共选择理论、交易成本理论等也是用来解释跨部门动力的主要理论。

具体到公共科层组织方面，科层制政府（Hierarchical Government）理论与实践是政府跨部门研究的基础；基于对新公共管理实践反思而提出的整体政府、协同政府、组织间网络理论、协同治理理论等后新公共管理理论与跨部门协同有密切关系——非结构化社会问题和功能分化基础上的碎片化治理间的张力催生了整体政府和跨部门协同的系统努力。

传统政府的组织设计本质上是一种功能性模型（Functional Model）。组织理论之父马克斯·韦伯在对西方和东方文明进行广泛的历史研究和比较研究基础上提出了官僚制（科层制）概念——认为在法理型权威政治支配形态下的官僚制是组织运行的理想形态。然而，韦伯通过史诗般努力创造的组织理论在当代被认为面临着危机——曾是"理想"而又实用的组织方式已经同当代社会的内外部环境不相适应了，这表现为科层制的功能与反功能（Dysfunction）[①]的张力：其纵向分层横向设科的"理想类型"（即纵向等级制与横向专业分工）在表现出"非人格化"和"决策集中化"特点的同时，又体现出"等级彼此孤立"和"平行权力产生"等集成能力不足的弊端。

20世纪60年代以来，在质疑经典公共行政理论的思想交锋中，学者们基于不同的制度环境和价值诉求提出了多中心治理、新公共管理、新公共服务、整体治理、协同治理等新的公共治理理论愿景（杨宏山，2017）。这其中的新公共管理因"引入竞争机制的同时忽视了部门间合作由此带来了碎片化的制度结构"而被认为存在最为重大的缺陷；英、美、加、澳、新西兰等改革先锋国家相继推出有别于新公共管理的第二轮政府改革（彭锦鹏，2005）：如英国称为"合作政府"（Joined-up Government），美国称为"协同政府"（Collaboration Government）或"网络化政府"（Net-Worked Government），加拿大称为"水平政府"（Horizontal Government），澳大利亚与新西兰则冠以"整体政府"（Whole-of-Government）等。可以看到，这些国家基于其国情所包含的独特文化与哲学，推出了新的工作方式、责任和激励机制以及制定政策、设计方案和提供服务的新方式（此轮政府改革被西方学者统称为后新公共管理改革）。

Perri6（1997：38-42）的整体性政府（Holistic Government）理论是其中的代表理论。从起源和背景看，这一理论是对功能性组织模型进行反思和批判的产物，目的是为解决政府和预算分化后造成的缺陷（彭锦鹏，2005）；其认为整体性政府（或译为"全观型政府"）是指不同领域

[①] 该词最早由社会学家默顿创造，主要用来指社会系统中存在的某些不利于该系统正常适应和调节的特征和现象，学者借用该概念来指科层体制在具体运行中所产生的某些背离原初预期组织目标的现象和机制。

和功能的公共管理和服务的水平整合与联结；最根本的改革举措是用结果导向的部门完全取代基于功能的管理，以此实质性地提升资源在解决关键问题上的聚集度（Perri6，1997：38-42），其形成了一种以跨部门协同为基本特征的系统化理论体系。与整体政府密切相关的协同政府是"实现思想和行为纵向和横向两个层面协调的努力"，其有利于达成消除不同政策间的紧张、实现稀缺资源更为优化的配置、促进特定政策领域不同利益相关者之间的协同合作、为公民提供无缝隙的服务等系列目标（Pollitt，2003）。

协同治理（Collaborative Governance）是公共政策决策、管理的过程和结构，它能够使人们建设性地跨越政府等级以及公共、私人与市政领域的边界，实现其他方式无法实现的公共目标（Emerson et al.，2012）。较之在不同公共部门间协调其行为的协同政府，协同治理范围更广，不仅公共部门间进行合作且还包括与营利或志愿组织进行合作（Pollitt，2003）；其被认为并非应用多年的老传统，而是一种新的公共管理模式，对组织间协作具有重要价值（McGuire，2006）。在爱默生等（2012）建构的协同治理综合分析框架中，跨部门协同的驱动力归纳为领导力、后续激励、相互依赖性、不确定性四大方面。

二、跨部门协同的结构

组织结构是实现组织目标的工具，与组织运行有较密切关系——结构相对静态而运行是动态的，梳理跨部门协同结构相关的理论有利于对运行机制的深入研究。

首先可看到，国外现有文献对跨部门的结构形式（或协调机制）的讨论存在作为"互动过程"的跨部门协调机制与作为"结构化形式"的跨部门协调机制两类型（原超，2017：35）。对于前者，学者更多是从跨部门协调的工具性和机制层面探讨，如汤普森（1967）就组织间的三种基本的依赖关系提出不同的组织协调机制，包括通过标准化的形式取得、通过建立例行程序和规则及在行动中进行沿着级别秩序传递信息的沟通协调等；还有学者在其基础上将组织协调机制概括为基于程序和规则的协调与基于人际关系的协调两种基本形式。对于后者，主要是从组织载体角度探讨,一个基本假设即结构是组织取得有限理性的工具(原超,2017:38)。Gittel(2000)认为跨部门协调机制类似于一个连续的统一体,其一端表现为正式机制而另一端表现为非正式机制,中间则是大量正式和非正式协调机制构成的复杂组合。

政府跨部门协同结构理论主要涉及韦伯的官僚制理论与系统管理理论等。官僚制理论为组织的日常管理提供了职能划分标准、资源配置渠道和权力运行机制,是组织各部门合作的结构基础。后者(包括组织结构权变在内的系统管理理论),在从系统学角度为组织设定了边界的同时,还从管理学角度划分了组织职能和运行层次,从制度角度描述了组织的职位职责流程规章;还分析了控制与协调两种实现组织"一体化"的机制,提出了机械式、有机式两种组织模式(Burns & Staker,1961)等,这些为组织的跨界合作提供了环境条件和结构定位(孙迎春,2014:58-60)。可以说,前者是跨部门协同的基础,后者发展的多重组织形式模型把该领域的研究推进了一大步。

这其中,不同于机械式组织的有机组织已较早引起学者的关注。Bennis(1967)指出"未来组织"是一种有机适应性结构,其关键一点是"临时",即一个有适应力、能快速变化的临时系统,围绕着任务的解决建立任务型小组(Task Forces);认为这种组织将会逐步取代官僚组织,成为后工业社会的主导性组织。他还提出 Ad-hocracy 一词,指没有或很少有结构的组织——其被当作"取代过度僵化的官僚制组织、更加灵活而又非正式的组织形式和管理方法"的代名词,在这种组织中,问题将由那些代表不同专业技能的人来解决,而领导权和影响力将属于那些最有能力解决问题的人而非既定的角色期望。之后,一些研究者沿用这一提法,并译之为"特设性组织""专题工作班子""专案决策委员会"等,认为其是能把来自不同学科的专家结合成特别的项目组以开展平稳运作的"变形虫结构"(明茨伯格,2020:329-357);其负责处理新议题,包括官僚组织漏洞,或是跨越许多层级而无从判断权责归属导致无人做事的议题;其"组织流动性"便于迅速采取行动(彼得斯,2012:87);德鲁克也认识到任务小组结构对非程序性问题的解决所具有的灵活性。另外,梅奥、巴纳德(2009)等发现了非正式组织并加以系统描述;唐斯

（2006：172-173）也认为特殊任务小组非理论概括是客观的存在。而美国在20世纪50年代创立的矩阵结构被认为是由任务型组织与常规组织相结合而成；其对环境有较强的适应性（Gray，1974），是一种协作型组织，但运行不当也会产生"矩阵难题"（加尔布雷斯，2011：189）。在这种原组织与专案组织行列交叉的结构、强调交互式的多重心协同系统（梁学荣，2021）中，根据项目经理与职能经理权力的关系，可以分为弱矩阵、均衡矩阵、强矩阵等不同类型（俞红，2004）。张康之等（2009）研究者还对任务型组织进行了进一步的系统研究，认为其在组织结构应是远离平衡态的，形式上表现出动态性、开放性、灵活性、非线性等特征。

一般组织通常建立几种不同的机制来进行协调以实现"一体化"。如存在指示型、自愿型、促进型三种类型（卡斯特、罗森茨韦克，1985：581）；具体在整体政府跨部门协同结构理论中，学者们已就组织的制度模式总结出整体性治理模式的等级制和水平式（或协商型）两种基本组织形态（Christensen等，2006）。就等级制而言，在组织设计和机构重组中可以积极采取自上而下的方式推动整体政府改革；也可通过强化（或恢复）中央权力，横向上促进中央各部门与专业机构的协作，纵向上强调中央政府对下属机构的控制；而在水平式中，政府跨界合作改革依据组织之间的差异性，强调所有跨部门协同都是协商而非等级命令的结果，该机制可以通过松散而系统化的协商予以实现。Perri6（2004）进一步拓展了整体性治理关系的协调、整合和相互嵌入三种类型。哈肯（2007）还提出在研究政府组织协同问题时，要在发挥政府内部自组织（性）的基础性作用前提下，借助他组织的力量使政府系统走向协同。

唐斯（2006：54）已区分了组织的正式结构（Formal Structure）和非正式结构（Informal Structure）。从实践上看，发达国家跨部门结构性协同机制也可包括正式结构、非正式结构及其他的混合结构；采取何种正式结构与工作任务性质以及资源的可利用性有很大关系。澳大利亚管理咨询委员会总结了整体政府的部际委员会等五种正式结构及与任务的匹配情况（见表2-1）。

表 2-1 整体政府结构与任务的匹配度情况

结构选择	主要任务				
	政策制定	项目设计与评审	项目管理与服务提供	跨行政权限和跨行业	危机管理
部际委员会	高	中	低	中	高—中
专项任务组	高	高	高	高—中	中—低
联合小组	高—中	高—中	中	中—低	低
代理机构	低	低	高	中—低	低
前沿机构	高	高	高	低	低

资料来源：孙迎春（2014）。

非正式结构则相对灵活，便于跨部门资源的协调和整合，包括会议、协议、文件等辅助性类型以及各种形式的网络结构，而网络在其中越来越受到重视。威廉姆森（2011）视网络为一种与市场及等级制都有区别的新的积极协调模式；Goldsmith 和 Eggers（2004）从公私合作程度和扁平化管理能力两个角度区分了整体政府与传统科层制政府，认为代表整体架构的协同政府模式在理论上具有高度的扁平化特征，其网络管理能力显著；Perri6 等（2006）认为管理网络是整体政府在管理实践和操作层面的物化载体，是组织间关系理论在公共管理微观层面的跨界协同；其从制度因素强化网络特征的角度，利用新涂尔干制度主义方法创建了孤立式、个人主义式、等级式、飞地式四种跨部门协同的网络结构类型（曾维和，2012）。

总的来看，当代国家存在等级制和商议制两大行政协调方法（施雪华，1997），或从政策过程角度看，即存在着"垂直的"统治和"水平的"行动建构过程两维度（科尔巴奇，2005：103-107）。在发达国家的改革实践中，跨部门协同往往会按照工作内容、性质、作用、责任等方面，在不同层级上综合采用正式和非正式相结合的混合结构。本质上没有一种结构在分配资源和执行协调控制中是好的或是坏的，所做的选择只能根据当时的实际情况而定，即在什么情况下用什么模式更为有效（孙迎春，2017：73-74）。

三、跨部门协同的过程及影响

跨部门协同的过程及影响是指现有跨部门协调机制的设计或机构设置的运行，及研究通过运行是否可以达到预期的协调效果或会有哪些其他效应等。协同过程研究涉及系统论、协同论、权变论等基础理论（孙迎春，2017：95-96），而与政府相关的跨部门协同过程研究主要体现在政策跨部门执行、整体政府及协同治理等有相互关联且演进的研究中。以下重点对国外政府跨部门协同过程相关研究做梳理。

（一）国外政府跨部门过程研究的视角与演进

跨部门治理的过程与公共政策的执行过程本质上具有高度的一致性（涂锋，2009；刘伟忠，2012），国外关于政府内部的跨部门协同研究与探讨"执行为什么会失败"的组织因素密切关联。早期研究忽视组织在政策执行中的作用，将其看作不需仔细审视的"黑箱"（Black Box），典型如第一代执行研究代表 Smith（1975）首次提出一个分析政策执行因素及其生态关系的理论模型，认为公共政策造成社会紧张关系后，执行者就必须考虑执行机关、标的团体、政策环境及理想化政策之间的关系。该模型重视了组织主体与问题、环境的关系，但对组织内部未有深入研究（宁骚，2018 等）。20 世纪 80 年代以来，西方出现了利用组织理论及与之相关的网络分析、制度分析等多视角研究跨部门协同过程相关议题：（1）组织内部即封闭系统视角，其研究已认识到执行问题可以被视为组织问题（O'Toole & Montjoy, 1984），组织理论或组织行为理论成为分析工具，但单从组织内部的研究视角很难捕捉到政策执行的动态性和复杂性。进一步的研究认识到组织所处的外部环境对政策执行有较多影响。（2）组织间关系即网络分析视角，其研究能很好揭示政策执行过程的动态性和复杂性。例如，O'Toole 和 Montjoy（1984）依据 Thompson（1967）对组织内部结构的区分，将组织间关系分为联合型（Pooled）、序列型（Sequential）与互惠型（Reciprocal）；三种组织关系是组织间网络关系的不同表现形式，是一种包括多种组织或组织内多个部门间的互相依赖的结构关系，其在资源依赖、组织间协调等方面表现出不同特点，因而对政策执行网络产生不同影响（丁煜等，2010）。该视角已认识到组织间关系的特点很大程度影响政策执行成效，选择适当的协调机制和管理策略就成为推动政策目标实现的主要工具。不足之处是侧重于对行动者行为的描述而缺乏对其选择的解释，不能有效说明政策执行网络或组织间网络形式的演变及其对结果影响。（3）新制度主义分析视角，阐释了政策执行主体行为选择的约束性因素，融入上述网络分析途径中可增强该途径在政策结果方面的解释力，强调从历时性分析角度研究问题的重要性。

（二）整体政府跨部门运行过程的相关研究

整体政府理论作为以跨部门协同为核心的系统理论，其分析框架除了包含前述的组织结构维度外，还包括新的责任与激励机制、伙伴关系和组织文化等维度（Christensen等，2008）。组织结构角度，是为促进各政府组织更好地协作进行的有意识的组织设计或机构重组。责任与激励机制方面，正如唐斯（2006：225-226）对部门"领域"所做的分析：由于复杂社会的相互依赖性，官僚组织领域的最重要特性之一就是界限模糊，需构建起新的责任与激励机制，在传统的纵向问责的同时有效地促进部门间的横向协作。所谓伙伴关系，是指两个或以上的组织在保持自身目标及活动独立性的同时，能够分享共同议程协同工作（曾维和，2008）；政策和资源则是维系伙伴关系的两个核心因素，通过协作方式实现这两个要素整合至关重要。从文化视角来看，建立共同的文化、树立权力分享理念、共同的规范和价值体系等努力都是协作的前提条件，而科层组织一旦进行改革就必须接受与已有文化相融合的考验（颜海娜，2010），也因而需推动政府文化从"部门主义"文化向真正的伙伴协同文化转变等。

（三）协同治理运行过程影响因素研究

研究者们认为过去几十年内，西方出现了新型的协同治理模式取代了政策制定和实施的对立和管理模式，使公私利益相关方进行集体讨论并参与共识导向的决策（Ansell & Cash，2008）。在该研究领域，一些学者已努力对跨部门协同过程的"黑箱"做基于动态系统途径的、整体的跨学科研究，产生了一些代表性的成果：如Wood和Gray（1991）把"前期""过程""结果"三者作为协同治理的框架要素，强调其本质为一种运行机制；有学者把跨部门协同视为一个与外部环境有密切关系的开放系统，基于"输入—处理—输出"建立其运行机制（Wandersman，2005）；有学者建立了包括初始条件、过程要素、组织管理、偶然因素和限制因素、绩效和问责等五部分的运行机制（Bryson，2006）；Thomson 和 Perry（2006）从治理、管理、自治、共同利益、信任与互惠五个维度开发了协同过程的系统途径等。这其中，较具代表性的是安瑟尔（Ansell）等的协同治理情景模型，以及建立在其基础上，将现有协同治理的概念框架、研究成果和基于实践的知识加以整合并扩展为综合性框架的爱默生（Emerson）等的模型。

安塞尔等（2008）的模型中有初始条件、制度设计、领导力、协作过程四个含义宽泛的变量。其中，协作过程变量是模型的核心，其他三个变量在协作进程中或作为协作进程背景或起到重要作用。初始条件设置信任、冲突和社会资本基本水平等作为协作过程的资源或不利因素；制度设计形成了协作产生的基本规则；领导力在协作过程起到重要的调解和促进作用，包括对话、建立信任、对实践进程的承诺、共同理解（共识）和中间结果等的协作过程本身是高度迭代和非线性的。爱默生（2012）等将协同治理机制（Regime）作为一个整体来研究，为包括基于政策或计划的政府间合作等跨组织治理系统提供了概念界定，其重点部分包括三个交互组成部分的协作动态，突出协同过程是一个协商性的交互过程和合作规则的形成过程。其要点包括：（1）环境因素用三个维度描绘。最外围的立体方框代表整体系统情景；处于中间虚线的协同治理制度是该框架的核心特征，是围绕汇聚在特定领域中的行为体期望的隐性和显性原则、规则和决策程序，其还包含了最内侧的协作动态方框；协同治理框架组成部分在这些维度内同样以非线性和互动的方式一同作用并产生行动，其影响反过来导致适应性调整。（2）作为重点的协作动态，包括有原则的接触、共同动机和联合行动能力三个交互的组成部分。可以看到，相较于侧重分析制度的治理分析，该分析框架重视对协同治理的社会情景、历史传统、治理行动及其产生影响的分析和阐释。

四、国内一般意义跨部门协同影响因素

从总体可看到，国内公共管理领域，近十多年来协同相关研究渐成

学界研究热点，已有较丰富的成果产出。这其中，一般意义上跨部门协同过程的影响因素是国内学者较为关注的领域，已有研究基于现实治理协同难题或"孤岛"现象，从主体、环境（涵盖客体）等多方面，从制度到行动者多视角进行了探索与解释。本部分重点梳理影响国内一般跨部门协同的环境因素相关研究——领导小组作为特殊的跨部门协同同样身处其中。

（一）科层主体方面

学者们已注意到国内现实治理过程中的政府往往不是一个统一的角色，其是通过不同的机构来实现功能的；政府与部门之间的目标会存在不一致，政府职能部门事实上也存在着与地方政府争利的自利性行为（金太军等，2002），或者说整体政府的集中目标和作为职能部门的目标经常发生冲突（刘磊，2015）。而部门关系方面，机构之间的横向平行关系、平行的权力结构往往对政策执行发挥重要作用；Lampton（1983）较早发现中国政府部门间有"争夺地盘"现象；造成跨部门政策执行从冲突经由相互妥协、调适到合作的动态变化过程的因素包括利益矛盾、部门权力掣肘等（宋世明，2002；王宗凡，2012）；部门目标、激励与约束等维度可用于分析结构性特征对跨部门执行的影响（陈家健，2013）；王清（2015）还注意到跨部门合作中的庇护关系、外部性影响下的横向部门博弈现实等；马伊里（2006）认为存在于复杂的集体行动领域中的行动者充满策略性的交互行动结构，是科层组织"孤岛"现象机理的最重要因素。而地方政府也通过"集中整治"来解决政府执法的碎片化（石磊，2018）。

（二）环境因素方面

Liebertha 和 Lampton（1992：49）认为中国现实并非如表面看到的铁板一块，而是出现了碎片化的"权威主义"（Fragmented Authoritarianism）。从国内学者的研究看，碎片化现状又可概括为组织价值的碎片化、权力和资源配置的碎片化以及政策过程的碎片化等方面（叶托等，2011）；部门利益成了深化改革的瓶颈（宋世明，2002；石亚军等，2011），部门间缺乏合作和合作机制有限也是治理碎片化的一种表现；部门政治（Bureaucratic Politics）已成为考察本土政府行为和部门间关系的一个重要节点（刘鹏，2011；方坤，2018）。政府内部整体性的缺乏、不同层级政府在纵向间职能职责和机构设置上的高度统一的"职责同构"（朱光磊等，2005）造成的内部碎片化，在城市执法部门表现得尤其明显（张树平等，2019），也即现行"条块关系"（马力宏，1998）下的这种"蜂窝状"治理结构（杨宏山，2017）是地方治理中基本的结构性关系；权威为依托的等级制纵向协同基本特征使科层组织任务过程面临能力困境、组织逻辑困境和责任困境的挑战（任敏，2017）；"职责同构"的体制设置使部门之间固守自身利益和职责，是滋长本位主义和官僚主义的制度性基础（汪霞，2015）；包括人文环境、经济环境在内的行政环境也是影响的因素之一（刘西涛，2016）；还涉及行政执法体制层面的组织结构性因素、行政立法层面的部门立法因素（赖先进，2015）；蒋敏娟（2015）还指出现行的协同本质上是"人治"协同，协同机制设立缺乏相关的法律法规，是"机构文定"而非"机构法定"；在管理运作方面跨部门协同机制规范性不足、责任机制不健全，核心是问责缺乏刚性；还进一步认为跨部门协同的实现与文化环境密不可分，国内集体主义塑造的关系文化影响了跨部门协同（蒋敏娟，2016）。以上可见，影响因素已涉及从制度到文化等环境的不同层次。

广义的环境还包括客体因素。在较多关注治理主体或主体系统的同时，也有学者关注了治理客体对协同困境的影响，多认为城市社会问题是跨部门协同产生的重要动因：复杂性是城市治理客体的一大特点，现代城市中跨界问题（Cross-Cutting-Issue）不断涌现，这种特定问题与所属领域呈非一一对应关系、流动于不同边界或存在于多种边界交叉地带必须多个部门共同参与应对的情况，是政策执行复杂性的主要来源之一（李宜钊，2015）；城市社会问题性质与政府原有城市治理结构间存在张力（孙柏瑛，2018）；人口大流动等流动性问题无助于形成整体政府且会增加科层治理体系的碎片化和协同失灵（叶敏，2018）。总之，公共事务的复杂性和关联性等影响协同程度（高轩，2015）；现代城市治理中结构化的组织与非结构化的社会问题间存在矛盾与张力；事务领域客观存在的跨界特性（即情景特质）是研究跨部门协同问题的起点（徐艳晴，

2014）。可以认为，非结构性问题需要整体性治理来加以应对（翁士洪，2009）；国家治理体系与能力现代化本质是国家治理体系与其面临公共问题间的不断契合过程（杨冠琼、刘雯雯，2014）。

第二节 作为特殊跨部门协同的领导小组运行研究进展[①]

深化本土跨部门治理的组织理论和组织间关系研究，重视中国情景下跨部门治理结构与运行过程研究已成为学者们的共识（吕志奎，2017）。这其中，领导小组作为中国治理过程中的一种重要的协同机制，普遍存在于各级党政机关中。虽然本土党政科层制（刘炳辉，2019）中的协调机制不止这一种，其他如部门联席会议、部门协议等（朱春奎等，2015），但"组"无疑是国内"最广泛、最普遍、最主要"也是最具代表性的协调机制。可以看到，较之早期学者们对领导小组的研究只是作为相关研究的部分提及（周望，2010：3-5），现阶段领导小组已成为一个较为重要的研究议题，相关研究除集中在领导小组或小组机制主题外，还分散在临时机构、协调议事机构、运动式治理、政策执行及任务型组织（王伟等，2013；张凤阳，2015；李妮，2021）等主题中。

政府过程是动态和系统的，小组运行也不例外。本部分借鉴一般意义的跨部门协同过程形成小组运行的逻辑链（见图2-1），围绕治理系统的主体与环境要素对现有文献进行回顾。鉴于小组机制被认为是链接科层治理与一般意义的"运动式治理"的组织基础（原超，2017）——小组运行与"运动式"有密切关联，而后者已成类型学有相对集中的探讨，以下从小组运行的动因与功能、小组特殊结构下的运行、作为小组协同行动模式的"运动式治理"的基本生发逻辑及类型转化等三大部分进行梳理并做出自己的思考。

[①] 本部分相关成果曾以《跨部门治理中的"领导小组"研究：基于组织学的回顾与展望》为题在《云南行政学院学报》2023年第2期刊登。

图 2-1 领导小组运行的逻辑链

一、小组运行的动因与功能

（一）小组运行的动因

分工与协作是现代组织设计中最核心的要素，科层制强调分工同时也必然产生协同需求与困境。而对于领导小组这种代表性的跨部门协同机制的动因，一些学者较早指出与官僚制自身有较大关联：如刘圣中（2007）认为其是一体化行政与官僚制缺陷下的组织安排；童宁（2007）认为条块结构下许多小组的不必要设置是行政协助制度缺失的结果等；谢延会、陈瑞莲（2014）认为其设立逻辑在于地方政府面对非常规任务环境、基于效率机制和合法性机制考虑对常规官僚组织进行的自洽性调整。进一步，刘军强等（2015）指出小组既是传统官僚制在新环境下对"非常规任务"的反应，又是主政者调配资源、管理注意力的一种方式，实质是官僚制对环境做出的反应；杨华等（2018）指出小组设立是为了地方政府中心工作模式的需要，即根据不同政治任务的特点和属性成立不同小组从而通过主要领导将党委的政治任务渗透进相关机构；原超（2017：27）认为条块关系下的地方部门为了应对差异性的资源供给和权威支持困境，通过成立小组的形式试图改变自身在治理结构中位置的方式、增强部门自主性的一种重要机制，也即部门寻求成立小组的动因是实现其自主性；胡亚飞（2018）认为高层领导的"上支持"、能帮助牵头部门降低交易成本的"下需求"两方面条件支撑了小组的长期存在（以及精简后的再度生长）。可见，对小组成立的动因有被动选择或主动调整、整合资源或实现部门自主性等涉及组织内外调试的不同认知。

（二）小组功能的相关研究

早期研究者们对小组（特别是高层小组）的功能有两种不同观点：部分学者认为其核心功能是决策参与，承担着政策咨询和议事决策功能；另一部分将其视为一种旨在沟通协调的枢纽型组织（包括视其为一种党政协调机制），如邵宗海（2005）将（中共中央）领导小组视为具有"任务编组"特征、中国特色的由党主导的协调机制或"党的行政担当机构"；

又如吴晓林（2009）认为小组政治是中国党政关系最为核心的联结点之一，也是党对政府监督的重要机制；另外有学者还指出其作为临时性、协调性机构具有全面沟通相关并列机构的横向信息联系、充当机构改革中过渡性的选择等功能。周望（2018）认为其功能实际上超越了议事协调而具有复合性的功能。总的看来，领导小组多被认为是一种非正式的组织或议事协调机构，既包括党政协调也包括跨部门的沟通协调，还认为该"亚正式制度"以其独特的组织和权力机构推动政府部门间的沟通协调和治理，是制度化与有效性的平衡（赖静萍，2009：2）。

从作为跨界事务的治理工具角度看，一些研究充分肯定领导小组机制的"统合作用"：如杨宏山（2016）指出政策路径明晰、有高层协调的"高位驱动模式"是较为有效的政策执行形式；欧阳静（2017）指出其能整合部门资源产生强治理的效果；王浦劬（2019）等也都肯定了以小组机制为代表的高位驱动跨部门协同的有效性。一些学者则在指出现实持续存在的协同困境同时，认为这种机制存在着"花架子"等协同不足的现象：如周志忍等（2013）指出小组机制中存在用官僚制的看家武器突破官僚制，用过时的机制解决当今面临的问题的逻辑悖反；赖先进（2015）指出这种传统跨部门协调机制在复杂公共问题的长效治理方面存在失灵现象，其一定程度只是体现跨部门协同符号意义而在促成协同方面收效甚微；原超（2017：148）则指出小组存在异化现象，治理效果在其"仪式化"运作中被忽视。赖静萍（2009）对国家血防小组、颜海娜（2009）对地方食药监小组等相关案例的研究发现介于前述两者之间，既肯定了小组的协调作用，同时也发现其实际产生的协调功能的有限性。

研究者们在指出小组作为弥补正式组织效能不足、机制不灵活的有效手段同时，也较早指出其并非灵丹妙药，甚至存在"领导小组病"一面，概括起来主要涉及问题包括：数量问题，如小组过多、协调机构林立而导致机构重叠，相互扯皮（尚文化，1985）；小组权力问题，如指出这种非常设机构成为权力超常、权力反常、权力经常的"非常权力"机构等（韩冬等，2004）；行动者范围扩大化，加重领导负担，分散主要领导工作精力（李松，2007）；还存在法律、规范性问题，如指出其不具有行政主体的资格，设置、运行、取消等规范化不足；个别部门和官员在其生发中受利益驱动；权力监管相对混乱，不断废立循环；作为临时机构在实际中会变为常设机构或取代职能部门（张成福，2012）；会导致官僚与公众对临时组织的依赖，存在小组机制与常规制度的平衡问题等（杨雪冬，2014）；还指出原本为解决部门主义而设计的小组却成为地方各部门获得组织竞争优势的治理工具（原超，2017：148-149）；等等。相应的，学者们提出包括职能法定化、建立评估制度，从行政组织法上对这种临时机构进行法律规制、建立结束机制等优化建议（孙楠，2017等）。研究大多认为常态的协调配合行为必须通过制度的方式以保证部门间协调配合的科学性、权威性和规范性。

二、小组的结构、运行过程及影响研究

借用世界经合组织把协同机制划分为结构性和程序性机制的情况，以下在梳理领导小组的结构认知基础上，重点梳理其程序性机制——运行机制。

（一）对小组结构要素的研究

结构是运用权力的场所，一般意义上的政府结构实质反映了科层组织内部各部分、各要素之间的相互关系。学者们对以党政负责人为组长，其他相关职能部门为小组成员单位而实质构成的"新行动共同体"系统进行了初步研究：小组长、参与部门和小组办公室共同构成"领导系统"和"执行系统"并相互影响；从领导构成与权力来源看，小组采用高密度集合型的政治权力结构并充分"借用"高层级领导的原有权力，这造就了小组不同于一般性常设机构的巨大权威性（Miller，2008）；当小组领导原有职务不符合完成计划所需要的权力时，还可通过正常组织渠道授予小组成员必要的"附加权力"（朱光磊，2008：153）；领导小组负责人之间存在着差异，如小组负责人级别的高低暗示了政府对政策的重视程度并表明该机构在官僚体系中的地位（陈玲，2006）。职责相关联的若干常设部门根据业务的相关程度重新"排列组合"成为小组的成员单位，由其中一个主要部门负责小组办公室日常事务；牵头部门的重要性通过其办事机构具体体现出来；从小组办公室运转看，实地调研、文件起草、

政策阐释、督促落实等四项重点职责被认为构成其运转的功能矩阵；有的办公室的现实角色已远超过"办事机构"层面而成为国家治理中的一个关键行动者（周望，2018，2020）。小组还被认为是具有"中轴依附"特点的组织结构——职能和权力重心主要集中在"领导成员—牵头部门—办事机构"这条主线上，这较其他跨部门协调机制而言能够给牵头部门带来更多的组织自主性；具有"虚实结合"的存在方式，即为保证工作的灵活性、机动性和执行力度会出现"虚"（领导系统）"实"（办公室）结合的存在状态（周望，2010）。总的看来，一些学者认为其结构属"矩阵"或"特殊矩阵"（原超，2017），而另一些研究者有不同概括，如认为其是"简约版科层制"（杨志军，2015），或是具有事本主义特征一事一议的"项目制"（陈玲，2015：27）。

（二）对小组运行过程的研究

对小组运行的研究与对其结构研究密切相关，但相比结构运行更具动态性，而有时对过程的理解比简单地观察结构更能加深对组织行为的认知（吉布森等，2002：6）。早期的海内外学者对小组运行关注不多，现阶段学者已越来越注意到运行作为小组核心问题的重要性，同时也仍存在着不同的认知。

一些研究者认为领导小组的有效运行是横向部门间互动的结果（朱春奎等，2015）；更多研究者将其有效运行归因于小组高层角色的推动作用：如谢延会、陈瑞莲（2014）认为其具体运作逻辑是借助上级领导的权威，通过"任务发包"和"责任捆绑"的形式整合职能部门力量促成非常规任务的快速推进；陈柏峰（2017）指出地方"块块"以严重问题的专项整治为内容，通过组织重构成立小组建构"中心工作"形式，凭借体制压力来启动治理协同机制；王浦劬（2019）也认为其是通过高规格的机构设置和领导挂帅以确立小组的领导核心作用，用强激励强约束破除科层体系的职能分割等局限。另一些学者认为领导小组的矩阵型组织结构对于其运行产生主要影响：如童宁（2007）较早指出该高效率的矩阵结构能有效整合复杂而相互依赖的活动；陈玲（2015：27）认为小组脱胎于民主集中制，而集中指导下的民主与民主基础上的集中构成的纵、横向的协调关系能够互动互补、相互协调（林尚立，2017）；徐旭洲等（2016）指出小组有利于克服各部门之间"门户之见"而引起的信息阻塞，形成以纵、横双向信息沟通渠道为主要架构的矩阵型信息传输网络，为工作的顺利完成提供强有力的组织和机制保障。有别于以上认知，原超（2017）认为不论是高位推动或特殊组织结构都无法对小组机制运行做出准确解释，将其运作逻辑概括为"科层化的权威嵌入"，认为该治理结构本质是一种等级化的矩阵结构；而对于双重领导部门，小组机制本质上是通过一定组织结构设计和运行机制改变原有弱激励机制，以项目为载体，通过地方政府的"实质权威"取代部门的"正式权威"而进行的强激励。另外，牵头部门的选择对小组运行的影响问题也受到更多关注（刘金广等，2020）；研究者们还指出小组的设立、合并、撤销等更替行为是小组治理的运行常态，并进行了一些涉及历时性运行的相关研究（李妮，2021）。

对于影响领导小组运行的更多因素，分散在运动式治理等主题下的一些案例研究较之早期直接针对小组机制的规范研究有进一步发现：如颜海娜（2010）曾指出从食品安全委员会办公室的建制看出食品药品监管局的综合协调地位并非在各地都予以承认，各地的食品安全委员会办公室一般设立在食品药品监管局的情况被认为有"部门行为"之嫌；原超、李妮（2017）发现在专项任务泛滥的情况下只能根据小组级别区别对待，即下级选择那些挂帅领导级别最高的专项任务执行等；刘梦岳（2019）发现一些小组在资源短缺下默许甚至希望下级在一些整治中做表面工作从而可以集中治理资源投入到更具效益的地方；还有研究者在研究小组推动地方网络化管理案例中也有相关发现（王苗苗等，2019）；徐岩（2015）发现某市处于"创卫"新阶段的小组通过首长站台并增强协调机构力量等机制较之前发生了效果改变；谢秋山、陈世香（2018）从对两个城市小组"创卫"案例作比较中发现任务缘起、领导级别、组织结构、组织职能等方面的差异导致了不同效果。以上不仅涉及小组运行中的纵向因素（如领导级别、注意力分配等），还涉及横向因素（如协同部门间的协调配合）等。

总的来看，从理论要素归纳和整体角度解释小组总体机制运行的研究还为数不多，如刘锦（2017）以"三规合一"工作为例归纳包括了跨部门工作事务驱动力、权威"掌舵"议事协调机构的层级压力、组织协同职能的保障力、信息共享管理的技术约束力四个自变量组成的小组运行一般理论要素；周望（2018）鉴于现有研究仍未能有效回答领导小组如何运行这一核心问题现状，洞见了相较于"一类领导小组、一种运作逻辑"，"同一逻辑、不同呈现"分析框架能提供更准确的解释。

三、作为小组集体行动的"运动式"相关研究[①]

有国外学者曾指出，虽然"文化大革命"以后的制度化表明运动统帅机构的方式也许将成为历史或者至少大大减弱，但这种统帅方式毕竟是新中国成立后大部分历史的基本特征（汤森，2003：100）。基于历史探究与现实观察，国内外学者以运动式治理（Campaigning Governance）为主题产出了较为丰富的研究成果。本研究关注的是与跨部门协同议题密切相关且作为科层运作模式的运动式治理，其通常是因为政策执行或中心工作而打破政府内部多部门的分隔状态以达致一体化运作，在相当程度上解决部门分割所带来的物资、人力、信息等治理资源不足。其是一种超越官僚制常规治理、有针对性且密集的行动（Kennedy & Chen，2018）；从核心特质来看，其是一种定向资源动员的过程（Nicole Ning Liu et al.，2015），是能在短时间内将人财物等治理资源集中于一个或某几个特定领域的过程，进而满足时间上求快、力度上求强的治理需求。总之，其被认为是发生在官僚组织内部的集体行动，即政权系统内部打破制度、常规而进行的生产性协作，且是少有的几个协作机制之一（唐贤兴，2009；冯仕政，2011）。

一些研究已指出了小组机制与政府"最紧迫的是什么就着力去处理"的习惯性思维定势（徐家良，2002）相关的运动式治理有密切关系：如刘圣中（2007）较早指出与现行一体化行政密切相关的管理模式是"运动式"，而与其相应的组织机制就是不同于被严格规则化了的官僚制"临时组织"；吴晓林（2009）也认为受辖于"小组政治"的"小组治理"又

[①] 本部分相关成果曾以《跨部门协同视野下的运动式治理——一个研究述评》为题在《杭州市委党校学报》2022年第2期刊登。

称为"专项治理"或"运动式治理",即有关权力部门在专项领导小组指导下短期内最大限度地动用行政管理资源,采取集中、从重从严执法方式解决特殊问题。徐岩等(2015)已提醒所谓一般意义的"运动式"其实是有差异的。以下梳理涉及作为小组机制下重要协同集体行动模式的"运动式"的动因、生发机理,特别是其不同类型的形成与转化等相关方面研究。

(一)动因研究

以下借助本尼斯(Bennis)组织适应(调适)理论梳理"运动式"产生的原因。

1. 内环境适应说。如唐斯(2006:168-170)较早指出科层组织的行为方式会随着组织规模的扩大而改变(称之为僵化周期),并利用苏联相关国家例子指出"运动式"是尝试规避大型官僚机构僵化的一种方式;唐贤兴(2009)认为本土部门之间缺乏良好合作是其产生的制度根源;周雪光(2012)认为只有在常规机制及其随之而来的组织失败背景下才能认识这种机制的定位和意义;陈家建(2013)认为其是化解高度分化组织结构对政策执行阻碍的应对方案。值得注意的是,"内适应"方向的实证研究已进一步深入政府内部"黑箱"。

2. 外环境适应说。如丁轶(2016)指出其实际涉及组织与外界环境的关系:在不同于一般科层制的国内党政科层制中,只要发生了某些会严重影响政绩稳定生产的社会事件即为组织的外部环境发生了重大变化——故而要做出反应。黄科(2019)指出其作为科层制调试模式的一种类型——激进方式进行的外部调试,是组织基于政治环境理性选择的结果。还可看到,相较于从一开始就重视外部环境对主体的影响,早期该领域的研究对其中客体的重视则显得不足;近期研究有新的进展,如王连伟等(2018)指出以往的研究在某种程度上忽视了社会问题的复杂特性及公众心理等相关因素,运动式治理是治理主体主动回应社会公众的治理需求,希望短期内努力达成社会治理供需平衡的一种尝试。

3. 内外适应说。一些学者已洞见了其涉及组织对内外环境的调试,如唐皇凤(2007)已注意到政府采取"运动式"多是实在缺乏部门间合作的情况下回应环境变化的不得已手段;狄金华(2010)等认为其原因是基层政权在专制性权力丧失、基础性权力尚未确立、科层运作缺乏充足资源情景下,通过对传统的"运动"资源加以简化利用而对环境做出的权益性行为选择。从组织层面上看,也可以理解为内部协同机制未健全而导致执行能力不足但需回应环境而做出的涉及内外适应的集体行为选择。

(二)如何发生与类型转化

本部分在认知"运动式"存在的宏微观结构基础和一般运行过程基础上,重点梳理其与"常规治理"等其他集体行动的相互关系与类型转化相关研究;要说明的是,一般意义的跨部门研究对这两个领域的关注多是分离的。

1. 结构基础与运行过程。运动式治理作为城市跨部门治理的一种行动风格,一般认为以"事件出现—上级重视—成立专项治理领导小组—召开动员大会—制定实施方案—实施治理—检查反馈—总结评估"这样一套简易流程来加以运行;关于其存在的结构基础与运行机理,宏观层面上,狄金华(2010)指出压力型体制(荣敬本等,1997:192)构成了"运动式"的一个重要的结构性背景;微观层面看,杨志军(2015)认为其是政治集权下的简约治理;文宏(2015)认为矩阵式临时指挥系统、网络化管理结构和多种常规机制的非常态运用保障了"运动式"中纵向层级间合作的实现;原超(2019)明确指出领导小组是"运动式"的组织准备;刘梦岳(2019)关注到了其中党委政府的治理逻辑、主持职能部门的竞争逻辑、配合部门参与逻辑等彼此矛盾的行动逻辑,认为"运动式"治理就是在这三种行动逻辑的交织作用下不断被生产与再生产出来。可以看到,横向关系中差序化的科层结构乃至纵横向的互动对这种政府行为的影响日益受到关注。

2. 与"运动式"相关集体行动模式的关系及转化机制。尽管对"运动式"是临时性的(周雪光,2012)还是常规性机制(欧阳静,2014)仍持有不同观点,但研究者大多认可其在运作方式上具有明显的"非常规"特征;有研究者指出两者并非以替代关系存在而是同时共存甚至能够形成"协同效应"(郝诗楠,2019)。徐岩(2015)已提醒"运动式"与"常规化"只是理论分析中存在的两个理想类型。关于不同类型的转化及逻辑问题，学者们发现"运动式"治理是从"日常"治理转化而来且又能向"日常"转化，它们之间存在着独特的转化机制：如刘骥等（2015）认为其就是通过将日常工作转变为政治任务从而让"块块"牵头动员地方各个"条条"重新投入到治理之中的过程（即从"条条求着块块做"到"块块带着条条做"）；刘杨（2017）在研究鄂中×镇食品药品监督管理所"专项治理"工作实践发现了"专项治理科层化"现象；吕志奎等（2021）发现"运动式"向常态化合作的转化，又如一些学者发现了"运动式"的"内卷化"或"常规化"现象（原超、倪星，2014；孙涛、韩清颖，2019）。

关于影响不同类型转化的机制（变量问题）也受到学者们较多关注：如指出"运动式"是通过不同时期的中心工作与常规型体制相并存（何艳玲，2013）；应将"运动式"治理的知识体系融入"中心工作"机制中（程同顺等，2018），中心工作又可分为重要的中心工作和一般的中心工作（欧阳静，2017）；不同状态背后的问题是注意力分配（练宏，2016）；"合法性承载"概念将有助于解释注意力是如何在治理谱系中进行分配的，其动态存在是机制转换的"众妙之门"（徐岩，2015）。综上，合法性承载、注意力分配与中心工作之间的递次关系及其在不同类型治理转化中的影响受到重视。

第三节 对已有研究的思考

本部分先对一般跨部门协同相关研究发现做简要概括（在梳理跨部门协同研究的视角演进后，重点分析总结组织协同运行的两个维度划分相关认知），之后重点围绕领导小组运行这一核心问题进行总结。在此基础上，以相关组织理论为指引进一步归纳现有研究隐含（但并未明确阐释）的小组任务过程与特点，初步描绘作为整体的小组协同任务过程图景，最后提出现有研究的不足之处。

一、对一般跨部门协同运行的基本认知

应该说,上述对一般跨部门协同不同视角的研究,对其动因、结构与过程的基本认知对理解本土政府跨部门协同奠定了较为扎实的学术基础。以下小结从这些研究中获得的两条基本认知:

(一)跨部门协同运行研究三种视角与融合趋向

可以看到,西方政府跨部门协同的研究,从封闭系统走向开放系统并实现两者的统一;从组织内部、组织间关系到重视主体间协调的约束性因素,揭示了协同过程的动态性和复杂性(也体现出历时性研究的必要性)。可以说,对政府跨部门协同的运行研究趋向一种开放系统下的"结构—过程"研究范式,即从封闭走向开放系统(封闭与开放的统一体)、从平面走向立体(见表2-2),这为后续本土特定跨部门协同运行分析框架的构建方向提供了借鉴,如爱默生(Emerson)等构建的既重视互动过程又重视制度环境等结构因素的协同治理综合分析框架形式具有启发意义。

表 2-2　西方政府跨部门协同研究的三种视角及演进

视角/演进	优势/要点	不　足
组织内部	超越早期研究忽视组织在政策执行中的作用,认识到执行问题可以被视为组织问题;组织理论成为分析工具。	单从组织内部的研究视角很难捕捉到执行的动态性和复杂性。
组织间关系	认识到组织间关系特点很大程度影响政策执行成效,能很好揭示政策执行过程的动态性和复杂性。	侧重对行动者行为的描述而缺乏对其选择的解释,不能有效说明组织间网络形式的演变及其对结果的影响。
新制度主义	阐释了执行主体行为选择的约束性因素,其融入组织间关系分析可增强网络途径在政策结果方面的解释力。	微观基础缺乏,与组织内部或组织间关系研究结合方能形成"结构—过程"范式。

资料来源:作者根据相关文献整理。

(二)组织跨部门协同运行分析的两个维度

上述基础上,重点看对组织内跨部门协作过程的认知。可以看到,不论是企业还是公共组织乃至世界范围内一般意义的组织在实现其一体

化中都可有纵向、横向两个基本维度，其关系与互动对组织协同运行有重要作用（背后各有理论基础但却是相通的）。也即组织实现其一体化存在两大不同机制或基本维度：一是以他组织、控制、统治、等级等为理论内涵的"纵向"；二是以自组织、协调、治理等为理论内涵的"横向"（见表2-3）。两维度在权力向度、治理模式、具体方式等都体现出不同；"纵向"往往为主导力量，而"横向"的作用在现代组织中越来越受到重视。

表 2-3 从不同理论视野看组织"一体化"的两个维度划分

理论	维度 A	维度 B
协同学理论（哈肯，2001）	他组织（Heter-organization）	自组织（Self-organization）
结构权变理论（伯恩斯，1961）	控制（Control）	协调（Coordinate）
"治理"理论（杰索普，1999）	管理/统治（Government）	治理（Governance）
政策过程理论（科尔巴奇，2005）	垂直的"统治"（Rule）	水平的"行动建构过程"（Structure of Action）
一般组织理论（巴纳德等，1968）	等级（Hierarchical）	横向（Horizontal）

资料来源：作者自制。

从对一般跨部门协同运行的基本认知可以发现，由于中外国情的较大差异，国外研究者已尝试构建的一些一般跨部门协同分析框架无法直接用于分析特定的研究对象：典型如跨部门运行的体制机制（制度）情景不同，公共部门内具体的协同运作存在较大差异（杨宏山等，2018）；在跨部门协同大的领域下，具体研究所指、研究侧重也各有差异，如西方的跨部门或协同治理理论多侧重公私之间的协同研究等。因而可以说，其运行框架的整体构建形式是具有启发意义的，但不能直接套用分析本土的特定研究对象。

二、领导小组运行机制的初步认知

在对国内一般意义跨部门协同、领导小组这种特殊跨部门协同运行的影响因素分而叙之基础上，为了系统认识作为整体的小组任务过程的影响因素，可把所涉的因素归纳如下（见表2-4），即开放系统中的小组运行所涉的环境与主体相关要素列表。

表2-4 领导小组运行过程的影响因素归纳

要素	影 响 因 素
治理环境	**1. 系统情景** 文化环境：官本位（周志忍，2013）；集体主义文化、关系文化（蒋敏娟，2016）。 制度环境：政党科层制（丁轶，2016；陈柏峰，2017等）；压力型体制（荣敬本等，1998；杨雪冬，2012；冉冉，2013等）；部门政治/自主性（李侃如，1992；Lampton，1992；宋世明，2002等）；条块结构下的职责同构（朱光磊，2004）或"蜂窝状"治理结构（杨宏山，2017）。 **2. 与跨部门协同相关的制度** 权威依托的等级制纵向协同，对牵头部门的相关规定等（周志忍，2013）；协同的法治化、规范化、制度化水平（赖先进，2018）等。 **3. 任务环境** 公共问题的非结构性（翁士洪，2009）或情景特质（徐艳晴等，2015）；复杂性、流动性（叶敏，2015）等。
治理主体	**1. 主体目标** 组织目标与部门目标及转化机制（何艳玲，2013）；注意力分配（练宏，2016）与中心工作、合法性承载（徐岩等，2015）。 **2. 小组结构** 涉及政府/小组与部门间关系：地方党政与主责部门、配合部门关系（原超，2015；刘梦岳，2019）；领导小组与主责部门、办公室关系（周望等，2020）等。 纵向因素：小组领导级别差异（陈玲，2015）；目标责任制力度（文宏，2015）等。 横向因素：办公室的权威性（颜海娜，2010）；主责部门与协同部门的政绩共容与庇护关系（王清，2015）；牵头部门的竞争逻辑、协同部门的参与逻辑（刘梦岳，2019）等。 **3. 小组集体行动及转化** 运动式治理（唐兴贤，2009；文宏，2015等）；常规向"运动式"转化（刘骥，2015等）；"运动式"的常态化或专项治理科层化（刘杨，2017等）；"运动式"的"内卷化"（原超、倪星等，2014）。

资料来源：作者根据相关文献整理。

如上可见，领导小组运行过程牵涉因素较多，具有复杂的生成机理，研究相关问题需要系统思维并辨识关键变量。现有从不同主题侧重的研究在不同程度上重视了主体、环境（包括问题）等影响要素；还可看到，虽然一般意义的跨部门协同、小组运行与"运动式"治理相关研究还呈一定程度的分割状态，但一方自内而外（如小组机制的研究多从重视内部结构向重视外部环境发展）、一方自外而内（如对"运动式"的研究多从重视外部环境到重视对内部的分析），中间已有初步"接口"，一定程度上可望形成小组运行研究上的互补。在现有研究基础上，可从一些隐含的认知中初步梳理出一个涵盖小组运行部分环节的线索链。

1. 领导小组运行的动力。结构化组织的碎片化治理与非结构化的社会问题间的张力是导致一般意义合作困境产生的基础性原因。跨界问题的复杂性（即"技术性难题"）是部门寻求协同的动力，即鉴于合作困境的存在，部门选择促进作为整体的政府成立跨部门协同组织，借助权威动员其他组织的力量；而对作为整体的政府来说，启动小组是对任务环境或关联环境的回应，也是对自身的碎片化进行自洽性调整。即从外部动力看，跨界问题存在是政府部门（特别是跨界问题传统意义上归属的主管部门）寻求跨部门协同的必要条件，而作为整体的政府回应与稳定、政绩相关的关联环境之必须是充分条件——部门目标也得以向组织目标转化。

2. 领导小组运行的多重环境。一些研究者已注意到小组运行同时要面对技术环境与制度环境。前者具代表性的如与跨界任务相关的任务环境，而对后者的一些分散研究显现，纵向的压力型体制及与横向关系密切相关的部门政治（部门自主性）等为代表的"中国情景"在深层次上影响协同过程：压力型体制作为对地方政府运行的形象描述，已成为分析地方政府运行机制的一种视角（薛立强，2010），其与高度集中的体制相关，而本土的部门政治与横向的张力密切相关，会导致治理的碎片化；"一体化"和"碎片化"看似对立实际上同时存在——单一的"一体化"往往会强化向上负责的倾向而形成"碎片化"（张树平等，2019）。该"一纵一横"可以被认为是影响本土城市协同治理的两大基本制度环境。与此相关的是条块关系中的"职责同构"或"蜂窝状"的治理结构；其他还包括法律法规层面的环境（与协同直接相关的制度）等都会影响小组的运行。

3. 领导小组中的多主体关系及集体行动。在治理主体中，包括广义的政府（党政）与部门，涉及主体与主体间关系，即主体的自主性与多主体性间关系及多目标性，都是影响小组内运行较为关键的因素。还可看到，领导小组机制作为科层治理向非常规协同转变的组织载体，随着内外环境的变化，该机制下的协同会产生"运动式"治理、"运动式"的科层化等不同的集体行动。这其中较有代表性的"运动式"集体行动的发起是小组进行内外环境适应的结果：具有多目标的科层组织在特定情景内外因的作用下，根据任务环境确立整体目标，通过内部整合以实现治理绩效。其基本元素的逻辑与过程也可以表述为：组织通过识别环境分配注意力于中心工作（以承载环境对政府行为的合法性认同），进而围绕中心工作调整组织结构、动员组织资源以取得高绩效，最终达成组织目标的过程。

三、已有研究待提升之处

（一）对小组机制的实然功能存在不一致认知

前述可见，现有对小组功能的研究，实际存在着"高效统合论""协调仪式化论""有限约束论"三种不同认知：持"高效统合论"的研究者对小组的统合功能总体持高度肯定态度（贺东航、孔繁斌，2011、2020等）；而持"协调仪式化论"者则强调其存在的"花架子"或"异化"等失灵现象（周志忍，2013；赖先进，2015等）；另外一些研究的发现介于前两者之间，可谓"有限约束论"（颜海娜，2010；赖静萍，2015等）。需要说明的是，这里所指的功能认知差异，不同于一些学者在承认小组达到基本的协调功能同时指出其负效应（反之亦然），而是对其在真实世界中的整体功能的基本认知差异。如何解释不同的认知，是非此即彼还是不同场景同时存在？这些竞争性的结论还没有展开相应的对话，这种质的差异亟须回到实然运行过程中加以解释。

（二）对小组机制的实然结构存在不一致认知

对小组结构的研究也实际存在着"矩阵"或"特殊矩阵"、"简约版科层制"或"项目制"等在组织学上属于不同结构类型的认知，其又可概括为"优化版官僚制"或"超越官僚制"（周军，2015）两大不同结论

（这一点突出表现在对其作为任务型组织的性质认定和不同解释上）。一些关于结构的具体分歧还如：周望（2010）发现小组的一个特色是其职能和权力重心主要集中在"领导成员—牵头部门—办事机构"主线上的"中轴依附"的组织结构，或如胡业飞（2018）发现的牵头部门"高半格"；而颜海娜（2010）在对跨部门食品安全监管案例的研究中有不同发现：作为食品安全委员会牵头部门（也是办公室所在）的食品药品监管局同样处于"中轴"但实际的权威并不足；又如王春晓（2018：135）发现设在卫生部门的国务院深化医药卫生体制改革领导小组办公室（简称医改办）实际处于弱势地位，要协调编办、财政部、发改委等强势部门难度不小——即一些小组的牵头部门体现出"高半格"一面，而一些情况下又感觉权威不足等悖论存在，这些不同的认知或发现也需得到进一步的理论对话。

（三）对小组机制的运行过程同样存在不一致认知

研究者们曾在不同阶段指出对小组运行这一核心问题存在研究不足的现象（周望，2010；原超，2017；张铮，2019）。应该说，以上表现出的对功能与结构的认知分歧与对小组运行的研究不充分具有关联性。事实上，在已有研究中不乏对小组运行规律的语焉不详甚至得出相抵观点：对其内部运行的研究实际存在着"横向协作论""高位驱动论""矩阵作用论"等不同认知。"横向协作论"认为小组作为"议事协调机构"应有的横向互动运行状态；"高位驱动论"侧重纵向角度解释小组运作，即认为其存在权威驱动、变横向协调为纵向命令的基本运作逻辑并肯定其高效的统合作用，而这与一般意义执行研究中多发现的高位推动会导致碎片化、"政策空传"（李瑞昌，2012）等结论存在冲突之处；"矩阵作用论"或"特殊矩阵论"相较前两类已指出小组这个复杂体中实际存在着纵横向间的关系，对横向小组成员间在其中的互动有所涉及，而对更为复杂的纵横间相互动的系统关注（特别是对处于"中轴"上又涉及横向的关键行动者的研究）尚待提升；同时也可看到，其对一些小组的确存在的高效统合作用的一面也不能进行有力解释。

（四）对小组运行机制有待形成结构化认知（整体解释）并得到验证

一些研究者已在尝试从封闭系统或开放系统角度归纳小组运行的一

般理论要素，但由于该种机制运行的复杂机理仍存在一些不足。从封闭系统角度构建分析框架的研究，对复杂的环境因素重视有所不足。开放系统视野下的研究，优点是重视了作为直接动因的跨界问题等，但对小组这个"新行动共同体"内部的互动研究尚存在不足：相比对纵向的研究，对横向的互动关系研究仍不足；相比对小组领导的研究，对牵头部门或小组办公室研究仍不足；相比对"虚实结合"的认知，对更为复杂的、动态的小组结构和角色研究不足。还可看到的，即使是在开放系统视野下，一些研究视角也仍显单一：要么是结构视角，要么是行动者视角，对小组运行复杂的结构和过程影响因素仍没能完整呈现。值得注意的是，对小组所受的环境张力有待深入研究，如一些研究已利用制度分析方法来分析小组运行的环境，并指出了制度环境与技术环境间存在的张力（任宇东，2019），但对该张力如何影响小组运行并未进行具体分析。

进一步分析目前研究不足的原因，可发现对小组运行研究（乃至跨部门协同领域的研究）在方法和视野上仍存在系统性、动态性等不足的局限：（1）从系统要素上看，仍存在分隔研究多而系统认知不足，如对小组机制、"运动式"治理等有密切关联的议题仍存在一定程度的分割研究；又如小组结构及其行动是在内外环境调试中进行的，内外需进一步"打通"进行系统研究才能最终形成有力的运行框架。（2）从研究维度上看，存在静态研究多而动态研究不足——认识不到动态中的循环作用是大量公共政策研究不足的重要原因：如对小组的分析中，要么注意到其阶段性体现出的高效统合作用，要么关注阶段性的协同失灵，且在解释协同效果或困境现象"为何"（Why）产生的同时却往往不能解释"怎么"（How）产生出来。（3）从方法上看，已有研究经验基础还有待进一步坚实与深化，深描的、历时性的案例研究有待加强，高水平的经验研究有待更多产出：如肯定小组机制统合功能的研究理论演绎偏多且从纵向分析多，有的也进行案例等实证研究，但对历时性案例互动模式（特别是横向乃至纵横向互动）的深入跟踪、案例比对不足；指出了小组机制失灵等现象的研究，也还无较深入的理论研究及与对治理实践的经验研究加以深入系统剖析。

综上，鉴于小组复杂的生发运行机理，现有研究在对小组运行形成一定解释力的同时，一定程度上仍存在碎片化的阐述变量对于小组运行机制影响的情形，仍面临着与复杂现实匹配性的问题（框架能否立足国情特色具有针对性又体现出系统分析），尚未形成一个基于组织学的统一分析框架，对小组运行的核心环节仍待更清楚把握，也因此还无法系统回答如下问题：小组这种习以为常的跨部门协同机制在真实世界的运行机理是怎样的，运行中可能会呈现怎样的协同类型，不同类型是如何转化的等相关联议题。后续研究有必要在前人基础上，借助更有效的分析工具，整合相关知识贡献，进一步辨别关键变量、打通密切相关的领域，提供一个实现共识性和普遍意义的逻辑图像，并选择扎实的、历时性的案例进行验证。简言之，即借助有效分析工具，系统解释小组运行的"同一逻辑、不同呈现"机理并通过历时性案例加以实证。

第三章　开放系统中领导小组运行的分析框架*

分析框架是建立在一定的理论基础上、针对特定的研究对象所提出的一套理论分析工具，它可以将复杂的社会现象有序化。在本研究中，鉴于现有研究或分析框架仍存在的局限，还不能系统、结构化地解释本土领导小组的运行过程，因而有必要借鉴、借助相关理论和分析工具形成新的分析框架。组织间关系研究有封闭系统组织理论与开放系统组织理论两种不同理论溯源：前者强调组织内的竞争与激励；后者将环境因素引入组织间关系的讨论，强调环境对组织的重要性，组织为了生存必须同环境进行互动，这种理论视域所衍生出来的权变理论和（新）制度主义等理论逐渐成为解释组织间关系的主流理论。这些理论也被统称环境决定组织结构理论，认为组织环境是组织结构的主要决定力量，是环境而非管理者主导了组织结构的变革；这些理论也并不是竞争性的（霍尔，2003：309-310）。本章主要借助权变理论和（新）制度主义等环境—结构理论提出本土领导小组运行的分析框架，用于指导后续分析。第一节择要阐述理论基础，第二节解释分析框架提出的逻辑，第三节具体解释所提出的小组运行适应模型要素及包含内容，第四节分析模型要素间关系，其中重点是利用类型学方法分析小组过程机制的四种"理想类型"并提出相关核心命题。

---

* 本部分相关成果曾以《地方领导小组运行的适应模型——基于环境—结构理论视角》为题在《公共管理与政策评论》2022年第2期刊登。

第一节　开放系统中的环境—结构论：
组织结构权变与制度理论

理论由一个或一组概念组成，用以解释或预测某种现象。作为开放系统的组织理论，权变理论的核心思想是组织行为的因地制宜，制度理论则重视结构因素对行为产生的约束作用。两者之间有密切关联，是可以互为补充的解释复杂组织现象的理论。

权[①]变理论（Contingency）也称情景理论，是系统论的进一步深化（系统论应用于组织研究）。系统理论中的组织是相互依赖和相互作用的许多要素中的一个要素；输入流和输出流是描述组织的基本起点，即组织从更大的系统（环境）中获得资源（输入），对这些资源进行加工，然后再以变化了的形式还给更大的系统（输出），系统的基本要素可见图3-1；系统理论认为组织要生存必须发挥功能以满足环境的要求，强调对反馈信息内容做出恰当反应的重要性。

权变理论强调了组织的多变量性，总的特点是居于简单化的普遍的原则（"一种最优的方法"）和复杂的笼统的观念（"什么都重要"）之间，是一种既认识到管理现代组织所包含的复杂性、又利用关系模式或分系统的配置结构以促进更好地实践的中间性思想[②]（卡斯特、罗森茨韦克，1985：580）。权变也是马克思主义的实践逻辑（何怀远，2009）；该理论并不假定有实现理性的意图理性就必然实现，无论是从马克思主义还是非马克思主义视角看，该理论都把组织看作一定的环境背景下（有约束也有机遇）在一系列目标之间选择的结果。相关研究主要集中在以下三个方面：（1）组织结构的权变，其把组织作为一个开放系统，试图从系统的相互关系和动态中考察和建立一定条件下最佳组织结构的关系类型；（2）领导的权变理论；（3）人性的权变理论。本研究将组织结构权变理论作为构建分析框架的主要理论基础之一。

---

① "权"字在古汉语中指秤锤，此处引申为权衡之意。
② 从一般组织行为学角度看，也认为个体在任何环境下的行为都涉及个体的人格因素和环境因素的相互作用，找出所有这些因素既费时又费力且通常是不可能的，可采用权变方法来帮助明确组织行为中重要的管理性因素。

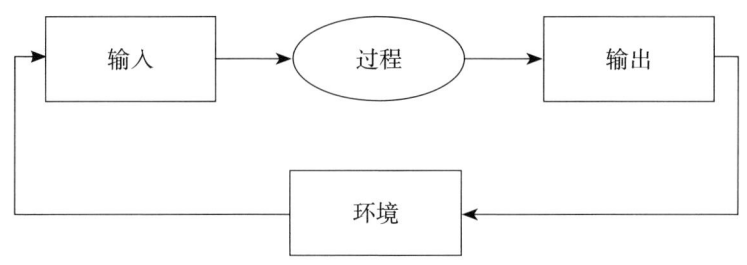

图 3-1　系统的基本要素示意

资料来源：詹姆斯·L. 吉布森等（2002）。

制度理论强调结构性约束。如果说20世纪70年代社会科学研究的核心概念是"集团"、80年代是"国家"的话，90年代以后的关注点则集中于"制度"（河连燮，2014）。以"制度"为核心概念来解释政治、经济、社会现象的学术流派统称为新制度主义（New Institutionalism），其源于对行为主义等既有主流社会科学理论以"原子化个体"来解释社会行为的批判。20世纪90年代以来，新制度主义分析范式成为社会科学领域的一类重要话语和研究范式。一般而言的新制度主义包括：政治学和社会学的历史制度主义、源于组织理论的社会学制度主义或组织学制度主义、政治学的理性选择制度主义、新制度主义经济学以及新制度主义社会学或约束性选择理论（Choice within-Constraints Theory）等。各流派存在的一些分歧源于对制度概念的解释：制度主义理论中的制度本身是一个宽泛的词，如认为制度是"稳定重复的、有意义的符号或行为规范"（DiMaggio & Powell，1983；周雪光，1999），可以笼统地指规则，也可狭义指政治结构和法律，还可指属于理念层次的意识形态、习俗等非正式制度（荣敬本等，2001）。这些分歧从其分类及界定可见一斑：如把人类社会的制度分为外在制度和内在制度两种类型（李厚廷，2010），一部分制度是人类社会内生的、社会博弈参与人之间策略互动从而最终自我实施的均衡结果（青木昌彦，2001：2）；而另一部分制度是外生的、是政府及其代理人精心设计的规则并强加给社会被自上而下执行（柯武刚，2000：33）；又如其被认为是嵌入社会的各种正式、非正式的程序、规则、规范和惯例等，这些直接导致各流派对制度影响个体的方式及内容有着不同的理解；此外，对制度如何形成、个体在制度形成过程中的作用以及制度如何变迁等问题都有不同的解释。同时可看到，这些流派也是有共同特征的，即认为"原子化个体"脱离社会脉络（Contextual）、强调脉络即制度的重要性——这里的制度指影响个体行为的结构性制约因素（河连燮，2014：5）。

　　制度理论与权变理论有密切关联。新制度主义产生的两个学术背景是早期制度学派的研究（如关注理性组织实际运作的问题）和权变理论自身存在的不能解释制度趋同性现象等局限性。其基本出发点是：任何一个组织都必须适应环境而生存，必须从组织和环境的关系上去认识组织现象，每个组织其实是十分相似的（所谓制度化的组织）。其认为环境是个广义的概念，不仅包括技术环境（Technical Environment），即一个组织对资源的依赖程度、与其他企业的市场关系等；还包括制度环境（Institutional Environment），即一个组织所处的法律制度、文化期待、社会规范、观念制度等为人们"广为接受"的社会事实。两种环境对组织的要求常常是相互矛盾的，组织的一个重要对策就是把内部运作和组织结构分离开来，即正式结构是适应制度环境的产物，变成象征性的存在，而非正式的行为规范是组织运行的实际机制（周雪光，2003：77）。该理论一个主要贡献是提出合法性机制——那些诱使或迫使组织采纳具有合法性的组织结构和行为的观念力量，其可以在社会文化、法律制度等多种层面上发生作用，可用来认识、解释组织现象尤其是趋同现象——这相较权变理论等所认为的效率机制，从完全不同的角度揭示组织的趋同现象。该理论还强调：研究组织现象不能从组织内部而要从外部环境的角度去解释，也即组织通常并非自我导向，其行动的过程和决策主要被组织所处环境决定（Menzel，1987）；应该走出理性而不能用理性的框架解释问题；认为强迫性机制、模仿机制、社会规范机制三种机制导致并促进组织形似或"组织行为的趋同性"，并将三者视为组织趋同动力，即广义的合法性（legitimacy）机制（DiMaggio & Powell，1983）。

　　制度分析方法还认为，制度能约束行动者行为，但行动者之间互动的结果有可能导致制度变迁，使得制度变迁理论（Institution Change Theory）成为制度分析当中一个重要组成部分，其提供了从宏观到微观的解释框架：（1）宏观视角的历史演进分析：历史制度主义侧重以宏观、抽象视角解释制度形成与变迁过程，路径依赖（Path-Dependence）是作为标志性的内容和最重要的理论范式，是对制度、行为与环境间关系的认知。（2）中观视角的组织功能分析：组织制度主义更关注组织体本身及其在组织域中的互动；旧制度主义直接把组织称为制度，新制度主义代表者（如诺思等学者）把两者区别开来，仍将组织视为制度变迁的代理。（3）微观视角的制度环境分析：影响制度有效性的因素分为两类，内生因素即制度安排自身的特性，外生因素即特定制度安排所处的广泛社会环境或其他环境（张陶然，2019）。

新制度主义与其说是一种中层理论（Meso-Theory），不如说是一种分析视角或分析框架（河连燮，2014：4-5）。鉴于研究的重点所在，本研究认同徐晓林等（2011）等研究者的运用方式，既不着重采取所谓的政治学制度主义等制度主义中的单一理论范畴，也不局限于所谓的新或旧制度主义的理论界限，而是工具性的运用制度理论分析领导小组运行的结构约束，以及行动者与结构互动等相关议题。

鉴于制度理论与权变理论存在的互补性，已有学者较早把两者结合起来解释相关组织议题，如Goodstein（1994）把两者联合起来用以考察组织卷入工作—家庭问题的程度等；在一项对美国政府会计师事务所（GAO）的分析中也有类似的联合视角（Gupta et al.，1994）。

第二节　小组运行分析框架提出的逻辑

本土科层组织无疑是一个复杂组织。复杂组织的结构从外到内表现为一个从开放到封闭、从灵活到确定性的谱系（汤普森，2007：4）；解释科层组织的协同现象需要综合运用组织间关系研究的封闭系统组织理论和开放系统组织理论，特别是在后者视域衍生出的权变理论、新制度主义理论等是解释组织间关系的主流理论，也是解释政府跨部门协同过程的理论。以下借助涉及环境—结构的权变理论及制度理论来构建领导小组运行分析框架。借助组织结构权变理论形成"环境—目标—结构—

行动及影响"基本逻辑链,并根据本土小组运行的实际情况对其内外环境做分析,即对作为重点的小组结构动态性进行类型学研究、对外环境要素进一步分层,最终提出本土小组运行的分析框架(适应模型)。其视角的特点在于,不局限于在治理主体系统内部研究协同类型与转化,而是在开放大系统中、在同时认知小组治理的多主体性中研究该种协同运行的逻辑。分析框架的提出也基于对西方跨部门协同研究视角演进的认知并借鉴了艾默生等学者构建协同治理运行分析框架的表现形式。

一、运用组织结构权变理论形成小组运行过程基本要素链

如前述,深受开放系统影响的权变理论认为组织是个系统,它由各分系统组成,有可识别的界限与其环境超系统区别开来(卡斯特,罗森茨韦克,1985:148-149)。该理论着眼于单一的组织对环境的适应,以系统观点为理论依据来考虑问题,理论核心是通过组织的各子系统内部和各子系统之间的相互关系、组织与环境间的联系来确定各种变量的关系类型和结构类型;认为系统环境与管理之间存在一种函数关系,管理方法与手段应随着环境条件的变化而变化以达到不同的管理效果。可以说,权变理论是以目标为基本视角的理论,其把组织行为看作在一定的环境背景下,组织在一系列目标之间进行选择的结果。权变观点所要研究的是组织与其环境之间的相互关系、各分系统之间的相互关系以及确定关系模式(即各变量的形态);强调的是组织的多变量性,并力图了解组织在变化着的特殊环境中的运行情况;该理论的最终目的在于提出最适宜具体情况的组织设计和管理行动(卡斯特,罗森茨韦克,1985:573-575)。

这其中,Bennis(1965)较早对机械、刻板的组织结构与管理理论进行批判并提出组织与环境变化之关系,开创了组织理论研究中权变理论学派先河;其在总结官僚制组织模型和制度的缺陷基础上提出组织内外环境调试(适应)理论,该理论关注的问题是,如果组织不是理性设计的,那么组织结构和它的环境条件、技术、目标之间的关系;其最重要贡献是指出组织的根本矛盾不是一对而是两对,即个体需要与组织目标的关系、组织运行与环境的关系;组织的发展完全依赖于"内适应"与

"外适应"（朱国云，2014）。

　　Burns 和 Stalker（1961）认为不同类型组织都有适当的关系模型，根据组织外部环境的不确定程度设计组织结构思路形成了"机械—有机系统论"：机械式（刚性）组织（Mechanistic Organization）形同官僚组织，是综合运用传统组织设计原则形成的产物，强调专业化和通过等级结构进行协调。其存在条件包括：环境相对稳定；目标明确持久；技术相对统一；按常规活动、生产率是主要目标以及决策可以程序化等，其协调和控制过程倾向于采用严密等级系统。有机式（弹性）组织（Organic Organization），也称适应性组织，有低复杂性、低正规化和分权化的组织结构，是一种松散灵活具有高度适应性的形式，是水平和斜向的一体化机制。其存在的条件与前者有较大不同：环境相对不稳定和不确定；目标多样化并不断变化；技术复杂且多变，有许多非常规活动且创造性和革新性在其中很重要；使用探索式决策过程，协调与控制常常相互作用，系统等级层次较少具有较大的灵活性。该理论还认为刚性机械式组织和弹性有机式组织实际代表着一个连续体的两个极端，之间还存在无数的中间过渡，可以有多种状态或者表现为多种不同形式（霍尔，2003）。

　　Lawrence 和 Lorsch（1967）指出组织结构和外部环境都是可变的，组织绩效取决于两者的相互适应；组织的分化程度和整合水平应当随着环境的不确定性而改变。Barnard（1968）将组织视为一个实现协作的协调系统，其关键在于有效协调的实现。西蒙、马奇和赛特等延续了关于"环境—结构"的相关讨论（李文钊等，2014）：强调组织内部结构的协调机制本质，认为组织结构在本质上是实现信息沟通和信息流动的系统；决策信息是由组织环境传递的，因而环境对于组织结构具有重要影响。后续有关"环境—结构"关系研究的核心，即讨论组织环境的复杂性和不确定性对组织结构的属性和正式化程度产生的影响也是对该思路的延续（李文钊等，2014）。

　　钱德勒（2002）在组织研究中首次分析了环境—战略—组织结构之间的相互关系，指出当内外环境变量发生变化时组织战略与结构必须做出相应反应，即所谓"管理方式必须服从组织战略""结构追随战略"概念；其开创的战略—结构—绩效范式（Child，1972）涉及组织战略／目标与组织结构、组织绩效的关系。如果说韦伯为管理学提供了理想的组织模型，那么钱德勒则为管理学提供了现实的组织演变轨迹（斯图尔特·克雷纳，2013：162）。

权变理论集大成者汤普森（2007：4）提出组织是开放系统与封闭系统的统一体并指出：为了推动组织前进，不必理解所有变量间的关系，只要抓住最具战略性的变量，不断探索环境条件、任务和技术与组织结构以及最终绩效的相互合作。可以说，即便开放系统理论未能产生一种能够预测和控制组织行为的一般系统模型，但却为公共管理者提供了一种隐含的组织效能理论：成功的机构就是在其组织结构、环境和寻求现实的目标之间找到一个"最佳契合"的组织（汤普金斯，2010：13-15）。

总之，权变理论是一个非常关注环境、目标和结构的理论；权变的核心思想"因地制宜"也被认为是中国特色的治理经验（韩博天，2009）。组织结构权变理论（Structural Contingency Theory）把组织作为一个开放系统，试图从系统的相互关系和动态中考察和建立一定条件下最佳组织结构的关系类型；组织结构权变也是项目组织结构选择乃至包括大部门制等变革的理论基础之一（骆珣等，2004：33；黄文平，2014：54）。依据以上逻辑一致的知识演进，可得出环境—目标—结构—行动及影响间的相互关系链，这可以看作开放系统中领导小组的运行基本要素链。

二、运用制度理论等对小组运行内外环境及之间关联做分析

在领导小组运行基本要素链分析基础上，继续对小组实然运行的内外环境及之间关联进行分析。

（一）借助制度主义理论对小组运行的外环境进行分层

如前述，开放系统理论不同于封闭系统理论之处在于把"环境"引入到组织间关系的讨论中。环境是一个剩余的概念，也是一个广义的概念，指所有别的因素。对这个"涵盖主体以外因素"的环境因素又可有不同划分方式：如前述，制度学派代表学者迈耶将环境分为技术环境和作为"广为接受"社会事实的制度环境。汤普森为简化分析，沿用笛尔

（Dill）使用过的"任务环境"，即组织执行具体任务时所处的环境，其一方面影响着目标的设定而另一方面则影响着实现目标的途径，也同时指出任务环境外的诸如不同类型的文化等环境也深刻影响着组织。在公共管理中，宁骚（2018）认为治理系统运行实质是主体、客体与环境相互作用的过程，并在该三要素下将治理环境分为一般环境（即系统的生态环境，影响着某一特定社会的一切组织）和具体环境（即系统的工作环境，直接影响着个别组织），并认为科层系统的现实特征、功能与运行更多取决于系统所处的工作环境，是一般环境中的不同部分在特定时间点上的聚合，因而具有多样性、变动性、主观性、人为性等特点。另外，杨雪冬（1997）还曾把环境划分为制度环境、关联性环境及技术环境等，其所指的制度环境是一系列用来建立生产、交换与分配基础的政治、社会和法律基础规则，是政策环境重要且相对稳定的部分，而关联环境类似前述学者提出的工作环境，相对来说是不断变化的。

可见，不同学者都认识到环境的重要性和广义性（多层次性），又根据研究的侧重有不尽一致的划分，同时也有本质较为一致的认识，如有直接与间接影响之分、深层次与浅层次之分、稳定与变动之分。本研究依据以上逻辑一致的认知（即治理要素的"三分"、新制度学派的环境"两分"和汤普森的简化分析），借鉴西方协同治理综合分析框架中系统情景与协同治理制度等区分，结合现实情况进行划分：把主体外的部分先分为制度环境（系统情景、协同制度、关联环境）和技术环境（治理客体），又鉴于关联环境与治理客体的密切关系合并两者统称"任务环境"。综上，本研究把影响小组运行的环境因素划分为系统情景、协同制度和任务环境三个层次。

（二）对小组的内环境做基于关键维度的分析

该分析即对小组作为组织最重要的、在一定结构下的运行进行分析[①]。如前述，不论是企业组织还是公共组织内部在实现一体化中都可有两个维度，其关系与互动对组织协同运行有重要作用。如 Barnard（1968）将组织视为一个实现协作的协调系统，分为横向组织和等级组

---

① 组织结构权变理论的"内环境"，即组织结构、决策、交流及控制的过程。

织：前者源于自由协定，基于双方的理解、合约或条约；后者是垂直的、分层式的组织。两者最重要的区别是，前者的管理和宗旨来源于组织的外部，后者的政策和原则多源于组织的内部。福莱特（Follett）指出由命令构成的"纵向"链条和同层级之间的"横向"联系对于达到组织内部的协作同等重要。现代政府中的科层协调通常采取诉诸合法性的权威决定形式，其基础是对支配和服从关系的制度化，而非科层协调则基于自愿的承诺和遵从并通过谈判解决利益的冲突，后者（如协商和竞争系统）通常是嵌入在科层结构当中的（Börzel & Risse, 2010）。总之，从一般组织理论特别是封闭系统相关理论看，任何组织的结构都有纵向与横向两种基本关系，具体说是纵向控制与横向协调两个实现跨部门合作的途径（孙迎春，2014：60）。两维度在权力向度、治理模式、具体方式等都体现出不同，而横向的作用在现代组织中则越来越受到重视。国内有研究者借助相关维度对本土水环境治理、网格化治理等涉及跨部门相关领域开展了一些研究（熊烨，2017；祁文博，2020）等。

从组织结构权变理论看，其将环境影响下的"结构"概括为稳定—机械组织与适用—有机组织两种"极端类型"，领导小组被认为是具有适应性组织特征的临时组织，也表现出具有灵活的控制与协调机制。从现有相关研究看，不论是认为领导小组作为决策制度脱胎于我国民主集中制、具有纵横向双方面协调等相关研究，或是被认为是纵横向信息交汇的矩阵，还是现实行政实践中与领导小组相关的各种政策文本中对"纵向领导、横向协调"[①]的强调，都显示了其内部两个基本维度同样是客观存在的，也即以权威控制为代表的纵向机制（简称"纵向控制"或"纵向"）与平级协调为代表的横向机制（简称"横向协调"或"横向"）可以作为分析该"新的行动共同体"组织的动态性（也即一定结构下的互动）两个关键维度。两者从理论内涵到具体方式都体现出不同（见表3-1），进而可以从类型学的角度对其进行四象限划分以便认知其协作动态。

---

① 此类表述可见于国内成立领导小组开展专项工作的相关文件或部署中。

表 3-1 领导小组纵横两个维度的内容比较

	纵向控制机制	横向协调机制
权力向度	自上而下	水平互动
组织模式	科层制式	横向治理
信息传递	命令链	交互式
主导力量	权力、权威	资源依赖、交易成本、信任、担当等
代表机制	行政命令、目标责任制	联席会议、协调协商、合作协议等
具体内容	问责、激励、规制等	对话、信任、承诺、互惠/共享、协作、共识等

资料来源：作者根据相关文献整理。

（三）小组行动与环境间的关系分析（反馈机制）

新制度主义分析的核心问题是制度与行动者之间的互动关系，其内部不同流派对于制度的本质及其运作、功效有着不同观点。如理性选择制度主义视角相对狭窄，只研究正式的制度，认为制度是行为者实现自身目标的工具（吴志成，2003）。历史制度主义最具综合性且非常重视制度和行为间的能动关系，强调制度作为一种结构性约束而存在，很大程度上限制行动者的选择范围，但同时又肯定个体行动者通过总结历史经验和研判现实来改变现状的能力。在特定环境下的行动者会对制度结构本身产生能动作用，使其得以延续或现实变迁并有可能产生新的制度。总的看来，这种对制度、行为、环境间关系的认知可以总结为制度对行为有塑造作用，行动又能对制度产生影响。据此，可形成作为行动者的小组（小组协同行动及影响）与制度等外环境之间的关系，其进一步连接了微观与宏观，也体现了小组运行的非线性关系。

综上，对小组协同运行过程的整体认知，就是分析多重外环境下的治理主体的目标、小组受纵横作用的动态性结构及集体行为间的作用机理，以这些核心元素构建分析框架有利于形成小组运行的结构化认知。

第三节 小组运行适应模型的要素及包含内容

以上叙述形成了一个结构—过程范式下的领导小组运行分析框架，

可概括为以"环境驱动、目标转化、制度约束、权威依托、纵横作用、不同呈现"为整体运行过程,以"多重环境影响、纵横机制作用下的结构动态化呈现"为核心特征的小组运行适应模型(见图3-2)。其中,把作为模型核心、较为复杂的小组内协作过程利用类型学来分析,即根据纵向控制、横向协调机制的强弱划分四个象限(见表3-2)。

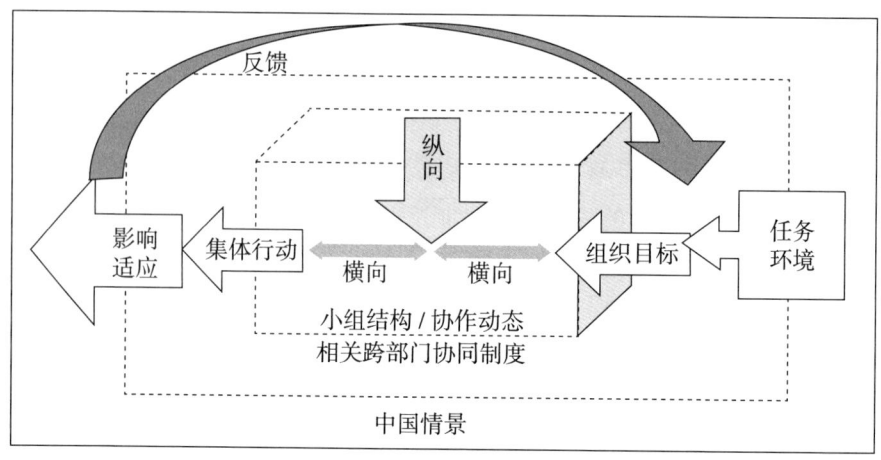

图 3-2 领导小组运行的分析框架示意(适应模型)

资料来源:作者自绘。

表 3-2 领导小组"纵向控制—横向协调"作用下的协作动态分析示意

		小组纵向控制机制	
		强/增强	弱/减弱
小组横向协调机制	强/增强	3. 扁平科层型	4. 资源依赖型
	弱/减弱	2. 权威依赖型	1. 松散联盟型

资料来源:作者自制。

组织随外部力量变化而变化的适应模型是与"开放系统"等术语密切关联的。本土领导小组运行分析框架的基本解释是:开放系统中的小组运行包括主体和环境两大要素,又可细分为环境、目标、结构及行动四个广义变量,涵盖动力、过程、约束与反馈机制等四种机制。主体的治理过程是在内外适应中进行的:"外适应"即地方公共组织目标与环境间的互动过程;"内适应"是服务于组织目标的治理结构的形成过程,受到纵向控制机制与横向协调机制两个关键变量的作用。具体看：环境因素包括系统情景（即中国情景）、相关跨部门协同制度及任务环境，其中的系统情景不是作为一组初始条件而是环绕的方框，始终影响整个协同过程。治理主体主要包括组织目标、小组结构（协同动态）、集体行动及影响。一般意义的跨部门协同过程并非各发展阶段的线性组合，而是一个循环往复的动态发展过程，需要各阶段要素之间按照环境变化灵活互动（孙迎春，2013）。小组运行分析框架的过程阶段之间、要素之间也是非线性关系，四个广义要素变量也可被分解为更精细的变量，具体内容示意列于表3-3。

表 3-3 领导小组运行解释框架涉及的具体因素

维度组成部分	环境因素/治理环境	任务环境/驱动因素	主体因素/治理主体				协同结果	
			跨部门协同制度及与任务完成相关制度					
			目标	结构/协同过程		协同行动	影响	适应
				纵向机制	横向机制			
组成部分中的要素	1. **系统情景** 压力型体制/与部门政治（自主性）条块结构、职责同构下的"蜂窝状结构"；官本位文化等。 2. **协同制度** 议事协调相关制度；与部门政治相关的立法部门化；行政文化影响下的非正式制度等。	情景特质；非结构性问题；流动性与治理体系碎片化等。	面临的环境；部门目标与组织目标的转化；合法性承载；注意力分配，中心工作化。	权威主导；领导注意力分配；领导级别差异；管控工具采用与激励程度等。	组织间的资源依赖、交易成本、关系认同等。	取决于小组内纵向机制与横向机制作用形成的结构。	由行动所致；行动对环境与组织的影响。	协同制度中的变化；协同动力的变化。

资料来源：作者自制。

一、环境要素：任务环境、协同制度与系统情景

在环境要素中，任务环境相对处于变化中，对科层组织主体目标（特别是阶段目标）的形成有较大影响；协同相关制度的影响也较为直接；

系统情景相对稳定但对小组协同有深层次影响,是理解本土公共治理的逻辑起点。

1. 任务环境。城市治理中的任务环境由关系较为密切的关联环境与治理客体构成,其相对处于变化中,构成了影响一定阶段组织目标的环境因素,如发生群体性事件、突发性公共问题、容易引起"民愤"的社会顽疾等会严重影响到政绩稳定生产的社会事件就可以认为组织的任务环境发生了变化。其中值得注意的是,包括小组治理等跨部门协同治理是"嵌入"城市复杂巨系统的,以这个巨系统为背景下的任务环境(特别是客体因素)以复杂性、跨界性、流动性为主要特征。现阶段本土城市治理多以城市问题为导向,跨界性是治理复杂性的主要来源之一,也是跨部门治理中小组运行的主要驱动力。

2. 协同制度。这里主要指直接影响小组协同的行政、管理或司法在内的政策和法律框架。不论从制度不同于组织,非正式的惯例与正式的条约一样重要(戴维斯,2013)角度看,或是基于我国的行政实践和长期以来的行政文化,非正式的制度安排也是需考虑的重要因素(其也是新制度主义重点关注的)。要注意的是,不仅系统环境能形塑整个协同制度,协同制度同样也通过合作行为及结果影响外部环境(蔡澜,2015)。影响小组协同运行制度性质的因素包括:与立法相关的因素,如现实中的部门立法因素;政府内跨部门协调制度,即现有的已具备一定基础但仍有待完善的相关政策和法律框架,作为主导的纵向协调制度规定;涉及牵头部门职责的相关规定,如牵头部门对协同部门没有命令权、平等协商和共识决策依然是该种协同主要特征等;又如相关部门权责划分等横向协调制度、横向间的信息共享等制度。其中尤其值得注意的是与所治理跨界问题直接对应的法律法规,如与食品安全监管直接相关的《食品安全法》,其约束了食品安全监管部门与卫生行政部门等在跨部门监管中的权责配合关系。

3. 系统情景。即中国情景。鉴于治理问题需要在一个国家或地区的特定情境下来理解和探讨(瞿同祖,2003:1-4),典型如单一制和党的领导是理解本土公共治理的逻辑起点(田昊等,2019),重视本国情景已成为研究者的普遍共识,其是理解国内跨部门治理的逻辑基础。领导小组是在国内政治、法律、社会经济和其他各种影响因素的多层复杂环境中启动和运行的，这些外部环境也框定了协同制度发展的机遇和制约。从既有研究可知，影响这种本土跨部门协同机制的系统情景以党政科层制下的压力型体制与部门政治并存为基本特征，其规定了协同的基本制度框架，相对稳定但对协同行为有深层次影响。与之相关的不同层级政府在纵向间职能、职责和机构设置上的高度统一一致的"职责同构"（条块关系下的"蜂窝状结构"）也是影响跨部门协同系统情景的重要内容。另外，从文化层面看，仍存在官本位文化、不同于契约文化的关系文化等，它们也是系统情景深层次的组成部分。

二、主体要素：组织目标、结构及集体行动

主体要素主要包括组织目标、组织结构及相应的集体行动。

1.组织目标。组织是有意识地协调两个或更多个人的行动以达到特定目标的系统。目标作为组织希望努力争取达到的未来状况，提供了衡量组织活动成功的标准和组织活动的动力，其性质影响着组织的基本特征；而对（封闭）组织进行系统研究的逻辑起点就是其目标（奥尔森，2006：5）。同时，政府作为一个多目标的组织（汤普金斯，2010），其组织目标是多重而非单一的：既有总体目标又有具体目标，既有长期目标又有中短期目标，既有集体目标又有部门目标。本土科层组织作为整体政府的目标和部门目标之间存在一定张力（何艳玲，2013），其是科层组织内协调的重要内容。目标制定是组织与环境的交互过程，不同目标之间又会受到外环境影响而转化（汤普森等，1958），如从部门目标"中心工作化"而成为组织目标；"中心工作化"又是一个动态过程，即中心工作会转化为更为紧迫的中心工作，与此相关联的是常规协同转化为非常规协同（并进一步升级）。

2.组织结构。即作为跨部门协同结构性机制的小组的协作动态，它是小组整体运行中的重点内容。一般意义上的组织结构是组织中相对稳定的关系和方面，是组织内关于规章、职务及权利关系的一套形式化系统（Formal System），阐明工作分配、权责关系及内部协调的机制，实质反映了政府内部各部分、各要素之间的相互关系；其是政府结构的具

体表现形式,是政府权力和职能的载体;组织结构及职能结构、权力结构等结构共同构成影响政府组织协同的主导性变量。为实现组织的协同,就需要相应的纵向机制或横向机制。要注意的是,小组这个"临时机构"的结构较之通常的科层结构具有明显的动态性,这里的动态变化既指从科层结构形成形式上的跨部门协同的"结构性机制",更是这种机制下的"新的行动共同体"在纵、横向力直接作用后结构的动态呈现过程,这也是该有机组织的重要特征所在。总之,这种权威依托下的小组协同受纵向与横向机制的直接作用,纵向机制为主导因素,横向机制同时也在影响着协同过程,共同导致小组结构动态化呈现。

3. 组织行动及影响。一定结构中纵、横向机制改变导致不同的实然结构及集体行动模式的产生,会影响小组集体行动的实际绩效(或称效能,即组织完成目标的程度),进而又对治理环境与治理主体产生影响。总之,作为组织治理工具的小组在纵向机制和横向机制的作用下会形成不同的结构并由此产生不同的集体行动方式及效果,其中的"运动式"被认为是本土较为典型、同时还有待进一步精细化研究的集体行动之一。研究者还发现了"运动式"与"常规化"间的转化、小组治理的"仪式化"或"没有运动起来"等不同集体行动状态。

第四节 小组运行适应模型中的要素间关系

在分要素具体阐述基础上,以下对要素间关系进行整体分析以阐述这种本土代表性的跨部门协同机制的整体运行过程。广义的小组运行包括动力机制、过程机制、约束与反馈机制,在这些机制作用下,环境影响组织目标,组织目标影响结构,结构改变及相应的集体行动服务于组织输出并达到组织目标,即是组织的内外适应并努力实现动态平衡的过程。

一、小组运行的动力机制和过程机制

(一)小组运行的动力机制:科层组织与任务环境间的"外适应"

组织的"外适应"为组织目标与任务环境的调试过程,其是影响小

组运行的动力机制。本土科层组织一定程度上存在职能部门目标与作为整体的组织目标间的张力，也是主体协调过程"黑箱"的复杂性所在。组织结构权变理论并不假定组织有实现理性的意图理性就必然实现，其认为是在一定的环境背景下，组织在一系列目标之间选择的结果。在任务环境影响下，组织在多任务结构中形成不同的目标，部门目标能转化为组织目标，组织目标可以进一步"中心工作化"或反之，也即：领导小组的设立和持续运行动力客观源于跨界问题存在，问题越复杂客观上越需要跨部门合作。任务环境影响治理主体形成目标转化进而影响小组内跨部门资源整合程度：任务环境压力越大，科层组织越会把治理任务"中心工作化"，进而越会推动小组内的整合程度，反之亦然。以下重点在动力机制下分析小组的"内适应"过程，即小组运行的过程机制部分（狭义的运行机制）。

（二）小组运行的过程机制："纵向控制—横向协调"作用下的"内适应"

政府治理公共事务的过程是政府组织内部各部分处理相互关系的过程，是运行研究的重点内容；结构则是实现组织目标的工具。如前所述，部门目标和作为整体政府的目标之间存在的张力，是科层组织内协调的重要内容；作为整体的组织目标的形成进而会影响组织结构的改变以实现组织一体化——也即在完成组织任务中使各分系统努力达到统一的过程。如上述，组织结构权变理论并不假定组织有实现理性的意图理性就必然实现，具体在小组内部这个相对封闭的系统中，纵、横向机制产生的直接作用力是影响其实然结构的关键变量，即在实现小组整合的"内适应"中两个关键变量是：已受较多关注的以自上而下的权威控制为代表的纵向机制；在复杂组织中日益受到重视的小组内的横向机制。可以说，权威控制的纵向机制是主导本土小组协同的主导因素，其会受到小组领导级别、注意力分配等因素影响；横向机制主要特征是平等主体间的协调协商，其影响因素涉及结构性因素等多种因素，如部门间的目标、激励、责任，部门间的关系（信任），资源依赖结构，合作行为的合法性判断等。根据小组中纵向机制和横向机制的作用关系，能对该种重要的跨部门协同过程进行类型学分析（并进一步进行类型的呈现与转化分析）。

二、小组运行的反馈机制与约束机制

（一）小组运行的反馈机制与类型转化

小组运行过程中一个不可忽视的部分就是反馈机制。在组织结构权变理论中，开放系统可以根据材料、能源和信息的流动保持动态平衡，即反馈机制是与小组运行中的动态平衡相联系的；反馈有正有负，如负反馈是一种表明系统偏离预期方向并应重新调整到新的平衡状态的信息输入。小组的不同集体行动结果会产生相应影响，这些或正或负的影响会反作用于外环境及科层组织的目标进而影响运行类型转化，也即：小组集体行动的效果会影响任务环境进而影响组织目标；小组行动效果弱，任务环境压力则大，科层组织会有进一步实现小组一体化的目标要求，反之亦然。新任务环境下的组织目标影响小组一体化的程度进而会影响小组协同类型转化。而小组最终是在纵向控制、横向协调机制的直接作用中转化为新的协同类型（形成实然结构）的。

要注意的是，在反馈机制下，四种小组运行作为"理想类型"总体上会依次出现，而一定阶段中往往会单独或交替出现。

（二）小组运行的约束机制及与行动者的互动

领导小组是在多重环境约束机制下进行的：首先或显性的是在现实的任务环境、在相关协同制度结构约束下开展的；深层次看，小组的整体运行过程是在"中国情景"下进行的。值得注意的是，制度环境所要求的权威主导合法性原则与任务环境所需的效率原则存在一定张力（或称权威依托的等级制纵向协同主导特征与协同生成机理所需的自发性间存在一定张力），其是影响小组协同最小化（"花架子"）与协同最大化（高效统合作用）间摇摆的重要因素。

从历时性看，小组集体行动效果还会导致小组运行的外环境（如现行的相关协同制度）产生改变，也即小组运行的结构环境发生改变。从制度学派相关理论看，这一过程可理解为结构和行为相互建构过程，也是制度变迁的过程。总之，制度对行动者有塑造作用，行动者又能对制度产生影响，该过程是约束机制与反馈机制同时作用的结果。

三、"纵向控制—横向协调"作用下的四种小组运行类型

在不同的任务环境及相应的组织目标情景下,根据领导小组受到以权威控制为代表的纵向机制和以平级协调为代表的横向机制的强弱情况可进行类型学分析,即利用"纵向控制—横向协调"这组关键维度(以下有的简称"纵向—横向"),把作为小组运行较为核心的过程变量区分为松散联盟型、权威依赖型、扁平科层型及资源依赖型等四种"理想类型"(见表3-4)。

表3-4 领导小组"内适应"的"纵向控制—横向协调"分析具体内容

		领导小组的纵向控制机制	
		强/增强	弱/减弱
领导小组的横向协调机制	强/加强	3.扁平科层型 任务环境:环境压力增加(最大)。 组织目标:进一步中心工作化。 结构特征:权威主导横向配合的简约官僚制。 行动特征:相关部门赋权后承担主体责任并联合"重拳出击"。	4.资源依赖型 任务环境:环境压力减小。 组织目标:去中心化/促常态化。 结构特征:权威依托制度约束、资源依赖横向治理。 行动特征:部门间逐步规则自协调、问题自校正,有望持续合力。
	弱/减弱	2.权威依赖型 任务环境:环境压力增加。 组织目标:回应环境、逐步中心工作化。 结构特征:权威依赖下的有限联合。 行动特征:层级压力下的就事论事,"同而不和"(易反弹)。	1.松散联盟型 任务环境:环境压力小。 组织目标:回应环境但非事实上的中心工作。 结构特征:权威依托下的松散联盟。 行动特征:跨部门结构性机制下的"联而不合"状态。

资料来源:作者自制。

(一)松散联盟型

这是纵向控制机制、横向协调机制均弱时小组呈现出的运行类型。这种类型启动的场景是:城市政府会就单个部门难以应对的"跨界问题"建立有高层"挂帅"的诸如"××工作领导小组"等跨部门协同机制,确定牵头部门并设立小组办公室,相关各部门在高层领导下各有分工,

形成了形式完整的协同"结构性机制"。而现实科层组织处于多任务结构和客观存在的"部门行政"（或称"部门自主性"）等情景下，当纵向机制不足（如受小组负责人权威不足、小组较多而领导注意力有限等主客观因素影响，这时的"挂帅"往往成了"挂名"[①]），横向机制同时也不足时（如牵头部门在政府序列中的"实力"不足，协同部门间的资源依赖、目标责任、激励与约束等差异存在，这时的"牵头"往往成了"磕头"或"独奏"[②]），小组的实然结构是依托权威的松散联盟，实现小组的一体化往往会以多中心下的横向协调为主；这种小组协同形式在理论上会节省领导力资源，支持横向协商，但多会产生"联而不合"的协作局面——形式上联合而并未形成协同治理态势与效能，也即呈现出一些研究指出的小组"花架子"现象。鉴于自主性是组织的基本特征、与之相关的"部门政治"是本土基本的系统情景之一，而职能相互依赖又是现代城市科层治理的基本内涵，以下对两者关系做进一步解释。

有研究已指出，在官僚组织中，一方面每个组织都会努力保持自身的自主性，跨部门协作意味着组织失去了一些自由，可能因此失去单方面控制结果的能力；另一方面，正如唐斯在《官僚制内幕》中指出每个社会机构本质上都是一定程度的"领域帝国主义者"的同时，也指出每个官僚组织领域内最重要的特征之一就是界限模糊——这来自现代社会的复杂性和相互依赖性。而对于现阶段的一些本土科层组织，两方面的情况表现得更为充分：一方面，权力部门化、部门利益化甚至"法律部门化"倾向在一定时期内客观存在，各部门习惯于"各管一摊"（包括"法条竞合"下各执法主体套用不同法律于执法对象），这其中还存在各部门间守权与扩权现象（所谓"朝廷没有冷衙门"）；同时，由于现代城市事务的复杂性，政府系统内部各行政机构间的职能配置交叉重叠等局限也客观存在（中国行政体制改革研究会，2018：49），在跨界事务治理中，在交叉或空白地带常常存在"有利益上、无利益望、有害则避"的机会主义，特别对一些都难管或都不管的事务会出现"事事有人管、事

[①] 相关提法可见：楠竹. "挂帅"与"挂名"[J]. 党的生活（贵州），1995（8）：19 等。
[②] 相关提法可见：于洪涛. 莫让"牵头"变"独奏"[N]. 共产党员网，2019.6.11 等。

事无人管"等现象，即使有牵头部门也往往会存在"谁牵头谁负责""谁组织谁检查"造成的"灰色监管地带"。总之，在此场景下，实现小组内的一体化往往会以权威依托下多中心间的横向协调为主，而由于横向部门间合作动力不足或倾向于不合作因素客观存在，这种局面下一些本应积极协同的部门会消极配合或抱观望态度。此时的小组在城市政府小组结构（或多专项工作结构）中往往多是"边缘"（Periphery）小组。

命题 1 纵向控制机制弱、横向协调机制也弱时，领导小组往往会呈现出"联而不合"的松散联盟型运行。

（二）权威依赖型

这是当纵向控制机制加强而横向协调机制仍弱时的小组运行类型。这种类型启动的场景是：由于诸如治理对象所产生的负面影响增加等导致任务环境压力增大，促使地方政府重视程度大为增强——该项工作在地方政府注意力分配中由事实上的边缘地位逐步向"中心工作"转化——对任务小组的整合意愿加强。这时在纵向机制上，往往表现为采用多种控制工具以加大控制整合力度，如纳入由主要负责人领导的更为重要的工程、受命于主要领导人的督查部门介入等，并针对协同不力的局面给相关部门下"军令状"，要求站在大局的高度齐心协力以确保执行效果。而此时在横向机制方面的短板依然存在，典型如牵头部门与协同部门平级间的协商协调机制没有根本改善。在这种状态下的小组结构呈权威依赖下的有限联合，相应的治理效果短时会有所提升但会因协同部门间的"同而不和"而反弹较快：这源于小组主要领导人的"高压"，依附其上的牵头协调部门在这种状态下也被暂时强力赋权了，会不失时机用好"尚方宝剑"；相关协同部门较之以往会表现出热衷合作的现象或者说"被协同"起来——各部门暂时放下手中重点工作，在一定程度上跨越了组织边界、整合了治理资源。同时，由于"命令难以代替共识"，在相关协同部门责任意识和内在动力缺乏时，外力强迫下的协同往往会流于形式，倾向于层级压力下的"就事论事"——协同中的一些问题只是暂时"压"下去了，这也正如相关研究表明的在压力型体制下太强的刺激往往会导致各种变通——在对于具有"团队生产"性质的小组中更是如此。

还值得注意的是，面对层级压力下的一些复杂环节，协调能力仍有限的主责部门会习惯性地回到自己"部门口"的"舒适区"里，在能够部门主导的范围内继续行事，无力或无法进行通盘考虑，因此"医头医脚"式的、在整治中只治标不治本甚至标本都不能治的不足在这种情景下会大量存在。总之，这种场景下往往会陷入一些研究指出的"权威落实困境"或"上面运动而下面不动"等类似情况，即在这种"特殊矩阵"中也会发生执行研究中发现的执行失败现象。

命题2 纵向控制机制（加）强、横向协调机制仍弱时，领导小组往往会呈"同而不和"的权威依赖型运行。

（三）扁平科层型

这是当纵向控制机制、横向协调机制均加强时的小组运行类型。此时的小组实际呈科层制的扁平化运行（饶慧，2005），组织中的层级减少而成员间的"同质性"在增强（唐斯，2006），也被称为浓缩官僚制。这种类型启动的场景是：地方高层受到进一步的环境压力而"高度重视"分配更多注意力（庞明礼，2019），甚至有"行政问题政治化"倾向——实现小组一体化要求增至最强。此时，在纵向机制方面，小组负责人的级别会得到进一步提升或被更多赋权，并通过压力型体制实施更严格的绩效考核、目标管理责任制等控制机制；而在横向机制方面，较之权威依赖型，平级部门间自组织性（协同性）也得到较大增强，如牵头部门协调力或是被实质赋权，或是其协调对象被实质赋权；部门间由于共识增加、利益满足等内生动力亦增强而形成某种形式的"政绩共同体"（王清，2018）——这事实上降低了主责单位的工作协调难度，或者说变相增强了主责单位协调力。这种类型意味着在很大程度上打破了治理资源碎片化、执行"各司其职"等不利局面，治理资源得以在短时间内整合，协同治理最为高效的局面应该说形成了，因而也产生了小组机制下最具代表性、效率优先的"运动式"集体行动：其外部表征为集中、从快、从重，外部效果的取得很大程度是通过内部结构调整（制度化或者非制度化的）以整合治理资源实现。总之，这时小组"重拳出击"的阶段效果常常被证明是最好的。此类型也面临可持续性考验。

命题3 纵向控制机制和横向协调机制均（加）强时，领导小组往往会呈最具高效统合的扁平科层型运行。

（四）资源依赖型

这是当纵向控制机制减弱而横向协调机制仍强时的小组运行类型。该种类型启动的场景是：在如上纵、横向机制皆强取得实质性效果、任务环境压力实质减轻后，小组会对协同治理中的工作经验做总结，希望把有效的协同机制、协同形式制度化或再制度化（包括通过立法的方式）以实现跨部门治理的"常态化"——促使横向间实现更多的自组织以减少对纵向权威的依赖，也即所谓专项治理所希望达成的打建结合——"打一处问题，建一项制度"效果[1]。随着强横向协调驾驭能力的牵头部门与内生动力增强的相关部门的磋商和交换，探索中的新协同关系会逐步固化，之后，强纵向机制会有所减弱。在这个趋向中，为应对灵活复杂的治理对象，协同部门之间能进一步实现规则自协调、问题自校正——具有社群意义、体现出协同学所指出的"不受外界干预的自组织"部分特征，这也类似西方治理理论推崇的横向协调为主的类型。在现实国情下，由扁平科层型产生的强治理走向资源依赖型，是较为有效的小组协同治理类型组合——一定制度约束、纵向权威依托、横向协调有力，充分认知合作的合法性和必要性，能分工合作、共同担当，由"被协同"走向追求共同的公共价值目标，更为积极主动的横向协同。当然，鉴于国内现阶段仍是以权威为依托的制度环境，即使在这种类型下的协同，在一定程度上还是会期望有多的诸如领导关注、高度重视等纵向机制，即已形成的常态化类型也可能会由于机构部门调整、主要人员变更而受到影响甚至发生改变。

命题 4 纵向控制机制（减）弱、横向协调机制仍强时，领导小组往往会趋于一定制度约束、权威依托下的资源依赖型运行方向。

---

[1] 可见：汪洋. 食品药品安全重在监管 [J]. 求是，2013.16：3-6.

本章小结

本议题研究的对象是在一定环境中本土科层组织内特殊的跨部门协同——领导小组机制运行，其有两个要点：一是在同一科层组织的内部；二是内部的不同主体间的协同关系。在借鉴与之有关联的协同治理等运行分析框架表现形式基础上，借助能互补的组织结构权变理论和（新）制度主义等环境—结构相关理论提出小组运行分析框架。

借助组织结构权变理论等开放系统理论形成环境—目标—结构—行动及影响的基本分析要素，通过该基本关系链能够动态地解释小组机制的运行过程。在此基础上进一步对小组内外环境进行分析：对内环境进行分析，重点是利用组织均存在的纵横向关系两维度进行小组内协同动态的类型学分析（区分了小组协同运行的四种"理想类型"）；对外环境的分析，是借助制度理论把小组所处环境要素进一步分层为系统情景、协同制度与任务环境。通过以上，初步提出一个"结构—过程"范式下的小组运行分析框架：主要包括组织的动力机制（即外适应，主体目标与任务环境等外环境间关系分析）、作为重点的过程机制（即内适应，组织受到纵横向机制直接作用下的结构动态呈现）、约束机制及链接内外适应的反馈机制。

之所以要把组织结构权变理论与制度理论相结合构建分析框架的原因在于，前者可以解释组织运行的"小"因果关系，即（技术）环境—目标—结构—行动间关系，但仍存在一定局限性：如它没能解释为什么某种方法是最佳的组织方法（结构），也不能解释某种最佳组织结构是如何形成的，同时也忽视了制度环境的作用等。具体在小组运行研究中，其不能解释小组有效运行的结构为何在一定阶段中不能形成，最终又是如何形成的，也不能全面揭示影响小组运行的深层次逻辑。而通过重视结构约束的制度主义能形成解释上的互补：一是解释了由于"制度环境"的存在而产生的"结构与运行相分离"，即小组结构上遵循效率原则，实际运行遵循合法性原则（小组运行中的效率原则服从于合法性原则）；二是最终小组能形成有效适应的缘由，即在反馈机制中，集体行动能影响组织目标乃至与制度实现互构。总之，把这两个可以互补的理论工具相结合，可以对复杂的小组运行机理做出更为有效的整体解释。

本部分还结合本土相关研究进一步解释分析框架各广义变量所包含的具体内容及关系，并把作为重点的领导小组运行过程相关认知以主要命题的方式提出。

第四章　研究设计与案例背景

前述理论部分已构建了一个跨部门治理中领导小组运行的分析框架，这一理论框架需要进一步加以验证。本章第一节首先介绍验证方法与研究工具选择，研究的数据收集、分析方法等，还说明了选择"一日游"市场整治案例的理由。之后，鉴于该案例的历时性与复杂性，也是较少、较完整呈现的跨部门治理案例，在第二节中进一步对案例背景与过程概况作必要描述，也即通过描述性分析概要阐述 J 市整治"一日游"市场这个具有"小事件、大影响"特点，特别是在跨部门协同方面既具有代表性又具有独特性的历时性案例的背景和基于时序、跨越 20 年的整治过程；其中的一个重点是对任务环境特征与治理主体特点做必要的阐述。

第一节　研究设计

本节主要介绍质性研究方法与案例研究工具，进一步阐述案例研究的数据收集、数据分析方法，最后解释选择"一日游"历时性市场整治案例的理由。

一、研究方法与工具选择

研究方式的选择是服务于研究目的和研究对象的。本部分在扼要介绍不同于量化研究的质性研究对于研究议题的适用性后，具体介绍选择该研究方法及具体的研究工具（案例研究）的原因。

（一）质性研究方法

社会现象的研究可分为两种类型，即探究普遍规律的研究与在强调复杂性的同时对案例进行深层次分析的研究。前者是聚焦一般化的研究策略，被称为变量导向或量的研究；后者是将焦点放在复杂性的研究策略，被称为案例导向或质的研究。质性研究与量化研究有明显的差异，分别运用了不同的知识观、研究策略和数据收集与分析方法（克雷斯威尔，2007：3-5）。本议题选择采用质性研究来分析本土特征明显地方跨部门治理机制议题的基本理由是：质性研究是基于对访谈数据和文档等资料的定性分析的实证研究，其目的在于描述和探索真实的经验世界，十分重视经验主义成分；其研究思路主要是归纳的方法；研究目的是对事物的质有较全面的解释性理解；资料呈现上看主要是深描手法。质性研究强调关注社会现象的整体性和相关性，对所发生的事情进行整体的关联性考察，系统分析的方法贯穿其中——叙事越复杂、越具交互性、包容性，质性研究就会越好（克雷斯威尔，2007：3-5）。总之，质性研究的特点与本研究的对象非常契合。进一步看，该研究方法的采用还基于以下两点：

一是对机制及相关方法论作进一步认知。研究者认为在公理和描述之间还可以有一个解释层次就是对机制的关注，其是两个事物之间可能存在的因果关系，是"经常发生的、易于识别的"，但该因果关系诱发的条件或后果并非明朗的——我们知道这种关系经常发生，但并非必然的因果关系（周雪光，2013：16-17）。从比较角度看，因果机制是不同于因果影响的因果推断的另一种基本形式。因果影响主要是通过变量之间的共变性来确定，大样本的回归分析方式是发现变量间共变性和关系模式的有效工具；而因果机制则是关注原因变量如何导致结果的过程，小样本的深度案例分析（尤其是过程追踪法）是发现和理解因果机制的重要手段（曲博，2010）。因果机制的分析需要微观层面和宏观层面因素的结合，即多层面分析（Multi-Level-Analysis）。

二是关于经验性与理论研究的关系认知。经济学家张五常（2009：12）曾指出，"经济学的实验室是真实的世界，不多在那观察算不上科学"，这对其他社会学科做好研究是有积极启发的。对于本土治理研究要义，臧雷振、徐湘林等（2014）也认为应该从本土政策实践的实际需求出发扎实地进行经验性研究，从原始材料收集开始来了解政策现象和政策过程的事实与特点，而非套用西方的概念、理论分析模式来解释中国的个别政策现象。黄宗智（2007）指出理解国家权威的实质，应该对行政实践做切实的研究，必须区别政府的正式结构和运作实际。周雪光（2017：3）注重从或大或小的现象背后寻找把握国家治理逻辑的线索——借助理论提供独特的视角和分析工具来审视所观所闻，如采用组织行为学研究视角特别关注"是什么"问题，试图认识理解在实际生活过程中的组织现象是"怎样的"进而解释"为什么"。以上学者指出了处理好理论与本土经验间关系的重要性，强调理论是重要的但不应试图"将中国经验的哨子插入西方理论的洞口"，应有更加开放的解释（More Open-ended Explanations）而不是确定的（Clear-cut）解释（托尼·赛奇，2006），这样的研究才有助于增强对本土现象的解释力。这些认知也都体现了对机制研究所关注的"如何"或"怎样"（How）的重视。

综上，基于对研究问题的认知、对上述学者学术旨趣方法的学习与认同，本研究主要使用了强调复杂性、重视经验的质性研究方式——这也是一些学者所倡导的在现阶段（至少在今后相当长一段时间里）研究国内公共管理（行政）议题应重点进行的研究路径（于文轩，2013；马骏，2015等），具体是通过理论研究与案例研究相结合，在理论上解释现实小组运行过程机理并进行验证，系统分析贯穿本研究的始终。

（二）具体研究工具选择——案例研究

质性研究（或定性研究）包括很多研究方式（如民族志研究、现象学研究、案例研究等），其中的案例研究是社会科学研究中最基本的方法之一，是处理复杂问题的有力工具（陈思危，2001），也是理论发展的重要途径。该方法能引导研究者专注那些没有明确答案却非常重要的问题（李平等，2012：6）。案例研究无疑也是公共管理研究的有效方法之一，案例或事件分析对于形成公共管理或政策研究的"地方性知识"具有重要意义，这正如一位韩国学者所指出的："为了系统地研究本国的政策执行过程，根据不同政策类型来理解政策过程的特征是很重要的，问题是为了使用这种研究方法应该积累丰富的案例，只有这样关于本国政策相关领域更为普遍的知识才可以积累起来"（吴锡泓等，2004：412）。本土公共管理研究必须具有中国特色，其学术发展面临本土化的任务（王浦劬，2008），特别在我国现阶段，个案研究有着独特的优势（周雪光，1999）。可以说，个案研究就是发掘链接经验和理论之间的日常生活逻辑，对研究工作至关重要（折晓叶，2018）。更值得重视的是，构建理论的案例研究与中国文化十分吻合：国人重视事情的整体全面性、动态性和复杂性以及涌现的关键作用，这些因素与构建理论的案例研究方法一脉相承（李平等，2012：8）。

进一步看，案例研究适合对所研究问题知之较少的情形，以基于多途径的数据来源对案例进行实证性的描述。通过案例分析，对代表性的典型事件进行深入研究，捕捉和追踪实践中出现的新现象和新问题，有利于清晰观察事物发展的过程及其背后的规律，挖掘其中潜在的理论贡献（毛基业等，2013）。利用正反交叉的定性比较分析方法，揭示本土治理的关键变量，便于普遍意义理论的提出，是案例研究中重要的研究方向；"结构—过程"分析范式已成为案例研究重要的走向（侯志阳等，2020）。本研究重在回答真实世界中的领导小组是"如何"运行的，主要属于 How 类型问题的范畴（当然也涉及 Why 的问题），采用案例分析能够深入挖掘微观情景因素获得必要的数据和经验知识，进而解释这种跨部门协同机制的逻辑。

本案例研究又可归属于提出命题型和理论验证型相结合的综合类型范畴的案例研究[①]。研究具体方法为因果过程追踪法（Causal Process Tracing，简称 CPT）：侧重时间维度的过程追踪法是理解因果机制的有力工具，是在个案研究设计中来考察因果机制。作为一种用于分析最初条件如何转化为最终结果的案例研究工具和研究程序，其能够通过辨析事件在特定情境中发生的顺序和步骤来识别因果链，对于研究中的个案内推断较有意义。相比于以自变量 X 为中心、从"是否产生影响？"类型的研究出发的共变性分析，因果过程跟踪分析以结果 Y 为中心来探索

---

① 案例研究有多种分类方式或认识方式，本研究也可称为理论阐释与个案分析相结合的实证主义研究。

个案内现象发生的因果条件和机制；前者关注单个变量的作用，后者对于结果解释有原因组合、殊途同归性和因果异质性。因果链和过程动力是过程追踪的逻辑基础，即发现因果链中的因果必要充分条件以及因果动力循环中的社会反馈机制来对所需的经验信息进行数据分析（刘一弘，2015）。总之，鉴于现实世界的公共政策（管理）过程的复杂性，传统的量化研究方法很难完全解释因果机制，因果过程追踪法视因果关系是一个事件或现象影响另外一个事件和现象的现实机制和过程，其作为一种基于溯因推理逻辑的实证研究方法近年来得到越来越广泛运用（孙婧婧等，2018）。研究拟在"结构—过程"范式下运用过程追踪法，深入追踪分析"一日游"整治历时性案例过程并进行案例内比对分析，以便科学归纳小组运行的过程机制。

二、数据收集与分析

（一）数据收集

案例研究的资料可以源自直接观察法、参与式观察法、访谈法、文献法、档案和实物证据等（罗伯特·K.殷，2021：127-130）。笔者在21世纪初就进行过实地带团、在相关行政部门挂职经历、多次参与对相关议题多种形式的调研研讨、与相关部门人员保持着长期的交流合作，有条件通过多种方式获取研究所需资料，进一步系统深化对这一具有历时性的复杂案例的研究。本研究主要资料获取的方法包括以下三种。

1. 田野调查法（Field Work），也即参与观察。笔者曾通过带（旅游）团、随团（非法"一日游"团）暗访、受公共部门委托调研等非正式或正式方式，观察、认知非法"一日游"活动与公共部门整治过程。如：2001年10月"黄金周"期间笔者就实践过首次带团；代表性的暗访在2008年奥运会前（2007年）就开展过；有两年旅游行政管理部门的挂职经历，对相关行政部门的运行较为熟悉；与相关部门、人员保持着交流合作；2008年奥运会前主要参与调研的"散客J市一日游现存的问题与对策建议"报告曾以"J市社科规划工作简报"形式上报市相关领导；其间还有阶段性的观察思考成果发表或在行业内部刊登。

2. 深度访谈法（In-depth Interview），这一方法的精髓在于"深入事实内部"。本研究访谈对象包括国家、地方旅游主管部门、执法人员，相关行业协会负责人、行业专家及执法对象（如导游等）；相关协同部门（如工商、城管、公安等部门）的行政管理、执法人员等。为揭示小组运行的规律性，还注意访谈了对领导小组较为熟悉且与该案例无直接利益关系的内部人士。作者通过结构化和半结构化的方式从多角度获取具体信息，并与研究结合，去粗取精、去伪存真，全面把握案例真实情况，较为清晰地构建历时性整治的时间线、事件线，识别与议题相关的代表性时期和场景并加以分析。

3. 文本分析法（Text Analysis），是社会科学研究领域最重要的分析方法之一。该方法基于对文字资料的分析与整理以达到认识社会现象的目的，是一种非直接介入的方式，特别适合对长时期事件或现象的研究，借助文字了解事件的来龙去脉，发现事件长时间的变化过程。本研究分析了20世纪90年代末至今的相关文本材料，包括非公开的信息（如领导讲话、内部调研报告、年度工作总结、日常公文等档案资料）与公开出版、报道的信息（如J市人民政府公报、J市旅游志、旅游年鉴及权威媒体报道等）。

（二）数据分析

数据分析是在科学扎实的数据收集之上进行的，可包括检查、归类、列表、检验或合并资料等，以便于根据实证依据得出结论。鉴于案例研究的方法和手段的特点，在案例研究中对资料进行分析的难度比较大，其也被认为是案例研究中发展最慢的一个环节（罗伯特·K.殷，2018：157）。一般来看，案例研究分析有多种形式，但没有一种形式是遵循其他研究方法的常用方式，研究者可以从"把玩资料"开始分析工作，探索可行的资料排列模式、观点和概念——目标是确定优先分析事项及理由。除了研究者自己的策略外，资料分析中的一些基本策略还包括遵循案例研究的理论假设（命题）、整合原始资料、进行案例描述、检验对立的竞争性假设等（罗伯特·K.殷，2018：161-168）。这其中，叙事分析是案例研究主要的数据分析方式，其可以是主要的数据分析策略，同时还被用于其他分析策略之前，用来展示案例情景及关键事件；对政策文献的分析可以说是一种"黑箱技术"，有利于打开相关政策过程的"黑箱"。

需要说明的是，案例研究遵循的是归纳性逻辑而非样本的代表性原则，因此其研究信度主要看是否遵循了已有的定性研究规范；需要在研究过程中遵循案例研究的规范和数据分析过程，同时需采用三角互证（Triangulation）等方式，从多个角度进行案例研究，通过数据来源的多元化进一步提高研究的信度与效度（王春晓，2018）——也即可以说其分析过程的可信度取决于以一种特定逻辑范式整理的数据（罗伯特·K.殷，2018：155-160）。也有研究者认为，质性研究关注的是社会事实的建构过程以及人们在特定社会文化情景中的经验与解释、发生在人际互动之中的对意义的探索，因而难用"信度""效度"的规则进行判断（陈向明，2000）。

本研究遵循案例数据的基本规范，从案例研究实际出发，从多方面来分析提升研究质量，即是以理论命题的蓝图为基础，以案例追踪与叙事分析为主要方法，对"一日游"整治案例现象中的事件和要素按发生的先后顺序和相互之间的关系进行重点梳理，对现象进行深描进而科学认知或重新构建关于现象的故事。对案例的分析论证注重通过三角互证来提高研究建构效度（Construct Validity），如对小组运行中纵横向机制强弱关系分析是以相关公共行政研究基础（包括行政权力等级、注意力分配、部门影响力等研究）、本土行政规则（包括行政惯例）的认知及访谈数据等之间的互证来实现的。案例研究中还重视把个人相关经验阅历（所谓"大田野"）与现场调研（即"小田野"）相结合、把个人参与所得信息与大量文件文献报刊资料相结合。此外，本研究还利用其他小组整治案例加以辅证[①]。最后，在文末会就与数据相关的局限、本研究适用的条件和范围、可推广程度等进行说明。

三、案例选取理由

一定的理论构建需要根植于真实的社会实践，否则这种建构将因缺乏实证而显得苍白。本研究希望通过案例对一定的现象进行具体描述

[①] 要说明的是，选择其他案例加以辅证并非为增加样本，因为案例与样本存在根本区别，前者强调的是质的概念，而后者强调的是量的概念。

与剖析并在这一过程中检验所提出的新理论框架。米尔斯在《社会学的想象力》中提出了"个人麻烦"和公共问题,指出社会学的想象力就是区分这两者——善于将个人行为放在社会结构中进行理解,从个人境遇中找到结构性的影响,这对于公共管理案例的选择和研究有积极的启示。

在本研究中,对具有公共问题性质的典型案例的挖掘与分析是研究提出本土理论的关键部分。之所以选择J市整治"一日游"市场这一历时性案例进行研究是基于以下几个方面:首先,非法"一日游"是一个城市众多小组治理中常面对的跨界问题,且可以说是"小事件、大影响",即看似旅游休闲小事,但逐步涉及游客利益、市场秩序、J市旅游产业发展乃至城市形象的事宜,其影响非小;进一步看,也可谓"小切口、大问题",是能深入研究城市协同治理中小组机制运行的较为典型案例;最后也是最为重要的是,非法"一日游"整治"有个性、少呈现",其在具有跨部门议题共性的同时也具有一定的个性(整治历经了不同的场景,在小组机制下呈现出不同协作类型),也是较完整呈现的旅游治理案例(目前研究跨部门协同案例多集中在食药品安全、环境保护等领域)。总之,该案例很值得关注并可获取相关研究的"实践增量"。值得注意的是,2021年出台的国家"十四五"规划在"推进监管能力现代化"一节中,明确提出"完善跨领域跨部门联动执法、协同监管机制",加强对包括旅游在内的市场监管等相关表述。选择"一日游"市场整治案例的具体理由进一步陈述如下:

(一)其是具有"小事件、大影响"特点的城市治理案例

1.社会和媒体长期较为关注的"城市牛皮癣"整治事件。因受非法"一日游"影响的来J市游客较多乃至发展成为有损区域形象事件,该城市"牛皮癣"及整治受到社会和媒体的持续广泛关注。《人民日报》《中国旅游报》《北京日报》等权威媒体多年多次报道,如央视《新闻"1+1"》栏目曾以《J市一日游,十年如一日?》为题披露"一日游"乱象;众

多国家级相关专业媒体对此事都有过报道或评论,如《工人日报》[①]、《人民公安报》[②]《人民法院报》[③]《中国工商报》[④]等;其还被《中国消费者报》批评为"不死鸟";该市消费者协会连续多年追踪"一日游"市场,其年度报告多次涉及相关内容。

2.地方高层等多方关注,联合整治单位多时间长。从实践上看,该市对"一日游"市场持续整治超过20年、整治部门多时达20余个;多任市主要负责人、主管负责人多次就此事做出批示,多位负责人还曾暗访此事;多年多次召开诸如"一日游"市场秩序专项整顿治理工作会议等相关的整顿会议;列入市政府专项督导督办事项;写入市政府工作报告;立法部门还专门"废旧立新"出台新版《J市旅游条例》;市人大、政协等多次进行执法、提案督办检查等;还引起该市组织机构变革,代表性的如编制控制非常严格的公安部门在全国成立首个环食药旅总队等。总之,非法"一日游"从旅游市场失范行为发展到被认为是"城市治理必须面对的问题、维护J市形象的重大问题"(姜俊梅,2017)的过程中,地方党政、人大政协等重要部门都曾介入。

(二)其具有跨部门案例共性与个性,已受到研究者关注并有待继续深入研究

1.有跨部门案例的共性和个性。所谓共性,即不论是政界、学界等都曾指出,由于治理主体涉及旅游、城管、公安、工商、交通等多个部门及属地政府,跨部门中存在的问题一直是整治难以常态化的症结所在(在案例背景部分会有更多说明),这方面,与环保、食药监管等跨部门治理领域的情况是类似的。所谓个性,是这个从21世纪初该市分管副市长牵头成立整治小组至2018年市长直接指挥"史上最严"整治并最终实现"零投诉"案例具有不同于以往之处,其历经了不同典型场景(如21世纪初,2008年奥运会及《J市旅游条例》出台到"最严整治"以及"最

[①] 相关评论如见:《工人日报》时评.违规违法"黑一日游"为何顶风违法?[N]工人日报,2013.11.18.
[②] 相关评论如见:刘奂明.治理非法"一日游"应打持久战[N].人民公安报,2016.2.25;3.
[③] 相关评论如见:木须虫.对非法一日游别止于末端治理[N].人民法院报,2016.2.20;2.
[④] 相关文章如见:胡之群,罗正恩."非法一日游"治理研究[N].中国工商报,2018.7.5;3.

严整治"之后等),小组机制下的政府协同行为呈现出不同的类型等,这比较符合作者希望通过跨越不同场景的历时性案例进一步研究城市普遍存在的领导小组运行机理议题。

2.已受到学界、政策研究界的关注并有待深入研究。如 2008 年奥运会前,J 市哲学社会科学规划办就把旅游学界相关研究成果专报市相关领导;2011 年,该市政府研究室已完成的"根除非法'一日游'的思路与对策研究"课题"摸清了 J 市非法'一日游'的现状及其造成的不良影响",从包括旅游市场管理主体等方面分析了其"屡打不绝"的原因,提出了治理非法"一日游"的思路和 17 项具体对策建议[①]。因涉及大城市的协同治理其也受到了公共管理等领域学者关注,未来会受到相关领域研究者更多更深入的关注研究。

综上,这样的案例选择具有较为充分的方法论依据且能产生以小见大的效果。本研究基于实践,立足宏观分析微观,并通过微观反观宏观,以期能理论与实践相结合"走出个案"(卢晖临,2007),透过该案例发现本土跨部门协同代表性机制——小组机制运行的规律性,为增进本土相关领域的知识增长作出努力。

第二节 案例背景

所谓"一日游",官方的界定是,旅行社预先安排行程,提供除住宿以外的交通、餐饮、游览、导游等服务,旅游者以总价支付旅游费用的团队旅游形式[②]。通俗说的"一日游"作为一种旅游方式,是与国内长线旅游、入境旅游、出境旅游不同的旅游形式,具有价格低廉、方便快捷的特点——其在传统旅游市场中,相较于其他旅游形式,只能算是边缘业务。然而,就是这个似乎微不足道的业务,一度大多异化成了损害来

[①] 可见:J 市地方志办公室.2012J 市年鉴[M].中国统计出版社,2012.

[②] 可见:《J 市旅游条例》(2017 年 5 月 26 日 J 市十四届人大常委会第三十八次会议通过)。

J市游客权益乃至有损城市形象、城市长期挥之不去的"牛皮癣"。J市"一日游"市场中非法旅行社曾占有90%以上份额[①],年均曾有上百万人受骗上当[②]——散客在J市参团旅游中被强迫参观"黑"景点、变相要求购物、被欺被宰甚至"甩人甩团"的事件时有发生。本应让游人身心愉悦的很多"一日游"一度成为"一日购""软劫持",成为使游客乘兴而来、败兴而归的"一日愁",成为来J市散客与J市城市管理中的一个不小痛点。

有关资料显示,随着改革开放后人民群众生活水平的逐步提高,人口流动性增强,旅游逐步成为国民的一种文化休闲需求。J市作为历史古都,早在民国时期就成了面向海内外开放的旅游城市,是国内首屈一指的旅游文化名城;作为新中国的首都,"我爱J市TA门"已深入人心,自然成为国内旅游的优选;1994年中国实行双休日制度;1995年,中国人均国民生产总值已接近5000元。在这些背景下,越来越多国内游客赴J市参观BD岭、SS陵等知名景点,"一日游"也因此悄然兴起。这个自发形成的市场逐步走热,高峰时每天有数百辆大巴接待数万名散客在游线上穿梭。

"一日游"在满足人民群众旅游需求的发展过程中,因蕴藏巨大商机、"来钱快"的同时又存在信息不对称、无序竞争等情况,其经营逐渐"走形":如一些经营人员从最初的靠景区门票回扣、引导购物回扣等,逐步发展到对游客的"二次收费"乃至更严重的欺客宰客事件。典型套路如:不法分子利用普通游客对J市的亲近感和信任感,投递"物美价廉"虚假小广告吸引游客"参团"后实施一系列的侵害游客利益行为。网络上曾流传着题为《一个资深旅游经理人对游客的50句忠告》的热帖,"不要参加J市当地的长城一日游"与"不要接近峨眉山的和尚""不要接近崂山的道士"等一起赫然入列;"风里雨里,黑导游在这等你"的状况让来J散客长期怨声载道,散客的评论列举见表4-1。

---

① 此数据源于媒体相关报道,可见:张永生等.J市"一日游"市场 非法旅行社占九成[N].新京报,2013.10.4.

② 引自:J市哲学社会科学规划项目"J市散客旅游服务体系与管理模式"(徐菊凤,2008)。

第四章 研究设计与案例背景

表 4-1 游客对非法"一日游"的"吐槽"(违规环节)列举

非法"一日游"经历者的相关评论
"去两次都没去成 BD 岭,一次 JY 关一次 S 关,上车多收费,而且忽悠说 D 陵不开放在车上观看;去了六个购物点,一路从貔貅开始忽悠,真是影响 J 市形象。"(网民"yang-7809")
"跟团去过一次,导游和司机都气势汹汹的,下着雨身体不舒服不想下车司机都不让,最后给赶下车。导游在卖特产,收银台那等着,不买东西不让出去,耽误时间,游客想去找导游却找不见,荒郊野岭也没处打车,彻底颠覆我心中对 J 市的看法。"(网民"CocaColaboy9")
"春节去 C 城,877 黑车明目张胆同正规 877 抢乘客,我也是醉了,还穿着同样的制服(只是没有工号);还有 Q 门附近好多不正规的旅游车拉客,相关部门真该管管了。"(网民"honey 桃桃")
"这种事情被曝光多少次了,导游辱骂游客坑骗游客,还不具备正规的资格证,最后的结果怎么样了,那些不具备正规资格证的导游为什么还有人聘用,不从源头纠正,这些事情还会不断发生。"(网民"呀哈哈昱宝的小太阳")
"J 城'黑导游'和'黑一日游',存在多少年了?政府管理部门不会不知道吧?外地人出了车站立刻就会被那些'一日游'广告包围,每天都有很多人上当受骗。"(网民"辽宁福顺")

资料来源:根据《经济参考报》等媒体相关报道整理。

由于"一日游"旅游市场一些侵权行为的出现,甚至诸如"游客被扔在 BD 岭高速上""游客被扔到 C 城上,最终只能市里派车接回"[①]等可谓简单粗暴侵害游客权益事件的发生及随之而来的游客投诉,影响力较大的社会媒体乃至官方媒体的报道不时见诸报端,主流媒体的相关报道列可见表 4-2,政府相关监管工作也逐步提上日程。

表 4-2 主流媒体对 J 市"一日游"持续报道示意表(2000-2021 年)

媒体	标题	时间
J 日报	"一日游"揭秘	2000.6.28
中新社	J 成立联合工作小组向非法"一日游"宣战	2004.8.12
中国旅游报	J 承诺年内治好"一日游"	2007.2.14
央视新闻频道	J"一日游"乱象背后(每周质量报告)	2010.10.10

---

① 可见:J 市旅游执法大队,关于建立和完善城市旅游执法体系的思考[A]//J 市旅游局调研报告选编(2002 年度),2003.

续表

媒体	标　题	时间
新华网	J八部门联合整治"一日游"市场	2011.6.14
人民日报	"一日游"乱象何时了	2013.9.13
新京报	J：非法"一日游"将明确监管部门	2014.11.26
中国消费者报	"非法一日游"为何成了"不死鸟"	2016.3.20
检察日报	治理一日游乱象，堵疏结合还有不少功夫要下	2017.8.3
央视《新闻"1+1"》	J"一日游"，十年如一日？	2018.7.25
央广网	让J一日游不再成为"一日愁"	2019.7.25
中国旅游报	整治非法"一日游"顽疾 须多部门联动久久为功	2019.11.22
北京晚报	"一日游"线路强制消费清零	2021.7.29

资料来源：作者自制。

在前期已开展相关整顿的基础上，2002年J市成立了由分管副市长为组长、以旅游局牵头的市整顿和规范旅游市场秩序工作领导小组，明确下设非法"一日游"治理整顿小组等五个小组，开启了较为典型的有高层驱动的跨部门整治过程。在之后20年的整治过程中，几乎每年都有数次较大的整治会议、部署和相关专项行动，特别是在一些重要的场景（如奥运会等重大节事、重要会议期间）、重要节点（如"五一""十一"黄金周等）尤甚。应该说，这些整治也是取得一些阶段性成效的，如J市主要负责人指出："'十一五'期间加大打击整治非法'一日游'工作力度，初步建立起'政府统一领导、部门依法监督、属地全面负责、整体协调联动'的'一日游'综合治理工作新机制，J市旅游市场秩序明显好转"[①]。而另一方面，又不乏研究者发现的"旅游市场年年抓年年打，却总是很难形成一种长期、持续发挥作用的良好市场状态，常常是整治过后商家又卷土重来。市场监管面临查处难、取缔难、处罚易、根治难"[②]的尴尬现象，政产学界都持续呼吁"健全长效监督机制"。

2018年7月27日，J市市长组织召开严厉打击非法"一日游"专项

---

① 引自：《××等在J全市旅游产业发展大会上的讲话》（会议文件，2011）.
② J市哲学社会科学规划项目"J市旅游产业发展法治保障研究"（王天星，2010.12）.

行动会议，部署开展了前后历时九个月的"史上最严"整治。2019年初，该市《政府工作报告》首次指出："严厉打击非法一日游，投诉同比下降67%，旅游秩序明显好转。"[①] 2021年初，该市通报2020年首次实现"一日游"的零投诉[②]。

案例研究重点追踪比较上述整治期间"一日游"整治相关领导小组的运行规律。鉴于案例时间跨度大、涉及面较广、内容较为复杂，而对监管的理解需要结合特定的适用情景（刘亚平等，2019），因此有必要对所涉的环境（特别是任务环境）与治理主体的基本情况做进一步说明。

一、任务环境总体特征

（一）非法"一日游"具有现代城市复杂性问题的某些典型特征

首先最明显的是旅游活动的流动性或跨界性；进一步看，非法"一日游"的生发特征也体现出当代城市复杂性社会问题存在的诸如自生长、自组织、自发展等特点（苗东升，2010）。从游客角度看，其有容易参团的便利；从组织者角度看，随着自发形成与长期演化，利益链上的相关主体均逐渐形成自己的小圈子，如车主（旅行社）圈、揽客人员圈、导游圈、旅游商店圈、讲师团圈等，每个圈子自成一套运作套路甚至呈专业化特点（胡之群等，2018）。不法行为及波及范围在逐步演化中扩大，以小旅馆揽客为例：21世纪初，非法"一日游"经营者通过宾馆和社会小旅馆直接揽客占其客源量的30%左右，其揽客渠道占比情况见图4-1。其他方面的影响范围也越来越大（影响情况示意见表4-3）。非法"一日游"也因此而被监管部门认为是一个"内部运作协调高效、利益环环相扣"[③] 的现代城市问题。

[①] 可见：《2019年J市人民政府工作报告全文》，J日报，2019.1.24.
[②] 可见：沈啸. J实现非法"一日游"零投诉[N], 中国旅游报，2020.12.25.
[③] 可见：贺勇. J非法"一日游"顽疾如何治 J市有关部门回应[N]. 人民日报，2016.11.15.

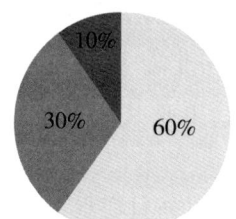

图 4-1 非法"一日游"揽客渠道情况示意

资料来源:作者自绘。

表 4-3 J 市非法"一日游"行为影响范围列举

事 项	内容(影响)	时 间
非法旅行社	非法旅行社占 90% 以上份额,年均百万人受骗。	2008 年奥运会前
旅馆揽客	一、二星级宾馆饭店及社会旅馆中有近 60% 在经营此业务;三环以内的各社会旅馆已基本被非法经营者纳入"势力范围"。	2005 年
旅游假站牌	全市正规公交站牌共 2800 块,而公交场站内旅游假站牌有 3500 余块;公交集团被破坏的玻璃 310 块,损失 15.5 万元。	2013 年上半年
旅游运输车	业内车辆一度有沦为非法"一日游"主要运输工具之势。	2008 年奥运会前
非法小广告	TA 门地区一度年收缴成百上千万张小广告。	2009 年
假旅游地图	FT 区某非法出版窝点现场查获假图 6.1 万张,当年 6 月至 8 月共印假图 20 余万张。	2011 年
代表性"灾区"	TA 门地区曾有"牵驴"(即"托")500 余人、票提 2000 余人,非法"一日游"组织者 40 余人,每个商店平均每日接待非法"一日游"车辆 180 台次。	2009 年

资料来源:作者根据参考文献、主流媒体相关报道整理。

(二)非法手段会变换但跨界利益链相对稳定

非法"一日游"最突出的特征是由多个主体形成黑色利益链,借旅游形式非法敛财。一方面看,非法"一日游"利益链较长、流动性较大,非法手段也会随着监管新手段的实施不断"套路翻新",还包括 J 市郊区旅游景区周边居民受利益驱使,假扮成导游、大巴司机、旅游接待人员,形成相关利益链;这其中也的确存在着一些控制产业链、触犯刑法的不法分子[①]。另一方面看,这些非法利益链又是相对稳定的,不法行为主要有以下几种形式:通过商业贿赂形成黑色利益链条(商业贿赂情况见表4-4),擅自改变旅游合同,虚假误导宣传,销售假冒伪劣商品等[②]。其中,旅游购物环节是其利益链条的一个关键和重点,商业贿赂行为可以说是非法"一日游"长期存在的一个根本原因。以非法行为比较猖獗的 J 市"C 城—SS 陵一日游"线路为例,基本运作模式是:在该市市区 TA 门、G 宫等知名景点、火车站及旅游集散中心等城市窗口通过"黑票提"低价揽客——途中车上以各种理由再次加价收费——在 C 城景区(多为票价比 BD 岭低廉的长城 SG 段)短暂停留——带游客到 CP 区 SS 陵等地的旅游购物店长时间购物或参加观看演出等自费项目——让游客"一日购"后返回市区。

表 4-4 非法"一日游"中的商业贿赂方式情况(以购物店与车主为例)

项目	商业贿赂具体方式
人头费	按游客人数计算,车主每给购物店带一个游客,取得 40 元回扣。
总购物金额提成	购物店按照旅游团总购物金额、扣除成本后毛利润的 45% 提成给车主。
按月结算回扣	根据每月车主向购物店发送所有旅游团购物总金额扣除成本后的毛利润的 5%,费用一次性支付给车主。

资料来源:作者根据参考文献或媒体相关报道整理。

综上,本研究中的治理对象具有当代社会问题或复杂性问题的一些特征,同时,低价揽客、更改游线、诱导购物等非法行为和黑色利益链又相对明晰和稳定,非法"一日游"基本的、具有很强复制性的利益链示意可见图 4-2。

[①] 自 2018 年 2 月起非法"一日游"被纳入 J 市旅游行业扫黑除恶工作范畴。据报道,当年成功破获了首起旅游领域非法"一日游"全链条犯罪案件,刑事拘留 65 人。相关信息可见:赵垒. 严打非法"一日游"J 市整治见成效 [N]. 中国旅游报,2019.4.30.

[②] 早期的一些不法表现可见:汤利华. 我看"违规导游"[N]. 中国旅游报,2001(12),第 2879 期.

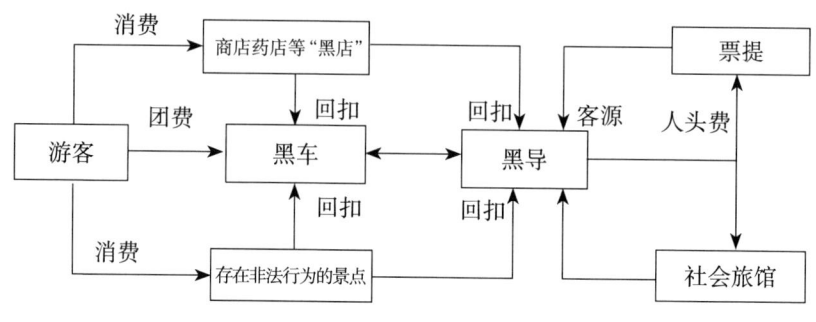

图 4-2 非法"一日游"利益链示意

资料来源：王旭科，张泽琳（2013），作者有修改。

二、治理主体基本情况

（一）城市政府对"一日游"市场实施整治是必需的，过程中的"技术性困难"客观存在并不断得到解决

旅游业被认为是一个长链产业或综合产业，涉及吃、住、行、游、购、娱等环节。旅游市场同时存在着信息不对称（王豪等，2019）、外部性（经圣贤，2003）等易使市场失灵（Market Failure）特征，加之流动性大、产业链长、关联广泛性等特点，不论对其的促进或市场监管（Regulation）多是跨领域、跨部门的，治理效果很大程度上取决于相关行政部门的协调与配合。

从国家层面看，改革开放以来国务院存在不同形式的旅游综合协调机制，通常由国务院相关领导同志任组长、由多个部门组成，如 1978 年成立由国家计委等 8 部门组成的"旅游工作领导小组"等。鉴于旅游市场与相关监管的特点和现状，2010 年国务院发布的《关于加快发展旅游业的意见》（国发〔2009〕41 号）已提出健全旅游监督体系，旅游、工商、公安、商务、卫生、质检、价格等部门要加强联合执法，开展打击非法从事旅游经营活动等。2013 年颁布的首部以"保障旅游者和旅游经营者合法权益、规范旅游市场秩序、保护和合理利用旅游资源，促进旅游业持续健康发展"的旅游法明确规定各级政府要建立旅游综合协调机制、市场综合监管机制、设立旅游投诉统一受理机制等；要求县级以上政府应当加强对旅游工作的组织和领导，明确相关部门或者机构对本行政区域的旅游业发展和监督管理进行统筹协调等。2016年2月发布的《关于加强旅游市场综合监管的通知》（国办发〔2016〕5号）被认为是首次由国务院发布的旅游市场监管专门文件：在强化政府领导责任方面提出"国务院旅游工作部际联席会议"下设旅游市场综合监管工作小组，由国家旅游局牵头负责统筹旅游市场综合监管的指导、协调、监督等工作；地方各级人民政府要建立健全旅游综合协调、旅游案件联合查办、旅游投诉统一受理等综合监管机制，统筹旅游市场秩序整治工作；该《通知》还列出了旅游部门等12个部门在旅游市场综合监管中的责任清单。2021年发布的国家"十四五"规划[①]在"加强政府治理经济能力"部分中明确提出要加强对旅游业在内的跨行业跨部门市场的有效监管。

应该说，也由于上述的旅游市场特点和基本监管格局，加之一些旅游者消费心理不成熟或贪图便宜等，很多旅游城市都或多或少、或长期或短期地存在非法"一日游"类似的旅游市场失范问题（如三亚、苏州、西安、上海、杭州[②]等），有的甚至发展成了突出问题[③]，而一些城市对游客投诉又存在着国家文件所指出的"互相推诿、拖延扯皮"等问题[④]——曾受游客欢迎的"一日游"在各大旅游城市成了一个令人生畏的名词[⑤]。而本案例追踪的J市非法"一日游"相对"简单粗暴"地对旅游消费者实施违法行为，且长期未得到有效受理或治理（如主流媒体报道的投诉经历见图4-3）[⑥]，其逐步影响市场秩序、社会秩序甚至对城市形象造成负面影响，社会和媒体纷纷呼吁加以有效治理。总之，该失范行为从最初的

---

① 可见：《中华人民共和国国民经济和社会发展第十四个五年规划和2035年远景目标纲要》（2021.3）.

② 可见官方文件或官方报道：官方规范性文件如《三亚市一日游管理暂行办法》；媒体报道如：翟春阳.找准西湖"一日游乱象"的症结[N].杭州日报，2015.10.21等.

③ 可见：国家旅游局政策法规司.杜江在2013年全国旅游监管工作会上的讲话.旅游调研（内部刊物），2013（2）.

④ 《国务院办公厅关于加强旅游市场综合监管的通知》（国办发〔2016〕5号）.

⑤ 潘铎印.整治非法"一日游"顽疾 须多部门联动久久为功[N].中国旅游报，2019.11.22.

⑥ 此为中国青年网记者于2016年10月"黄金周"期间参加了J市某冒充国旅的非法"一日游"项目后的投诉经历记录。相关信息可见：张瑞宇等.J市非法"一日游"屡禁不止维权难 记者绘制多部门投诉路线图.中国青年网，2016.10.4.

小事件，最终发展成对该市形象都造成不良影响的大事，是该市城市治理中应积极应对的社会问题之一——该市政府对其实施持续监管是必需的①，是国内监管型政府建设（刘鹏，2011）的内容之一，无疑也是国家要求规范旅游市场、对其进行综合整治②的应有内容之一。

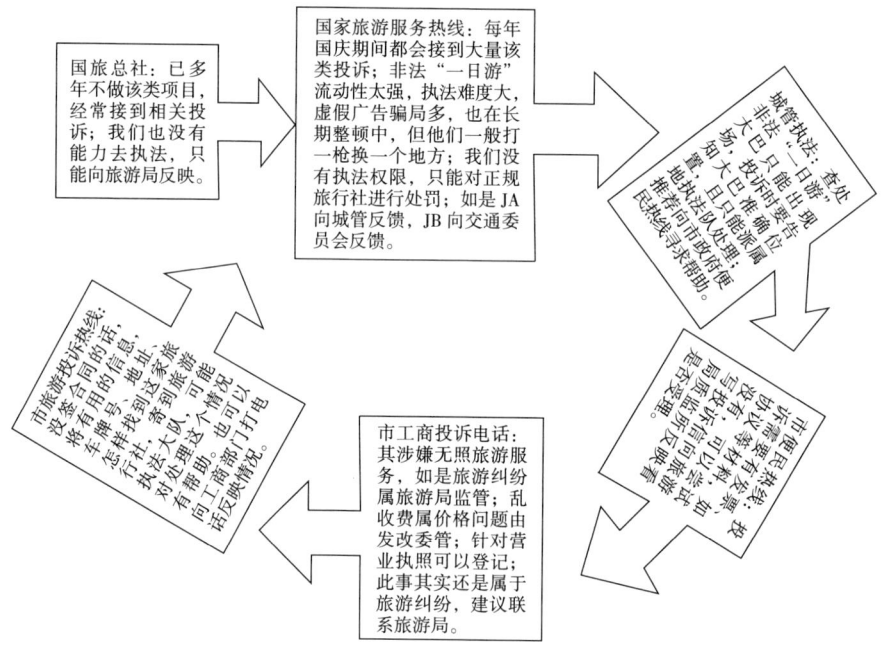

图 4-3　J 市某"一日游"投诉过程示意

资料来源：作者自绘。

要说明的是，在该过程中也客观上存在一些整治难点或法律适用问题。例如，这个非法链中有一种小广告发布者（即为非法"一日游"经营者提供小广告宣传服务的"黑票提"），其不直接经营"一日游"而是

---

① 需要说明的是，政府在治理非法"一日游"过程中逐步形成了疏堵结合的工作思路，其中"疏"包括设立旅游集散中心，为散客提供交通出行便利等公共服务，这些措施也是必要的。鉴于本研究议题方向侧重和篇幅所限，案例主要关注和分析"堵"，即政府采用强制性措施实施联合监管整治，这是政府行使公共职能的必需，也是整个过程中参与协同部门最多、"周折"也最多的部分。

② 可见：汪洋．抓好旅游安全等基础工作　规范旅游市场秩序．新华网，2015.1.12.

负责小广告的印刷、散发和投递、向游客提供联系自己的电话号码、为游客与非法经营者提供联系等工作,同时也非小广告的直接受益者(是小广告形式上的发布者),这种情况如何处理就曾经给城管等部门执法造成一定的难题(王雅琴等,2016);又如,在某些环节上的惩罚力度未及时调整的问题(王天星,2008);在整治的一定阶段也存在地方保护等不利于整治开展问题;还存在旅行社等旅游企业较多而执法人员数量有限等问题,类似这样的监管执法中的一些难点是客观存在并不断得到解决或缓解的。

(二)联合监管与整治并非没有成效,但部门间协同仍是整治难以常态化的症结所在

与国内食品药品、环保等治理对象相类似,旅游市场的跨界性也需要多部门实施综合(联合)监管和执法。现实的旅游监管基本情况是:旅游部门可谓名义上的旅游主管部门,其只对正规旅行社、导游有监管和执法权,需与工商、交通等部门配合才能有效实现旅游市场监管——这与曾经的药监局虽是药品监管名义上的负责部门,但需与其他部门配合才能实现完整的药品监管(刘鹏,2011:235-236)等跨界监管情况有类似之处。

从 J 市政府对非法"一日游"的综合监管、联合整治历程看:一方面,早在 21 世纪初已有了整治"一日游"相关思路,形成了有高层领导下的旅游协同行政、协同执行局面——这与我国监管体系存在分割、各领域在跨部门治理中普遍形成"1+1+N"工作格局,即由小组领导、办公室及相关成员单位组合的小组结构(胡颖廉,2019)也是基本一致的;在此跨部门的组织结构下,公共部门也频频下大力度努力进行整顿研究、部署,定期或不定期开展规模较大的专项治理,相关整治示意见表 4-5。

表 4-5 J 市针对非法"一日游"的部分整治会议与行动示意表

年份	会议与行动
2002	在"市整顿和规范旅游市场秩序工作领导小组"下设"非法一日游治理整顿小组",开展历时一年多的市场整治。
2004	召开专项会议,成立专门领导小组,向非法"一日游"宣战。
2007	开展历时一年的旅游市场整治工作。

续表

年份	会议与行动
2008	纳入"奥运平安行动",要求实现奥运期间"零投诉"工作目标。当年底又召开专项整治工作会,启动为期两个月的多部门联合专项整治。
2010	时任副市长主持召开"一日游"市场治理整顿工作会议。
2011	市旅游委会同八部门召开"一日游"市场秩序专项整顿工作大会,提出《市"一日游"市场秩序"百日"专项治理整顿工作方案》,制定12条超常整治措施。
2012	市旅游委举办旅游行业"安全生产月"暨"一日游"市场秩序夏季专项治理工作动员部署大会。
2013	市政府召开"十一"黄金周"一日游"旅游市场治理整顿专项工作部署会等。
2014	市旅游委会同公安、工商、城管等部门,全年出动3.7万余次执法。
2015	全年出动3万人次明察暗访,关停假网站62家。
2017	市政府主要领导在实地调研后召开常务会听取治理非法"一日游"情况汇报。
2018	非法"一日游"纳入旅游行业扫黑除恶范畴;市长部署严厉打击非法"一日游"专项行动。
2019	市旅游委等部门联合开展"利剑行动"等。

资料来源：作者根据相关官方资料与参考文献整理。

应该说,主管部门也都在"掏空心思想招"[①],相关部门的执法人员也都为此付出了很多努力,如J市旅游执法大队"一日游"科科长曾连续19个国庆节坚守岗位,"黑车、黑导等往往出没于清晨六七点钟,执法队员就得比他们起得还早"[②];也在不同时期、不同程度上遏制了非法"一日游"发展态势;其间也形成过一些相对固定的协同机制并起到积极作用,如联合相关部门给来J市游客发送"一日游"提示短信是起到了一定的防范效果的（徐静,2019）;又如2015年J市在CP区设立首家由旅游、交通、工商、城管等部门组成的旅游联合执法检查站（宋宇,2016）,之后曾在全市ALPK公园等10个旅游热点区域设立旅游综合执法检查站等。

[①] 2015年8月6日,以"纠正庸懒散拖、树立行业新风"为主题的J市政风行风热线直播间节目曾邀请该市旅游委委员、市旅游委执法大队、市旅行社服务质量监督管理所等相关部门负责人同观众交流打击整治非法"一日游"相关工作;此为旅游委委员语。

[②] 可见：吴婷婷.市执法大队一日游科科长李雪：19个国庆节坚守岗位[N].J晨报,2017.10.4.

总的看，专项整治的力度也是在不断加大的，21世纪初与2018年"最严整治"期间的两次专项行动情况比较示意可见图4-4、4-5。

2004年8月至2006年J市的一次专项整治行动的情况是：联合检查组共出动执法检查人员11459人次、执法车辆3676辆，查处违法运营车辆183辆、"黑车"102辆、"黑导游"80人。市交通委对违规车辆罚款130万元，市城管执法部门对黑车罚款12.1万元，对"黑导游"罚款8.4万元，市工商局对涉嫌违法经营的73家商户进行责令改正的处罚，查扣假冒商品339件，查扣非法旅游印刷品小广告2万张，共立案5件（虚假宣传1件，涉嫌回扣1件，销售假冒商品2件，无照经营1件），罚款11500元。①

2018年7月至9月J市"最严"专项行动通报的情况是：共出动执法检查人员70583人次，执法车辆20965台次，检查导游2981人次、旅行社1391家次、景区及购物演艺场所3729家次、检查旅游车辆6069台次，查扣"黑车"248台，查处旅游客运业务违章158起，关闭购物"黑店"和演艺场所29家，查处"黑社"13家、"黑导"27人，批评教育278起，没收非法广告2.6万张，拆除非法广告牌31块、公交假站牌3块，查处各类涉旅违法行为1789起，各职能部门立案181起，从重罚款448万元，拘留相关违法人员111人，等等。②

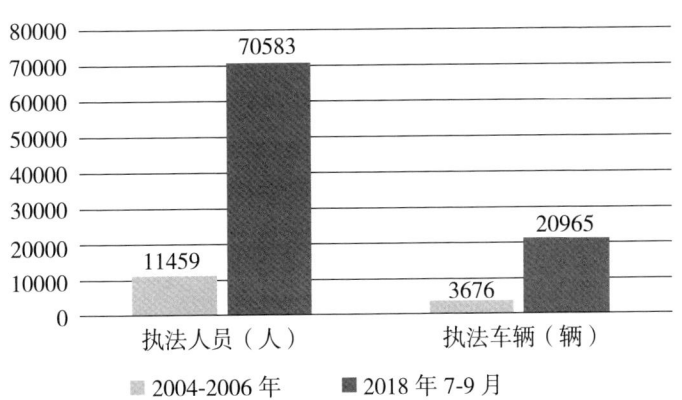

图4-4　J市两次"一日游"专项整治出动人员、车辆情况

---

① 引自：顾晓园执笔，执法大队刘洋，董京丹.J市非法"一日游"市场现状分析及治理整顿非法"一日游"市场的对策建议[A]//J市旅游局编.J市旅游局调研报告汇编，2007.

② 引自：葛宁远.J市严打非法"一日游"乱象 整顿旅游市场秩序.国际在线，2018.9.9.

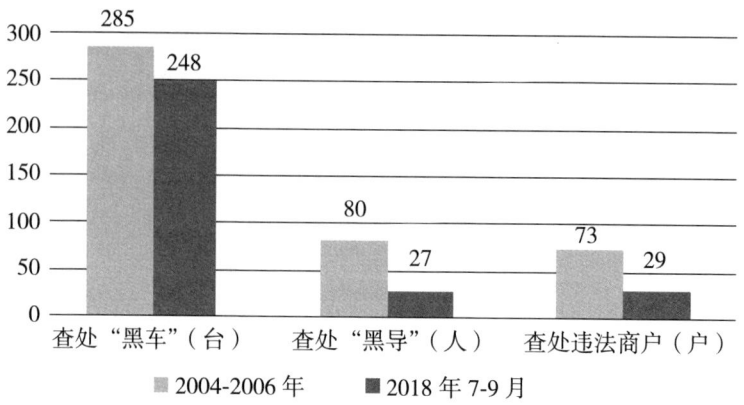

图 4-5 J 市两次 "一日游" 专项整治行动查处违法情况比较

资料来源：作者自绘。

而另一方面，在治理期间，不论是公共部门，如 J 市相关负责人、巡视部门、立法部门（姜俊梅，2016），主责部门以及城管（付帅等，2009）、工商（胡之群等，2018）等协同部门，还是相关研究者，如李明德（2006）、杨富斌（2013）、徐菊凤（2015）、汤利华（2019）等，都先后认为由于旅游协同治理涉及旅游、工商、交通、城管、公安等多个部门及属地政府，尽管已成立了相关领导小组，跨部门治理中存在的诸如政府监管责任不明确、监管体制不顺畅、监管力量分散等协同相关问题仍一直都是监管与整治难以常态化的症结所在。如旅游主管部门与相关部门在职责上存在交叉现象；执法权有限的旅游部门不能直接处置旅游过程中涉及工商、交通、公安等方面的问题，而有执法权的相关部门由于多种原因（如不了解旅游市场中的业务关系，或无暇顾及旅游纠纷中的问题等）不能有效进行配合——市场监管中也一定程度存在所谓的"看见管不了"和"能管看不见"，当然也有"事事有人管"和"事事无人管"的"齐抓不管"现象。总之，存在负责新《旅游条例》制定的 J 市人大常委会法制办公室相关人士指出的"行政管理分散化、旅游执法的部门化、碎片化与非法利益链条的紧密性不相适应"（姜俊梅等，2016）等问题。可以看到，跨界治理领域多存在这样监管格局下的"怪圈"，如食品安全领域中的"食品安全问题泛滥—打击—问题暂时缓解—再度泛滥—再打击"（岳经纶，2006：122-144），因此，用该案例来研究城市政府普遍存在的这种跨部门结构性机制（小组机制）的运行是具有一定典型性的。

要说明的是，治理主体主要涉及以"一日游"整治领导小组为代表的J市地方政府、作为主要牵头部门的J市旅游行政部门及协同部门代表（如工商、城管、交通、公安及区县属地政府等）。不同部门内部也还有各自涉及该事务的相关部门（科室），如旅游部门涉及相关事务的部门不仅包括执法大队，还涉及行业管理处、安全与应急处、质监所[①]等；其他协同部门内部也涉及多个科室。鉴于本研究主要侧重作为整体的领导小组内的政府部门间关系，因而单一部门内部关系不作为分析重点。

三、案例过程描述（2000-2020年）

以下把J市从21世纪初成立"一日游"整治领导小组启动联合整治，至2020年宣布首次实现"零投诉"期间主要事件整理为表4-6。

表4-6　J市"一日游"市场整治大事一览（2000-2020年）

时　间	内　容
2000年初	市编办批复市旅游局成立正处级事业单位J市旅游执法大队。
2002年	成立分管副市长为组长的市整顿和规范旅游市场秩序工作领导小组，旅游局为牵头部门，下设非法"一日游"治理整顿小组等5个小组。
2004年8月	成立分管副市长任组长，旅游局局长任副组长，由交通、公安、旅游、工商等9个部门联合组成的J市"一日游"市场治理整顿领导小组，向非法"一日游"宣战。
2007年4月	市旅游局发布《关于J地区旅行社经营"一日游"业务有关事项的通知》（J旅发〔2007〕59号），出台《J市"一日游"合同》示范。
2007年12月	实施《城市管理相对集中行政处罚权办法》（政府令〔2007〕197号），规定由城管部门行使对无导游证从事导游活动行为的处罚权，仍由旅游部门牵头推进旅游市场联合执法制度。
2008年6月	召开"一日游"市场治理整顿工作会并发布《"迎奥运、保平安"旅游市场治理整顿工作方案》等，提出确保实现奥运期间全市"一日游""零投诉"工作目标；市旅游局发布《关于加强旅行社管理 进一步规范"一日游"经营行为的通知》（J旅发〔2008〕73号）。
2008年7月	市旅游局制定《奥运期间"一日游"治理整顿工作倒排期》。

[①] 该部门的一个法定职责为"协调旅游综合治理"。

续表

时　间	内　容
2008年11月	《关于全面推进J市旅游产业发展的意见》（J政发〔2008〕45号）提出加强旅游市场管理，重点打击"黑车""黑导"，规范"一日游"市场等；其后在首次召开的市旅游产业大会上强调下大力气解决"一日游"市场的突出问题。
2011年1月	J地方标准《"一日游"服务质量要求》（DB11/T744-2010）实施。
2011年4月	市旅游局升格为市旅游发展委员会。
2011年	市旅游委发布《关于进一步规范旅行社在住宿单位内设立服务网点从事"一日游"业务经营行为的通知》（J旅发〔2011〕51号）。
2011年8月	市旅游产业发展大会召开，市主要负责人指出在"十二五"期间要加大对非法"一日游"打击力度，树立J市旅游新形象。
2013年4月	国家首部旅游法颁布日，J市旅游委提出11条治理非法"一日游"措施。
2013年7月	多家权威媒体曝光了发生在J市影响较为恶劣的"挥刀导游"事件。
2015年	设立首家旅游联合执法检查站，公布旅行社"白名单"192家。
2015-2016年	市旅游委推行"一日游"行程管理，推荐"一日游"旅行社，打击不合理低价等措施。
2016年	旅游市场治理被纳入J市政府常态专项督察。
2016年4月	《J市人民政府办公厅关于加强旅游市场综合监管的通知》（J政办字〔2016〕30号）发布。
2016年5月	市工商局出台《旅游市场专项整治工作方案》（〔2016〕29号）。
2016年6月	发布《关于全面深化改革提升城市规划建设管理水平的意见》，明确城管集中行使包括旅游（非正规旅行社、导游）等12方面行政处罚权。
2016年7月	市委专项巡视组批评旅游委在整治非法"一日游"中"缺少担当"。
2017年1月	市公安局挂牌设立全国首家环境食品药品和旅游安全保卫总队。
2017年5月	以问题为导向的《J市旅游条例》出台（于同年8月1日生效），整治非法"一日游"为其中最为重点的内容。
2017年9月	市工商行政管理局出台《关于加强旅游市场监管规范旅游市场秩序的意见》（J工商发〔2017〕47号）。
2017年9月	市旅游局与市公安局等部门召开旅游市场秩序治理座谈会，提出完善出台《涉旅游领域综合执法八项协作机制》。
2017年底	发布《J市人民政府办公厅关于印发〈J市进一步加强旅游市场综合治理工作方案（2018-2020年）〉的通知》（J政办字〔2017〕52号）。
2018年	市人大常委会将检查旅游法和旅游条例实施情况列入监督工作计划，成立执法检查组对全市贯彻落实情况进行检查。
2018年2月	非法"一日游"被纳入旅游行业扫黑除恶工作范畴。

续表

时　间	内　容
2018年7月	市长部署严厉打击非法"一日游"专项行动。
2018年9月	再次召开严打非法"一日游"专题会，进一步对"严打"专项行动做出部署。
2019年1月	《市政府工作报告》指出，严厉打击非法"一日游"，投诉量同比下降67%，旅游秩序明显好转。
2021年初	通报2020年首次实现"一日游""零投诉"。

资料来源：作者根据相关资料整理。

以下部分以时间为序（大致五年为一阶段），概要描述主要的整治历程。限于篇幅，选择其间的代表性场景和重要事件做重点介绍。

（一）向非法"一日游"宣战前后到申奥成功后（2000-2004年）

在前期旅游市场整治的基础上，J市于2002年成立了由分管旅游副市长为组长、旅游局牵头的市整顿和规范旅游市场秩序工作领导小组，明确下设有包括非法"一日游"治理整顿小组等五个小组，形成了有高层领导的跨部门协同架构及在此之下的各有分工分段监管模式，在此之下开展了对非法"一日游"等的集中整治。其后，鉴于21世纪以来"一日游"投诉在旅游投诉中日益增多的状况，J市又于2004年8月召开"一日游"治理整顿工作会并成立由分管副市长任组长，旅游局局长任副组长，由交通、公安、旅游、工商等9个部门联合组成的整治领导小组，宣布向非法"一日游"宣战，希望着手系统解决"黑车"、"黑导"、购物回扣等相关问题。

（二）2008年奥运会前后（2005-2010年）

"申奥"成功后特别是2008年奥运会的临近，为迎接盛会的J市城市治理进入新阶段，而同期相关数据显示非法"一日游"愈演愈烈。鉴于此，奥运会前，整治非法"一日游"被先后纳入"2008环办"工作、"平安奥运行动"等重要工作范畴，上升为一项较之前更为重要的工作——多次出现在J市领导、牵头部门的报告讲话、工作部署中（相关领导诟病其为城市的"牛皮癣"）。其间，在整治小组领导下实施了系列措施：如2007年4月16日，市旅游局下发《关于J市地区旅行社经营"一日游"业务有关事项的通知》①,其中一项重要内容是与市工商局发布并推行《J市"一日游"合同》示范文本②,不过实践表明此合同实施的效果很有限③。2007年12月,该市制定《J市实施城市管理相对集中行政处罚权办法》,其中规定城管执法机关行使对无导游证从事导游活动行为的处罚权;同时仍由市旅游局牵头多部门单位开展市旅游市场治理整顿工作。

2008年6月3日,为"进一步贯彻落实市委、市政府'平安奥运行动'指示精神,有效治理J市旅游市场秩序,彻底铲除非法'一日游'的痼疾顽症,确保奥运会期间旅游市场环境的健康有序发展",2008"一日游"市场治理整顿工作会召开,决定成立旅游秩序建设工作协调小组,并提出奥运期间"一日游"市场整治目标。其后,"为进一步规范旅行社经营'一日游'行为,杜绝旅行社违法经营问题的发生,以良好的旅游市场秩序迎接2008年奥运会召开",J市旅游局发布《关于加强旅行社管理 进一步规范"一日游"经营行为的通知》;7月还继续制定了《奥运期间"一日游"治理整顿工作倒排期》(郑晶等,2014)等。这期间的整顿使"一日游"市场相对平稳了一段时间,但随着奥运会、残奥会的结束,非法"一日游"快速反弹,来之不易的市场形势又面临严峻挑战。④之后,J市又采取一些相关管制措施,如当年11月针对租用正规企业的旅游大巴非法经营行为,该市运输管理局旅游车管理处与市旅游局联合起草了相关规范性文件⑤。

(三)旅游委成立前后到"刀游"事件后(2011-2014年)

2008年12月2日,该市为贯彻落实市政府出台的《关于全面推进J市旅游产业发展的意见》首次召开旅游产业大会,会上明确提出把旅游产业培育发展成为J市经济的支柱产业和新的经济增长点、把J市建设成

---

① 可见:《J市人民政府公报》(2007年第10期).
② 可见:李铭等.J市出台《J市"一日游"合同》规范旅游市场,新华网,2007.4.24.
③ 吴景彦.一日游合同"黑白两道"都不睬 旅游界将严打黑车[N].J娱乐信报,2007.5.25.
④ 可见:张舵.J市加大对"一日游"市场治理整顿力度[N].新华社,2008.9.27.
⑤ 即《散客运输包车合同示范文本(讨论稿)》。该合同涉及如下规定:合同签订双方(旅行社和旅游客运企业)需在合同中提供资质证明;旅行社要详细列出行程、景点,客运车辆要写明车型、驾驶员姓名等。也可见:左林.J市下狠手整治非法"J市一日游"痼疾[N].新J报,2008.11.27.

为"国际一流旅游城市"目标，同时强调要下大力气解决"一日游"市场存在的突出问题。

在"十二五"开局之年的 2011 年 4 月，为了能"充分发挥统筹协调的职能，更好地推动 J 市旅游业跨越式发展"，J 市旅游局升格为市旅游发展委员会（简称旅游委）并列入市政府组成部门。之后，旅游委在促进旅游发展的同时，牵头进行了一系列相关整顿。如其成立后的首个"五一"黄金周前夕，为贯彻落实市主要领导及分管副市长（即该市"一日游"整顿领导小组负责人）针对治理整顿"一日游"的批示精神与要求，牵头组织市"一日游"市场治理整顿领导小组的 12 家成员单位及 18 个区县政府、旅游局等召开 J 市整顿旅游市场紧急工作会；市政府副秘书长在会上就贯彻市委、市政府对"一日游"市场治理整顿的总体部署提出整治要求。

同年 8 月 25 日，在该市再次召开的为加快全市旅游产业发展进行动员和部署的全市旅游产业发展大会上，市委书记在总结"十一五"旅游工作时肯定了该市加大打击整治非法"一日游"工作力度所取得成果的同时，提出要在"十二五"时期加大打击力度，切实维护游客合法权益，树立 J 市旅游健康、文明、安全、诚信的新形象；主管旅游副市长强调要重拳整治，通过"属地管理、条块结合、查治结合，健全长效监督机制"，营造出真正让游客感到安全、舒心、满意的旅游环境。

2013 年 4 月 25 日，在国内首部旅游法颁布当日，该市旅游委等部门联合推出了包括大力倡导"一日游"无指定购物等 11 条治理非法"一日游"措施[①]。同年 7 月，该市曝出较为恶劣的"刀游"事件[②]，引起包括《人民日报》《中国旅游报》《北京日报》等在内的媒体普遍关注和密集报道。旅游委又牵头相关部门采取紧急措施实施新一轮整治。之后，旅游相关立法修订工作也在推进中（郑晶、孔令学，2013：214-231；姜俊梅，2016）。如，该市人大党委会于 2014 年 9 月召开了"一日游"相关专题

[①] 可见：余荣华 .J 市整治非法"一日游"10 家旅行社推出无购物线路 . 中国政府网，2013.4.30.

[②] 可见：J 市"一日游"乱象丛生 是导游还是"刀游"？[N]. 文汇报，2013.7.9.

座谈会①，组织开展修订《J市旅游管理条例》的立项论证工作等。

（四）新旅游条例出台前后到"最严"整治前后（2015-2021年）

2016年1月"两会"期间，J市旅游主管副市长表示将就打击非法"一日游"工作协调市公安、工商等各相关部门，加大综合执法力度，依法治理这一城市顽疾。其后的2月，该市出台的《关于促进旅游业改革发展的实施意见》在"提升依法治理水平"部分提出：要发挥好旅游发展联席会议机制和旅游委兼职委员制度作用，强化综合协调、市场监管等能力……还提出强化旅游投诉处理和服务质量监督，综合运用法律、经济、技术等手段，加大对非法"一日游"等重点违法违规行为的治理力度，维护旅游市场秩序和游客合法权益。

2016年4月，在国家旅游局对该市旅游市场秩序有关情况通报后，该市下发了《关于加强旅游市场综合监管的通知》②，提出了涉及"体制机制创新"的4方面16条具体措施；该通知涉及监管旅游活动的全要素、全过程，并列出了责任清单和工作台账等。之后还于7月召开了由市政府副秘书长主持、有副市长出席的加强旅游市场综合监管工作电视电话会议进行动员部署。

2016年5月，该市工商部门按照分管副市长针对媒体报道的非法"一日游"乱象提出的新要求③，出台了《旅游市场专项整治工作方案》④；一年后，该部门又出台了《关于加强旅游市场监管规范旅游市场秩序的意见》⑤。

2016年5月，该市市委在十一届十次全会上审议通过了《关于全面

---

① 可见：市人大常委会财经办.J市人大召开违规"一日游"专题座谈会.J人大网，2014.9.18.

② 即《J市人民政府办公厅关于加强旅游市场综合监管的通知》（J政办字〔2016〕30号）；相关区也相继下发了通知，如《J市TZ区人民政府办公室关于加强旅游市场综合监管的通知》（T政办发〔2016〕32号）。

③ 可见：J市工商行政管理局《旅游市场专项整治工作方案》深度解读，http://scjgj.beijing.gov.cn/zwxx/zcjd/201912/t20191204_831892.html.

④ 《J市工商行政管理局关于印发旅游市场专项整治工作方案的通知》（J工商发〔2016〕29号）。

⑤ 《J市工商行政管理局关于加强旅游市场监管规范旅游市场秩序的意见》（J工商发〔2017〕47号）。

深化改革提升城市规划建设管理水平的意见》，提出要科学划分城市管理主管部门与相关行政主管部门的工作职责。其后明确新组建的城市管理综合行政执法局（简称城管部门）集中行使包括旅游（指非正规的旅行社、导游）在内的 12 个方面行政处罚权。

2016 年 7 月召开的该市十四届人大常委会会议首次审议了《J 市旅游条例（草案）》。12 月下旬，按照小组领导指示要求，市旅游委会同市人大、高法、公安和工商等部门赴三亚围绕旅游警察、旅游工商所[①]等综合监管举措的实际运行进行考察。

2017 年，旅游市场整治已列入该市政府《2017 年市政府督查工作要点》。1 月，该市机构编制委员会批准市公安局成立的环食药旅总队挂牌。该总队是全国第一支涉及环境食品药品旅游四方面的综合执法队伍，有编制警力 150 余人，下设 4 个支队（其中的旅游支队俗称"旅游警察"）；其定位是加大与市旅游委等相关行政部门的执法配合力度，为包括旅游等领域的安全做出保障。

同年 5 月，市人大常委会表决通过《J 市旅游条例》（简称新《旅游条例》）。该条例按照疏堵结合，扩大公共服务供给，切断非法"一日游"信息传播链、服务链和利益链的思路，针对其全链条经营环节做出制度安排。在"堵"的方面做出任何单位和个人不得擅自进行的六项禁止性规定（见表 4-7）。在提升违法成本的同时，较之前较为详细的规定了工商、公安等相关协同部门在其中的权责。

表 4-7　新《旅游条例》针对"一日游"的 6 项禁止性规定

序号	禁止性规定涉及内容
1	未取得旅行社经营许可、旅游客运经营许可、导游证，从事"一日游"经营服务。
2	擅自在公共场所散发、悬挂、涂写、张贴"一日游"产品广告。
3	冒用旅行社、旅游集散中心、公共交通客运企业等名义，利用公交站牌、互联网、旅游地图等媒介或者在旅馆、车站等公共场所发布"一日游"虚假信息，非法揽客。

---

① 三亚市曾在工商行政管理局内设立了旅游市场监管局，对旅游市场实施专项监督管理。可见：赵珊. 工商旅游分局拟在全国推广 [N]. 人民日报海外版，2016.2.3.

续表

序号	禁止性规定涉及内容
4	以不合理低价揽客,并在旅游行程中向旅游者索要合同约定以外的费用,诱骗、强迫或者变相强迫旅游者参加购物活动,另行付费旅游项目。
5	擅自变更行程或者中止服务活动,甩团、甩客。
6	景区内及其周边地区,追逐拦截旅游者,索要物品,推销商品或者服务。

资料来源:作者根据新《旅游条例》整理。

旅游支队成立后,该市旅游与公安部门多次召开商讨协同配合、案件转办、行刑对接的相关座谈会。在此基础上,两部门于2017年8月牵头组织召开建立旅游执法协调领导小组研讨会[①]。次月,两部门还牵头相关部门召开旅游市场秩序治理座谈会,提出稳步推进市旅游执法协调领导小组组建、完善出台《涉旅游领域综合执法八项协作机制》,形成职责明晰、指挥快捷、配合有效的力量体系等内容;市交通委、工商局、城管局、网信办等部门参加了此次会议[②]。

2018年1月,"为深入贯彻落实《国务院办公厅关于加强旅游市场综合监管的通知》和新《旅游条例》有关精神,进一步加强旅游市场综合治理,解决扰乱旅游市场秩序、侵害旅游者权益等突出问题",该市发布了非法"一日游"仍作为治理重点的《J市进一步加强旅游市场综合治理工作方案(2018-2020年)》[③],列出了各协同部门任务清单并强调加强组织领导、继续完善相关协作。

当年7月27日,J市市长组织召开了严厉打击非法"一日游"专项行动会议并部署前后历时9个月的整治行动。之后,不仅市旅游委联合相关部门开展联合整治[④],相关部门、属地也在发挥主体作用(如城管执

[①] 可见:J市旅游委.J市旅游委、J市公安局环食药旅安保总队牵头组织召开建立旅游执法协调领导小组研讨会.中国旅游网,2017.8.31.

[②] 可见:J市旅游委.J市旅游委与市公安局召开旅游市场秩序治理座谈会.J市旅游发展委员会官网,2017.9.30.

[③] 在此之前该市已下发了《J市人民政府办公厅关于加强旅游市场综合监管的通知》(J政办字〔2016〕30号)。

[④] 可见:J市旅游委.市旅游委联合多部门持续开展"一日游"旅游市场秩序整治工作.J市旅游委网站,2018.8.6.

法局[①]等部门、CP区[②]等重点区域相继开展了"严整"工作）。市旅游委在9月19日召开的新闻通气会上称：专项行动以来受理"一日游"投诉39件，同比下降63%，相关乱象基本得到遏制，呈现稳中向好态势。2019年1月，该市《政府工作报告》中指出，"严厉打击非法'一日游'，投诉量同比下降67%，旅游秩序明显好转"。2020年该市宣布实现"零投诉"。

"一日游"市场总体平稳之后，在整治的重点区域，还继续出台相关文件以防止形势反弹，如CP区于2021年专门出台《旅游市场秩序专项整治长效机制》等文件，继续固化在"最严整治"阶段行之有效的跨部门机制。在宣布实现"零投诉"一年后，该市发布的"十四五"时期旅游发展相关规划中，"严厉打击非法'一日游'，维护文化和旅游市场秩序稳定"仍明确在列其中。

上述以时间为序扼要描述"一日游"整治过程的主要事件。那么，在不同情景下，非法"一日游"整治小组到底有怎样的运行规律呢？以下四章通过分析性叙事方式分别剖析不同典型环境下的组织目标、小组结构、集体行动及影响，由表及里剖析小组运行中客观存在的四类"不同呈现"的逻辑。

[①] 可见：洪雪.J开展专项整治暑期游 打击非法一日游.千龙网，2018.8.2.
[②] 相关信息可见：CP旅游委.CP区保持高压管控态势，打击遏制非法"一日游"违规行为.J旅游网，2018.8.8.

第五章 松散联盟型"一日游"市场整治小组运行

本章中,通过任务环境与组织目标、小组结构、小组集体行动及影响等三节,深入剖析所谓松散联盟型运行,即纵向控制机制与横向协调机制皆弱的状态下"一日游"整治小组的运行规律。此场景中的"一日游"整治小组由于主客观原因在纵向上控制力度不足的同时,横向协同部门间也缺乏较为有效的协调配合机制。其中一个较典型场景是在21世纪初期:其时,非法"一日游"的负面影响已经显现,相关投诉日渐增多;J市也成立了专门的跨部门整治小组以回应社会诉求并希望能系统解决相关问题;不过牵头的旅游部门相对较为弱势,与平级的工商等协同部门的协商协调机制较弱;分管旅游副市长对工商、公安等相关协同部门的纵向约束也有限,此时整治小组的运行总体处于"联而不合"状态,集体行动的效果总体较弱。

第一节 任务环境与组织目标:21世纪初 "此类投诉能否降20%"

21世纪初,旅游产业成为J市新的经济增长点;该市旅游行业还提出了"创旅游首善之区、建旅游一流城市"奋斗目标[①]。据有关数据,其

---

① 可见:安娜.J市旅游争创首善之区.中国经济信息,2001(4):39.

时该市年游客接待量已达一亿人次（之后也一直保持在一亿人次），其中散客比重达60%以上；每天约有50万的游客前来观光旅游。"一日游"市场在持续走热的同时，非法"一日游"存在的"二次收费"、欺客宰客等弊端也在凸显——这个过程中每个"圈中之人"都有了自己较便利的获利机会，如一些"黑车"遇到购物店"踹一脚，一个月就踏踏实实的了"①——这吸引了相关行业人员自发涌入这个"来钱快"的行当。

应该说，该市旅游部门在此期间就对"一日游"存在的问题与负面影响有所重视了，如该市旅游局主要负责人曾指出："J市有一个特殊现象，就是'一日游'，有许多'黑车'在做这个，我们要花费大力气，为游客创造一个好的环境，使J市的旅游市场真正成为中国旅游市场的首善之区。"②一份旅游部门内部调研报告也已较多涉及此议题：由于对"一日游"市场缺乏正确的引导，致使正规旅行社始终无法占据这个市场，加之对非法"一日游"的打击力度不够，"黑车"欺客宰客问题屡禁不止乃至愈演愈烈，游客投诉居高不下，已成为J市旅游业难以自愈的顽症，严重损坏J市旅游的良好声誉。报告认为其时整治存在的主要困难是：由于旅游业是综合性产业，长期以来计划经济体制下存在的管理分散、条块分割、职能交叉等问题仍未得到彻底的解决，致使旅游管理陷入"多头管理相互牵制，单头管理软弱无力"的两难境地，指出"适应城市旅游业发展要求的行政管理体制机制，探索城市旅游综合执法之路已势在必行"。③

2000年初，隶属该市旅游局的正处级市旅游执法大队④成立，其被赋予了包括"依法维护J市旅游市场良好秩序，促进全市旅游业健康有序发展，查处本市旅游违法案件，监督检查旅游服务质量，负责组织本市旅游市场综合治理，协调公安、工商等部门打击扰乱旅游市场秩序、破

---

① 作者访谈记录：FFDY200607（字母表示受访者部门，数字表示受访时间，以下同）。这里"踹一脚"的意思是：遇到购物店立刻刹车（之后带游客进店购物）。
② 引自：安永峰.规范秩序建首善 J市整顿旅游市场[N]，千龙新闻网，2002.8.16.
③ 可见：J市旅游执法大队.关于建立和完善城市旅游执法体系的思考[A]//J市旅游局.J市旅游局调研报告选编（2002年度），2003.
④ 可见：J市地方志编纂委员会.J志：旅游卷[M].J出版社，2006.

环旅游环境的违法行为"等职能。可以看到，旅游市场流动性大、产业链长，不同环节的监管执法权分属于不同部门，编制为20人的旅游执法大队只具有对正规旅行社和导游的执法权（且其中仅有几人涉及"一日游"事宜），只有有效协调起工商、公安等相关部门才可能承担起包括整治"一日游"在内的"维护J市旅游良好秩序"的职能。

> "一日游"市场治理从2000年J市旅游执法大队建立后，就按照联合执法、属地管理的模式，探索J市联合执法的机制，涉及到"黑车""黑导""黑商店""黑药店""黑寺庙"等都要会同工商、城管等其他相关部门进行联合处罚。①

在前期对旅游市场整治经验教训基础上，该市于2002年成立了由分管旅游副市长为组长，市政府秘书长、市旅游局局长为副组长的"市整顿和规范旅游市场秩序工作领导小组"，成员单位包括市委宣传部、市精神文明办、市商委、市政管委、旅游、工商、公安、交通等24个委办局以及各区县政府主管，领导小组下设包括非法经营"一日游"治理整顿小组在内的五个小组（其他小组包括旅行社、导游人员治理整顿小组、旅游购物等消费场所整顿小组、旅游景区环境整顿小组等）；市旅游局负责整顿和规范旅游市场办公室的协调工作。在有高层领导的跨部门协同架构组织基础上开展了一些整治行动后，为执行相关领导的批示或"过问"进一步回应游客投诉，该市于2004年8月16日成立了由分管旅游副市长为组长，旅游、工商、交通、公安等九部门副职领导②组成、专门针对非法"一日游"的J市整顿和规范一日游市场秩序领导小组——正式向其"宣战"，希望系统解决下列相关问题：业内车辆参与非法"一日游"或为其提供客运服务问题；"黑车"和"黑导"问题；非法散发"一

---

① 摘自：J市旅游执法大队.关于建立和完善城市旅游执法体系的思考[A]//J市旅游局.J市旅游局调研报告选编（2002年度），2003.

② 在该年度，该市机构编制委员会办公室《J市机构编制委员会关于进一步规范市属议事协调机构和临时机构管理的意见》（京J字〔2004〕30号）做出议事协调机构和临时机构的组长与成员相匹配等相关规定。

日游"小名片、小广告行为；旅游购物、旅游消费场所向导游员、司机提供"人头费""停车费"、购物回扣和旅游商店出售假冒伪劣商品、药品等行为问题。其中，还要对投诉最集中的 SG 长城、SS 陵等景区周边的旅游商店和药店做重点整顿，执法部门还计划在 BD 岭 SG 长城首次设置执法投诉站，在 SS 陵景区的重点购物场所首设工商执法点——整治小组负责人其时提出要争取将"一日游"现存顽症在当年国庆节前得到明显解决。

> 我市市长、副市长关于此类旅游投诉（指非法"一日游"）的批件已多达 13 件；在一次市长办公会议上，市长还曾亲自过问："此类投诉能不能降低 20%？"①

其时的总体情景是：虽然有该市高层批示和"过问"，以及为应对涉及多部门的非法"一日游"问题已成立了整治领导小组架构，但相关情况表明，多任务结构中的整治非法"一日游"任务其时并未成为该市较为重要的工作，更非当务之急，重视程度客观上是不够高的，这从以下方面能够看出：

从该市政府的重点工作与相关专项小组结构可看到，该小组实际处于边缘地位。2003 年 4 月，该市政府为"转变政府职能，提高行政效率等"，进行了议事协调机构和临时机构的清理工作，撤销和调整领导小组 40 个②；旅游市场整治事宜属于予以保留的 52 个小组③之一的市整顿和规范市场经济秩序工作领导小组所涉众多整顿任务（其中如食品、药品安全被认为是重中之重）④中的一小部分。从行政组织设置上看，该市

---

① 可见：吴庆才.J 市成立联合工作小组向非法"一日游"宣战.中新社，2004.8.12.
② 《J 市人民政府关于议事协调机构和临时机构设置与调整有关事项的通知》（J 政发〔2003〕9 号）。
③ 其他小组还包括：市援藏工作领导小组、汽车工业领导小组、电力建设协调小组等。
④ 可见《J 市人民政府关于整顿和规范市场经济秩序的决定》（J 政发〔2001〕17 号），主要整顿内容包括：打击制售假冒伪劣商品、偷税、骗税、骗汇、走私、制贩假币等违法犯罪活动，整顿建筑市场，整顿金融秩序等直接关系广大人民群众切身利益、群众反映强烈、社会危害严重的突出问题。

公安局曾设有属于"大治安范畴"的旅游保卫处，整顿旅游市场秩序是其工作的一个重要方面[①]；在该市 2000 年的公安局机构改革中撤并了包括旅游保卫处在内的一些部门[②]。从相关制度看，1999 年出台的《J 市旅游管理条例》（简称旧《旅游条例》）并没有直接针对非法"一日游"的相关表述或条款；之后，市旅游局虽已建议作相关修订，但该市旧《旅游条例》经 2004 年修订后也未增加针对"一日游"市场症结治理的进一步表述，之后几年间也少见直接针对"一日游"的规范性文件和进一步的制度建设。而相比之下，一些旅游资源丰富、同时也存在"一日游"问题的城市已出台了有针对性的管理办法，如杭州于 2001 年 1 月起实施"一日游"管理办法等。以上多个侧面可看出其时非法"一日游"整治事宜在该市政府层面分配的注意力是有限的——提出的也是"能否降低 20%""无重大投诉"的一般性工作目标。

第二节　小组结构：纵向与横向皆弱

一、小组的纵向控制机制

此阶段的整治小组负责人为分管该市部分部门、职权有限的"分管型副职"（朱光磊等，2007）——负责旅游工作、同时身兼多个领导小组负责人的副市长；小组办公室所在是成为行政部门时间相对较晚、"体量不大"[③]、法定职能为管理旅行社及导游等的原 J 市旅游局；在这种分管旅游副市长为组长、牵头部门为旅游局、办公室也设在旅游局所构成"中轴"的小组结构下，小组的整治方案中虽也有一套"拦车""查车""查证""扣车""收容"的整治程序、相应的责任分工与目标责任制（见表 5-1），但总体上纵向控制的约束力是有限的——此时的整治小组负责人并

[①] 可见：J 市公安局旅游保卫处.适应形势强化景区景点治安管理基础工作[J].J 人民警察学院学报，1999（04）：46-49.

[②] 可见：行水.J 市公安局机构改革结束近千名机关民警进基层[N].J 晨报，2000.11.24.

[③] 2000 年 6 月，J 市政府曾下达机构精简任务，该局人员精简 50%，编制数由 140 人减为 71 人。

未能承担起一些研究所认为的"（小组负责人）能有效起到超越分管副职的桥接"角色（叶托，2015）。

表 5-1 早期"一日游"整顿中主要职能部门的分工情况

职能部门	任务分工
市公安交通管理局	拦截车辆、疏导交通。
市交通局	检查车辆的运营证照和司机的从业资格，查扣"黑车"。
市旅游局	检查导游员，界定"黑导"。
TA门管委、分局等	TA门及J站等地区发放"名片"的"黑票提"的清理工作。
市公安局治安管理总队	"黑导""黑票提"中外地"三无"人员收容、遣返工作。

资料来源：根据相关参考文献整理。

表 5-2 "一日游"整治中相关部门的职权及执法依据比较示意

部门	职权	法规数量（部）
工商	行政处罚、行政许可、行政强制、行政裁决及其他	275
交通	行政处罚、行政许可、行政强制、行政征收及其他	124
城管	行政处罚、行政强制	64
旅游	行政处罚、行政许可、行政强制、行政裁决及其他	11

资料来源：根据该市《关于公布市级行政执法主体依据职权 进一步推行行政执法责任制工作的通知》（J政发〔2006〕22号）整理。

二、小组的横向协调机制

应该说，此阶段整治小组中也是存在一定的横向协调机制的，如设置在旅游局的小组办公室建立了初步的联席会议办公制度、联络员制度等，但是由于如下原因，横向机制总体看相对较为薄弱。

我国政府部门之间存在过度的权力非均衡性，不同部门因实际控制资源等的不同拥有不同的影响力（傅雨飞，2014），平级之间事实上也存在着某种意义上"兄弟并不平等"现象（彭长桂，2016）。可以看到，"一日游"整治小组成员的"影响力"也是有较大差异的，如工商、公安、城管部门相较旅游部门是"执法大户"（相关部门职权比较示意见表5-2）。鉴于作为治理对象的非法"一日游"产业链长、流动性大等跨界性质和"部门政治"的客观存在，平级部门间合作的动力客观不足、协同难点较多：影响力不同的各部门习惯各管一摊分别查处；同时，从形式上看，协同部门间做了整治分工，但实践中不乏职能（工作）交叉之处，如对导游的查处，旅游行政部门负责正规导游，城管负责无证导游，而城管部门要验证导游所持证件真假，需要旅游部门协助（用导游证IC检查机验证）；又如对涉旅用车的查处也存在类似问题（见图5-1），在这种情况下，除非联合出动整治，否则很容易存在"能查车的查不了人、能查人的扣不了车"等单一部门无能为力的现象，难以对"一日游"中的不法行为形成整体震慑。

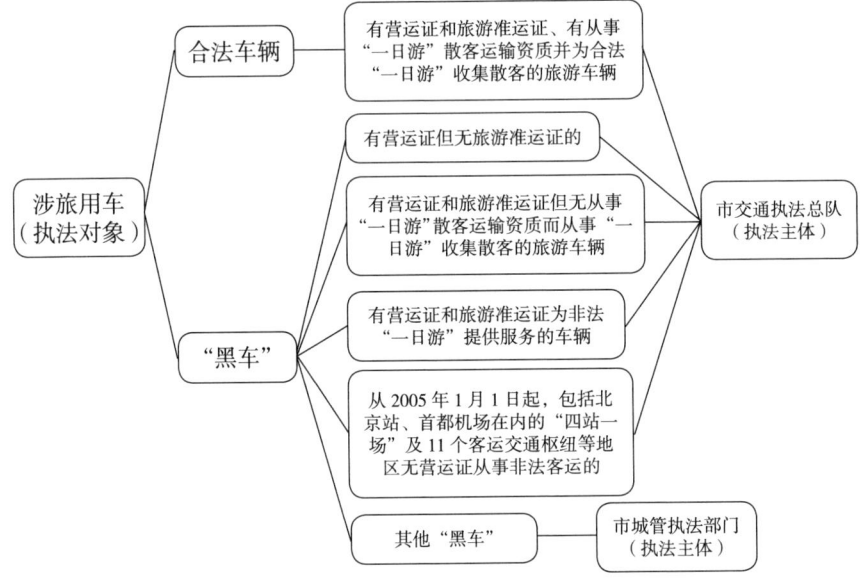

图 5-1　涉旅用车整治中的部门分工与交叉示意

资料来源：作者根据相关参考文献绘制。

单就旅游用车整治而言的情况就是：交通执法大队查JB，城管查JA，上路的则需交警处置。又如对旅游消费环节的监管（保护）：旅行社的监管主体是旅游局，旅游者在旅游过程中，吃住行游购娱环节和旅行社发生关联的，主要应由旅游局负责解决；参团过程中如旅游者自己出来玩儿，与市场、商家发生了问题，我们（市场监管部门）才负责处理。[①]

---

① 作者访谈记录：SCJG202008。

还可看到，各部门各有重点工作，目标或利益取向多不一致："一日游"整治对于牵头的旅游部门是重点工作，而对其他部门往往只是边缘性工作；由于"部门法"的存在，执法的法律适用也有不同，如存在着整顿旅游购物店期间，仍有购物店依法新开的现象[①]，等等。也是鉴于部门众多的现实，一些部门间也存在由于既往职能交叉而产生的分歧。综上可看到，非法"一日游"治理任务的依存性与治理主体间的分割性存在较大张力，部门间合作交易成本较高；即使在小组机制下，这期间的协同部门在实际工作中往往也会有"旅游的事旅游管"的想法，有效的协商协调等横向机制实际较为薄弱。一个不难看到的结果是：原J市旅游局相比"胳膊都练得很粗"的协同部门，自感"号召力和权力有限"，难以有效胜任组织协调任务。

第三节　小组集体行动及影响："联而不合"效能弱

在此期间的小组机制下，该市旅游局牵头市公安局、市工商局、市综合执法局及属地政府等对非法"一日游"进行了历时一年多的持续联合打击。应该说，其间的联合整治也取得了一些成果，典型如在2003年最大的一次整治中，作为领导小组副组长的旅游局局长带领由旅游、交通、公安等部门组成的旅游执法大队赴JY关、BD岭长城等景区"打黑"——堵截"黑导游"[②]。不过，这期间的日常监管、集中整治行为中客观存在的一些协同不力甚至推诿表现。

如工商部门虽然在1999年就对旅行社或导游人员接受商场支付的"人头费""停车费"等费用的定性问题做出过答复，认为这属于以不正当利益争取交易，给予方和收受方均违反《不正当竞争法》第八条规定，

[①] 可见：顾晓园执笔，执法大队刘洋，董京丹.J非法"一日游"市场现状分析及治理整顿非法"一日游"市场的对策建议[A]//J市旅游局.J市旅游局调研报告汇编，2007.

[②] 王一宁.J旅游局长亲上长城"打黑"半路堵截黑导游[N].J晨报，2003.9.28.

已构成商业贿赂行为应当依法予以查处①。又如，税务部门对"一日游"的监管职能虽然是间接的，但如果其在购物环节上加大税务检查力度，无疑会大大增加购物商店的违法成本，对非法"一日游"的产业链造成严重打击②，但是在此期间整治的相关报道中鲜见此类案例（郑晶、孔令学，2014：214-231）。其间的此类协同不力现象得到一位其时在旅游部门工作人员的印证："（某些协同部门）主要就是懒政！惰政！怠政！虽然取证上还是有点难度，查起来还是很麻烦，没有懒政惰政怠政舒服"③。

一位旅游局相关负责人这样批评即使在集中整治中有的协同部门仍表现出的"不积极"："直到整治开展了一个多月后，个别部门的执法人员才刚刚到位，执法态度不积极由此可见一斑。"④

一位国家旅游主管部门负责人曾就该市部门间非法"一日游"协同整治难指出过其认为的症结所在："我出面协调过几次，我看主要还是存在本位主义。"⑤

有高层推动的小组机制下的协同部门为何能有这些"不积极"的表现呢？其时的旅游局负责人认为："那时的领导小组负责人是副职（分管旅游，并不分管其他协同部门），部门间配合不好也没法进行有效的督促。"⑥

在此场景下，面对都难管或都不太愿管的非法"一日游"，小组机制的实际运行往往会出现"联而不合"局面——形式上完整的跨部门协同结构性机制很难有效起到应有的协同作用。

一位对领导小组运行很熟悉的相关部门人员指出："领导小组由副职领导，如果分工不是按照职能分得很细，那么这个牵头部门一般基本上

---

① 可见：《国家工商行政管理局关于旅行社或导游人员接受商场支付的"人头费"、"停车费"等费用定性处理问题的答复》（工商公字〔1999〕第170号）。

② 说明：这是因为违反法律规定的记账科目不能在购物店、商场当年的经营成本中予以扣除，即购物商店在账外向导游、旅行社支付回扣之后还需要按照回扣数额缴纳相应的税，同时要缴纳税收滞纳金并接受相应的行政处罚。

③ 作者访谈记录：LYJ202008。

④ 可见：顾晓园执笔，执法大队刘洋，董京丹.J非法"一日游"市场现状分析及治理整顿非法"一日游"市场的对策建议[A]//J市旅游局.J市旅游局调研报告汇编，2007.

⑤ 作者访谈记录：GJLYJ201805。

⑥ 作者访谈记录：LYJ202008。

要履行所有的事情——很难按照分工文件去推进，是打折扣地去进行一些行政活动，这个时候的议事机构说白了就是哪个部门牵头就哪个部门去落实——当然我说的是常态的情况下……"①

这也即跨部门行政实践中常言的"谁牵头、谁负责"。当然，即使这种状态下一些合作也是存在的，一些整治成效也是会产生的，一位旅游主管部门负责人这样总结其时的一些经验："借助工商的法规，借助公安的手段，达到旅游的目的。"②

如何"借助"呢？一位旅游执法人员曾说过："我们得'请神捉鬼'啊——请兄弟部门帮助处理我们处理不了的黑导游。"③

研究者已发现政府部门之间常常采用正式制度之外的行为进行非正式的相互调整。也即在一些时候，作为牵头单位的旅游部门，除了依托权威——以整治小组办公室名义要求协同部门配合外，会通过一些非正式机制"借力"或形成"友情"联合——"请"有关部门帮助处理与整治相关的"黑导""黑票提"等违法人员——有时这种非正式机制是能够提高效率的，当然也会被认为存在"牵头"变"磕头"情况④。总体上看，在这种小组运行类型中，正如主责部门所承认的"难以形成团结、统一的战斗集体，建立合理有效的旅游执法体制、机制，加强协同配合仍是一个较为重大的课题"⑤。

旅游部门相关人员其时曾提出优化整治小组协同问题的方向："我们旅游部门要'放下面子'，其他部门要'放下架子'……建议把整治工作小组办公室设在市政府，增强协调的权威性……"⑥

一位J市编制办工作人员曾指出该市政府长期存在的"牵头部门"难

---

① 作者访谈记录：XZBGS202008。
② 引自：魏小安，曾博伟.中国旅游业风云四十年对话录[M].北京：中国旅游出版社，2018.
③ 作者访谈记录：LYJ200310。
④ 可见相关评论，如艾才国.谨防"牵头"变"磕头"[N].铜陵日报，2021.6.21.
⑤ 引自：J市旅游执法大队.关于建立和完善城市旅游执法体系的思考[A]//J市旅游局.J市旅游局调研报告选编（2002年度），2003.
⑥ 引自：J市旅游执法大队.关于建立和完善城市旅游执法体系的思考[A]//J市旅游局.J市旅游局调研报告选编（2002年度），2003.

题:"从整个城市管理体制来看,我们叫专业性比较强,但综合性比较弱。很多部门事都有人管,但是一到综合起来,一到跨部门、跨领域,往往又找不到一个合适的牵头部门……"[①]

这种"联而不合"的小组运行的一个后果(影响)是,让非法"一日游"从业者总结出了政府部门的"协同规律":"管我们的人越多越好,管的部门越多,就等于谁都可管可不管"[②],这让一些违法者对之后的跨部门旅游整治更加有恃无恐。

本章小结

本章主要分析了21世纪初期"一日游"整治小组的运行逻辑:其时,非法"一日游"负面影响已经显现,该市在主要领导"此类投诉能否降低20%"的要求下也成立了跨部门的专门整治小组,希望系统解决相关问题。不过其时小组中的纵向控制是有限的,代表性的如时任分管旅游副市长对工商、公安等相关协同部门的约束有限,牵头的旅游部门相对较为弱势,而平级协同部门之间受职责交叉、资源依赖、利益、共识等因素影响,在横向上的协商协调等机制也较弱,此时的小组运行总体处于"联而不合"状态,相应的整治效果因而较为有限——并未完成"当年(2004年)国庆节前把问题明显解决"的组织目标。可以看到,其时该"一日游"整治小组在该市科层组织多任务结构中实际处于非中心地位(边缘地位)。

[①] 引自:J市编办副主任×××在《关于全面深化改革提升城市规划建设管理水平的意见》解读新闻发布会上的讲话(2016.6.24)。

[②] 这是记者多年后采访其时的一名非法"一日游"从业者的"总结"。可见:陈秉科.J市:副局带队治理非法"一日游"散发广告难治理.中国新闻网,2009.4.17。

第六章 权威依赖型"一日游"市场整治小组运行

本章中,通过任务环境与组织目标、小组结构、小组集体行动及影响等三节,深入剖析所谓权威依赖型运行,即纵向控制机制加强而横向协调机制仍弱状态下的"一日游"整治小组运行规律。其中一个较典型时段是2008年奥运会前后:奥运盛会逐步临近,鉴于规模继续扩大的非法"一日游"会影响该市环境秩序场景下,小组的纵向机制得到进一步加强。如"一日游"整治先后被纳入服务奥运的2008环境建设指挥部办公室(简称"2008环办")工作、"平安奥运工程"等更为重要的工作范畴而得以进一步"中心工作化";市督查室也对该整治开展了督促检查工作。而相较之下,其间小组成员间的横向机制有所改善但总体依然较弱,相关部门间多呈就事论事的"被协同"状态。奥运会期间"一日游"市场保持了稳定,而之后非法"一日游"就迅速死灰复燃了。其后,该市还升格旅游局为由市副秘书长担任首任主任的旅游委,希望以此增强其协调能力,但实际效果也因横向间仍存在的较大张力等而整合效果有限。该市的非法"一日游"问题也呈继续蔓延态势。

第一节 任务环境与组织目标:2008奥运年"投诉量显著下降"

"申奥"成功后,特别是随着2008年奥运盛会临近,J市城市治理逐步进入了"奥运时间"——场馆运行及与之相关的城市环境建设、城市运行成为该市工作中较为重要的领域。而同期相关数据显示：2006年，到J"一日游"的游客所选择的旅游组织者中，非法"一日游"经营者占15.4%，正规旅行社仅占2.1%[①]；每天有数以万计的游客上当受骗[②]；媒体也一直在关注此事，一个代表性事实是：其时在该市影响力较大的某报[③]曾于2007年9月28日用了5个版面详细报道了非法"一日游"问题。一项奥运会前的调研还显示，非法"一日游"已更具"知名度"，甚至一些外国游客也有所了解（见表6-1）。其间的一份旅游部门的内部调研报告也指出：该市旅游接待人次每年都在1亿人次以上，其中散客的比重高达60%，而非法"一日游"经营问题已严重阻碍了"一日游"市场的健康发展甚至愈演愈烈成为影响城市形象、桎梏J市旅游业发展的顽疾。该报告建议："市政府应下决心、出重拳对违法违规行为进行根治，唯有如此才能改善目前'一日游'市场现状，树立良好的城市形象。"[④]

表6-1　中外游客对J市"一日游""黑车"了解情况（2008年）

（单位：%）

游客	听说过很多	听说过一点	没有听说过
外地游客	29.5	48.3	22.2
本地游客	39.7	52.1	8.2
外国游客	29.6	22.2	48.2

资料来源：徐菊凤（2015）。

2008年4月，一份题为《散客J市一日游现存的问题与对策建议》[⑤]

---

① 可见：王旭辉.J：政府部门制定的"一日游"合同处境尴尬.人民网，2007.5.28.
② 可见：余梦洁.《散客运输包车合同示范文本（讨论稿）》即将出台：J旅游客运市场有望规范[J].商用汽车新闻，2008（46）：13.
③ 指其时由光明日报和南方日报两大报业集团联合主办的综合类大型城市日报《新J报》。
④ 可见：顾晓园执笔，执法大队刘洋，董京丹.J非法"一日游"市场现状分析及治理整顿非法"一日游"市场的对策建议[A]//J市旅游局.J市旅游局调研报告汇编，2007.
⑤ 徐菊凤.散客J一日游现存的问题与对策建议，J市哲学社会科学规划办公室"十一五"规划项目阶段成果推介（第7期），2008.4.7.

的材料以该市哲学社会科学规划办"十一五"规划项目阶段成果推介的形式上报相关市领导:

> "一日游"市场存在诸多问题,年均上百万人受骗,不但严重影响了 J 市的旅游形象,也伤害了千百万赴 J 市旅游者的感情……奥运会的举办,将会有更多的国内外散客前来旅游……

党政科层制被认为相比理性科层制对关联环境更为敏感(丁轶,2015)。奥运盛会前的这种环境下,鉴于非法"一日游"进一步可能会影响 J 城国际形象,该市领导已在相关动员会上称之为城市的"牛皮藓"……其先后被纳入该市于 2005 年为保障奥运盛会而成立的"2008 环办"[①]及之后 2007 年全面展开的"平安奥运行动"[②]等工作范畴,成为一项较之前更为重要的工作——非法"一日游"整治进一步呈"中心工作化",得到市高层领导的更多注意力分配,典型如时任领导小组负责人在 2008 年"一日游"市场治理整顿工作会上传达的市主要负责人的意见:"非法'一日游'有损 J 市形象,一定进行彻底整顿,不走过场。"[③]

第二节 小组结构:纵向加强而横向仍弱

一、小组的纵向控制机制

随着这期间的"一日游"市场整治被相继纳入"2008 环办""平安奥运行动"等重要工作范畴,纵向机制得到较明显加强,具体看:

为了举办好 2008 年奥运会,该市成立了由市主要负责人为总指挥长

[①] 可见:《J 市人民政府办公厅关于成立 J 市 2008 环境建设指挥部的通知》(J 政办发〔2005〕63 号)、《J 市人民政府办公厅关于印发 J 市 2008 环境建设指挥部办公室主要职责内设机构和人员编制规定的通知》(J 政办发〔2005〕66 号)。

[②] 可见:中共 J 市委办公厅、J 市人民政府办公厅《关于深入开展"平安奥运行动"的意见》(J 办发〔2008〕2 号)。

[③] 可见:陈钟. J 铲除非法"一日游"痼疾确保奥运旅游环境. 中国广播网,2008.6.5.

的"北京奥运会（残奥会）总指挥部"①；在其之下，为了"加强对全市环境建设工作的组织领导，全面改善全市的环境面貌"，该市于 2005 年 12 月正式成立了由一名副市长为"指挥"的临时机构——"2008 环境建设指挥部"，该指挥部在市委、市政府领导下负责统一指挥、组织协调、督促落实该市包括环境秩序整顿在内的相关任务；指挥部下设负责日常工作的正局级临时行政机构——"2008 环办"，其职责包括了环境秩序整顿在内的相关任务——旅游环境秩序整顿成为其中的一项工作。之后，旅游部门以"旅游秩序建设工作领导小组办公室"等名义继续牵头，在重点时段、重点区域组织开展了系列整治工作②。

其后的奥运当年初，为了维护社会稳定，保持奥运期间的和谐有序，该市市委市政府办公厅下发了《关于深入开展"平安奥运行动"的意见》，成立由市委副书记、政法委书记、首都综治委主任为组长的市"平安奥运行动"指挥协调领导小组。为贯彻"平安奥运行动"意见，该市其后专门召开了由分管副市长出席的"2008 年'一日游'市场治理整顿工作会"，该会议要求在 2008 年分严整、严防、严控三个阶段对三类地区开展治理整顿以全面实现"大事不出、小事减少、管理严格、秩序良好"的总体工作目标，努力使 2008 年"一日游"投诉量总体显著下降并实现奥运会期间全市"零投诉"的工作目标；会议进一步提出部门协作具体要求：如"鉴于旅游部门执法队伍力量薄弱"，旅游部门派联络员进入"2008 环办"办公；交通、工商、城管等各协同部门各派一名联络员参加"旅游秩序工作协调小组办公室"日常工作等。值得注意的是，"围绕政府中心工作和主要领导交办的事项开展督促检查工作"，具有政策传达、重点跟进、疑难解决等功能（陈家建，2015）的该市政府督查室在此期间（从 2007 年起）也启动了对"一日游"市场整治过程的督查③，该

---

① 可见：汪涌.刘延东戴秉国出席奥运会残奥会总指挥部首次会议.新华社，2018.6.18.

② 如可见：旅游秩序建设工作领导小组办公室下发的《TA 门广场及周边地区环境秩序整治专项战役工作方案》(2007.4.16)。

③ 关于该市督查工作要点，可见《J 市人民政府办公厅关于进一步加强督查工作的通知》（J 政办发〔1997〕61 号）、《J 市人民政府办公厅关于加强督促检查狠抓工作落实的意见》（J 政办发〔2009〕100 号）等规范性文件。

室指出加强委办局之间的联动配合是有效治理非法"一日游"的关键①。

二、小组的横向协调机制

在此期间小组的横向机制方面也是得到一定加强的:如旅游市场整治被纳入"2008 环办"工作范畴后,2007 年初成立了由旅游局牵头的"旅游秩序建设工作协调小组"②;之后,在 2008 年 6 月的"一日游"市场治理整顿工作会上又再次宣布成立横向部门间的协调小组——由市旅游局局长、副局长任组长、副组长,市公安局治安总队、市工商局、市交通执法总队、市城管执法局等四位相关部门领导任副组长的"旅游秩序建设工作协调小组"③。这次专门会议还要求各单位各派一名联络员参加"旅游秩序工作协调小组办公室"日常工作,应该说是推动小组成员间的"物理整合"之举——在奥运来临之际横向间较之前更加被"协同"起来了。

不过,由于整治小组部门间协同的内生动力并没有很好解决等原因,横向协调的短板仍一定程度上存在,这可以从 2008 年专门会议上分管副市长对旅游秩序协调小组实际运行的批评可见一斑:"对旅游秩序建设工作协调小组办公室转办和交办的工作要按期完成,要及时回复,不要一味强调客观原因推脱责任。"

总的来看,此期间作为牵头部门但影响力有限的旅游行政部门仍感到这种"就事论事"协调的不足,这正如一些旅游行政人员曾埋怨的"我们权限不足,号召力还是有限,责任无限大,职权非常小,是'小马拉大车'啊"④。

值得注意的是,在"十二五"开局之年的 2011 年 4 月,为了能"充分发挥统筹协调的职能,更好地推动城市旅游业跨越式发展",市旅游局被升格为市旅游委,列入市政府组成部门,由一位市政府原副秘书长

---

① 可见:J 市旅游局.J 旅游局整顿旅游市场秩序.J 旅行网,2011.8.31.
② 该小组也称 J 市旅游秩序工作领导小组。其后,该市相关区县也成立了相应的机构,相关信息可见 TZ 区人民政府官网在此期间发布的:《J 市旅游秩序工作领导小组办公室领导到 TZ 区检查旅游秩序建设工作》(2008.3.10)等信息。
③ 该小组较之前的小组,成员单位增加了工商部门;组长也由新任的旅游局局长担任。
④ 作者访谈记录:LYJ201003。"小马拉大车"在这里指做超出自己能力之外的事情。

任首任主任；交通、商务等与旅游业关系紧密的9个委办局派人担任旅游委兼职委员，负责工作对接以便统一协调旅游发展工作[①]。升格后的旅游委较之前旅游局"处室数量增加了、业务处室增加了、人员编制增加了，领导职数增加了"，在职能和职责上"突出协调发展、突出行业监管"[②]——"实力"较之前得到了较大提升（旅游委与原旅游局编制比较见表6-2）。此后，在非法"一日游"整治中的横向协调能力也有所增强，并取得了一定整治成效，如"持续重拳打击'一日游'经营行为，基本建立起了'政府统一领导、部门依法监管、属地全面负责、整体协调联动'的综合治理机制。"[③]；国家旅游主管部门也曾肯定J市"旅游委积极会同公安、工商、城管、交通等部门对该市场失范行为进行有效整治"[④]。不过，首任市旅游委主任上任两年后（2013年）指出"解决综合执法问题是根治'一日游'的根本出路之一"[⑤]；后续（2015年），由该市发改委副主任调任的旅游委主任仍指出"非法'一日游'整治缺少旅游监管方面的协调机制"[⑥]。

  这里的综合执法、监管协调机制本质是部门行政形成合力问题。为什么其时为"提升旅游协调等能力"已把旅游局升格为旅游委——在理论上是不同于首长负责制的机关型委员会，一些相关部门也成为兼职委员单位——被该市政府寄希望从旅游治理中的"配角"走向"主角"，还曾被青岛等旅游城市视为旅游监管体制机制改革的创新之举而加以学习[⑦]，而横向部门间的协调还是有不小困难呢？

[①] 可见：J市人民政府办公厅.J市旅游发展委员会主要职责内设机构和人员编制规定.J市人民政府公报（18），2011.9.2.

[②] 引自：时任旅游委党组书记、主任××在落实旅游委三定方案动员会上的讲话（2011.7.29）.

[③] 引自：2011年度旅游委领导班子述职报告（J市旅游发展委员会，2012.1.18）.

[④] 可见：国家旅游局政策法规司.杜江在2013年全国旅游监管工作会上的讲话.旅游调研（内部刊物），2013（2）.

[⑤] 可见：郭宇靖等.J市：规范"一日游"市场根本出路在于解决服务缺失.新华网，2013.8.3.

[⑥] 可见：宋宇.开好局，起好步，加快推动世界一流旅游城市建设//J旅游学会.J旅游绿皮书：J旅游发展报告[M].社会科学文献出版社，2016.

[⑦] 可见：于真子.创新体制机制 强化旅游市场监管[J].机构与行政，2017（07）：35-36.

表 6-2　J 市旅游局与市旅游委编制情况比较

内设机构		编制	正副处	局级	备注
旅游局	10 个	78	12 正 15 副	1 正 4 副	
旅游委	13 个	108	15 正 21 副	1 正 4 副	由市政府原副秘书长担任首任主任,设兼职委员

资料来源:作者根据 J 市政府办公厅 2011 年第 18 期政府公报整理。

成立三年后的旅游委,在总结该市旅游综合改革存在的问题时曾表露出协调机制仍不足的遗憾,"(旅游综合改革中)谈体制多,做机制少;《旅游法》要建立十多个机制,都未突破……与工商、城管、交通、公安等管理融合不足"[①]。

一位旅游部门工作人员认为作为委员会的旅游委之所以仍不能承担起综合协调之职,是因为其"责"多"权"少(马海鹰等,2016):

> 与传统意义的综合协调机构(如发改委)相比,旅游委的统筹协调功能还是偏弱的,一个重要原因是目前赋予旅游委协调的更多的是责、而没有赋予其权……

一位旅游委负责人其实在成立之初就对该委的职权有过"戏言":"什么旅游'高端处''低端处'的,加起来也不及商委的一个部门(权限大)。"[②]

一位整治小组协同部门管理人员认为还有更深层次的因素:"由副秘书长担任(旅游委主任)会比原来好些,不过就能协调?有些事就是副市长也难啊!其他部门可能当面会表示尊重,过后该怎么着还怎么着,毕竟还有更大领导直接布置的更为重要工作要完成呢。"[③]

有研究者指出我国行政组织领域中的委员会现象是"熟悉的陌生

---

① 可见:该市旅游委参加 2014 年全国旅游综合改革座谈会上的"J 市旅游综合改革发言材料"。
② 作者访谈记录:LYW201204。说明:新成立的该市旅游发展委员会,在之前旅游局的处室设置基础上增加了"高端旅游处"等新处室。
③ 作者访谈记录:CGJ202008。

人"，应当从设立与运转两个阶段对其进行规制才能更好发挥其专业理性、民主参与的功能（杜国强，2021），上述可见横向间的协调协商机制还是有欠缺的。这也从一个角度印证了在科层组织多任务甚至多专项工作并存的结构中，在横向协调机制有限、协同部门内生动力不足情况下，协同部门有选择性执行的操作空间和讨价还价筹码的现象在领导小组中也同样存在。总之，此场景中横向的协调协商等机制仍未得到根本性改善。

第三节　小组集体行动及影响："同而不和"反弹快

在奥运会期间较强的高位驱动下，作为主责的旅游部门为"深入贯彻落实市委、市政府精神，以良好的旅游市场秩序迎接 2008 年奥运会召开"，制定了《奥运期间"一日游"治理整顿工作倒排期》，借助小组权威启动与相关部门多次联合行动，最大程度完成了"保奥运"的既定工作目标，即在较强纵向机制下的期间整治使短期内的"一日游"市场"太平了一阵"[①]，同时也被认为包括违法从业者在内的相关行动者在特殊时期也有了"政治意识"[②]或者说应对"运动"的投机心理（刘鹏，2015）。值得注意的是，作为主责的旅游部门借助权威开展联合行动的同时，在层级压力下更主要是在自身权限内、以部门主导方式采取相关行动（如 2008 年 6 月先后两次发出规范"一日游"经营的通知等），不过其所能约束的仅限正规旅行社，对占据市场主要份额的"黑社""黑导"并不能形成有效约束。

随着奥运高压态势的减弱，整治小组的合力越来越小，奥运会后非法"一日游"很快就"死灰复燃"了。该市于 2008 年 11 月又召开相关专项整治工作会，启动为期两个月的多部门联合专项整治（包括对旅行社、导游等的违规行为都按高限处罚执行等严厉措施）。在同年 12 月召开的全市首次旅游产业发展大会上，时任该市主要负责人及分管副市长

---

① 作者访谈记录：LYJ201005。
② 作者访谈记录：LYJ201007。

都再次强调指出：

> 随着奥运会、残奥会的结束，非法"一日游"呈现反弹趋势，我们旅游市场的管理和规范还面临挑战。如果这个问题得不到根治，不仅会阻碍 J 市旅游产业的发展，而且还会损害 J 市的形象……
> 要加强旅游市场监管工作，特别要下大力气解决目前"一日游"市场存在的突出问题，抓好源头治理以从根本上净化 J 市旅游发展环境……①

次年 9 月召开的该市第二次旅游产业大会上，相关负责人继续强调"一日游"整治事宜②，旅游部门牵头的整治小组也继续对死灰复燃的非法"一日游"进行整治。应该说，其间相关部门都付出了很多努力，如时任领导小组负责人在旅游局上报的《"一日游"市场治理整顿取得阶段性成果 游客投诉同比下降明显》做出批示肯定相关部门的共同付出：

> "一日游"整治工作大有成效，这是旅游局监督、执法部门协调各部门同志们共同努力的结果！大家付出了很多，牺牲了很多，要保持并提高这个来之不易的成绩。③

不过，此时的整治小组事实上已很难再启动 2008 年期间的"奥运模式"了（如曾对 CP 区的非法购物店"发现一家、查处一家、关闭一家"）。一位该局相关负责人从内部视角剖析了由于横向间的"弱势地位"带来的联合整治困难：

> 由于旅游业是新兴产业且涉及的部门较多，在进行行业监管的

---

① 可见：J 市旅游产业发展大会新闻发布会（国务院新闻办官网，2008.12.2）及相关媒体报道.
② 可见：×××：以科学发展观为指导 推动旅游产业发展（在 2009 年 J 市旅游产业大会上的讲话，2009.8.3）.
③ 可见：佚名.J 市副市长："一日游"整治工作大有成效.中华网，2009.8.24.

过程中，不可避免地要与传统产业部门产生职能交叉，而各传统产业部门针对固有市场的管理已经形成比较完善的法律法规体系和力量较强的执法队伍，旅游部门作为"后来者"的身份和相对弱势的地位，难以引起相关部门足够的重视，致使由旅游部门牵头的联合执法效果欠佳。[①]

一位研究者指出其难点还在于"各有主管领导而又缺乏持续的高位统筹"：

> "一日游"集中整治，一般要由主管旅游的副市长（小组组长）批示，负责联系旅游业的副秘书长牵头，才能较短时间内协调公安、交通、城管、文化等多部门联合执法，等阶段成果完成后，执法联合就基本无法再有效开展；如果没有市政府领导的再次批示协调，单靠市旅游执法大队无法将其他单位联合起来，因为其他单位各自有自己的主管领导，各自的法定职责。[②]

其他类似的情景，还如旅游委成立两年后（2013年），该市发生了"刀游"事件（指导游在旅游车上用工具胁迫游客购买烤鸭、果脯等）。其后，在包括《人民日报》等权威媒体及社会舆论较强反映背景下（如人民网开设了题为《J市一日游乱象何日绝，20年困境待解》的专版），领导小组也及时对关联环境做出回应——在小组负责人指挥下的旅游部门又牵头开展了新一轮集体行动：出动检查人员35000余人次，核查旅游车2300余台次，检查导游员2500余人次，检查旅行社、景区、旅游商店等旅游企业2000余家；查处"黑车"92辆、"黑导游"16人，收缴假地图22000份，清理非法假站牌500余块，查处非法小广告行为900

[①] 摘自：杜江. 当前旅游市场存在的主要问题、成因与对策研究[N]. 中国旅游报，2012.7.13：3.

[②] 摘自J市哲学社会科学规划项目"J市旅游产业发展法治保障研究"（王天星，2010，12）.

余起，收缴非法小广告60000余张。①不过，由于平级部门间的制度保障、内生动力不足等因素的存在，效果也是短期性的。其间的现实也往往成了"打击下，大家基本上停了一年，风声一过，黑车又上来了，而且规模更大"②——非法"一日游"人员产生了对整治的"免疫力"。

综上可看到在此场景中的总体情况是，通过纳入更重要工程、领导动员、"压实主体责任"等方式，整治小组的纵向机制较之前得到很大加强，而横向机制相较之下仍存在不足。应该说，通过"压力"完成中心工作并非新的现象而是传统动员机制在市场化、现代化新背景下的变形，其应用会在一定时期的资源整合中起到积极效果；不过，如同有研究者所指出的沿用传统相对单一的动员形式在现代社会往往会遇到一定的"行政执行困境"——其对部门协同的影响目前虽存在不同观点③，但多认为在压力型体制下的目标责任制中，上级下达的过严指标常常导致下级的密集变通（刘骥等，2015）。国外学者也发现在网络结构环境中，政策目标的实现不可能通过简单的自上而下的控制和命令（如唐斯所谓的官僚制中的"不完全控制定律"），而是取决于多方行动者之间的互动、参与以及在互动中形成的信任和信念（丁煌等，2010）。本案例中可以看到，层级高压并不能完全代替共识，仍会有作为协同部门常有的"参与者""帮忙的"心态，部门间这时的协同特征常表现为强纵向机制下的"无事不碰头、有事才碰头、一事一碰头"——"同而不和"状态，执法资源仍难以形成制度化的共享——这种"一事一议"即使暂时协调成功，下次遇上类似问题依然会面临部门之间的推诿（宋华琳，2016）。

另外，还值得注意的是该阶段整治期间的"劣币驱逐良币"影响：2008年奥运会前夕，该市旅游主管部门曾推出"21家经营'一日游'的正规旅行社"等遏制非法"一日游"举措，不过有些事与愿违，继2009年龙头旅游企业中青旅正式退出"一日游"市场后，国旅等大型旅行社

---

① 摘自：J市旅游委《旅游市场整治工作总结》（2013年）．
② 摘自：J市哲学社会科学规划项目"J市旅游产业发展法治保障研究"（王天星，2010，12）．
③ 有观点认为其通过施加压力完成中心工作是改善治理效果的有效工具，也有人认为其会使治理问题不断加剧甚至会形成"部门政治"。

也于 2013 年宣布退出"一日游"市场，非法"一日游"的市场份额进一步扩大。

本章小结

　　本章分析了 2008 年奥运会前后 J 市"一日游"整治小组的运行逻辑。此间，在该市政府的"彻底整顿、不走过场"等整治目标下，一方面，小组的纵向控制方面得到很大加强，如整治被先后纳入更为重要的"2008 环办""平安奥运行动"等重要工作范畴；"对主要领导人负责"的市督查室也介入其中。另一方面，横向协调方面也得到一定的加强，如 2007 年初成立横向间的"旅游秩序工作协调小组"，之后进一步成立更多成员加入的横向协调小组，并要求各单位派联络员参加旅游秩序工作协调小组办公室日常工作以加强"物理整合"。不过，由于部门间协同的内生动力并没有很好解决等原因，横向协调的短板仍一定程度存在——部门间的协作多表现为就事论事的"一事一议"，即使在旅游局升级为旅游委后也一定程度存在。总之，整治小组在 2008 年奥运会期间属于较典型的权威依赖下的"同而不和"（"被协同"）运行状态，小组集体行动能取得暂时的高效但较易反弹——也即小组这种跨部门协同"团队生产"的特性会导致上级往往难以运用等级权威进行有效的持续的控制。这个过程中，非法"一日游"从业人员对整治也产生了某种程度的"免疫力"。

第七章　扁平科层型"一日游"市场整治小组运行

本章中，通过任务环境与组织目标、小组结构、小组集体行动及影响等三节，深入剖析所谓扁平科层型运行，即纵向控制机制与横向协调机制皆加强状态下的"一日游"整治小组运行规律。其中一个典型时段是2017年《J市旅游条例》颁布前后到2018年开展的"史上最严"整治。此期间，在投诉量继续增大、国家有关部门对J市旅游秩序继续提出批评等任务环境下，该市政府指出"旅游市场秩序与建设首善之区不相适应"——"一日游"整治继续"中心工作化"：通过市委巡视组对旅游委党委提出"缺乏担当"的批评、旅游市场治理被纳入该市政府的常态专项督查等方式，纵向机制继续得到加强，与此同时，在横向机制上的变化更为明显。在以上基础上，该市市长于2018年7月指挥了历时9个月的"最严整治"，对非法"一日游"实行"零容忍"；相关部门此期间还就整治涉及的旅游商店、旅游网络等环节分专题进一步具体协商并达成整治共识……在这种纵横向机制皆较强的场景下，取得了较之以往很大不同的整治效果并最终实现"零投诉"。

第一节　任务环境与组织目标：关乎城市形象大问题"零容忍"

其时的任务环境是：旅游委成立后又牵头相关部门进行了系列整治，

取得了一些进展但仍存在协同配合不足的局限。此阶段，一方面，年约 1.3 亿散客赴 J 市旅游而参加正规旅行社的仍不足 3%（300 多万人）[①]；另一方面，该市的旅游投诉量总体仍呈逐年上升趋势（主要是非法"一日游"投诉率居高不下）。如 2011 年旅游委质监所受理 12301 旅游投诉热线转来"一日游"投诉 633 件、受理市"政风行风热线"转来投诉 5 件、市长信箱投诉 33 件以及游客来访来客投诉多件[②]；2012 年受理 12301 转来投诉 861 件、"市政风行风热线"转来投诉 5 件、市长信箱投诉 38 件等[③]；而至 2015 年，质监所共接受涉及非法"一日游"投诉达 7572 件，占投诉总量 71.4%。[④]

国家相关监管部门对该市非法"一日游"问题提出了批评。例如，2016 年 4 月，国家旅游局对该市旅游市场秩序检查情况通报指出：J 市投诉结案率比较低（结案率为 72.7%，移转给市属各部门和各区的投诉处理的办结率仅为 40%），非法"一日游"投诉占了大头。2017 年 7 月上旬，国家旅游局还联合公安部、工商总局对该市旅游市场秩序进行专项督查并指出，"J 市一日游问题严重，强制消费问题仍突出，长期以来一直为广大游客所诟病"[⑤]。相关舆论环境的压力也在继续增加，如该市某官方媒体发出了"即使魔高一尺、道也应高一丈"的呼吁[⑥]。其间媒体的密集报道示意可见表 7-1。

---

① 可见：鲁畅. 本市将建"一日游"预定平台 [N].J 市日报，2013.8.1.
② 摘自：旅游委分管副主任《×××2011 年述职报告》。
③ 摘自：《J 市旅游执法大队 2013 年工作总结及 2013 年工作要点》。
④ 随着国内经济社会的发展，这一时期团队旅游接待人次在来 J 市旅游总人次中所占比例逐年下降，团队与散客比例不足 1∶9，即散客旅游成为赴 J 的主要旅游方式。
⑤ 可见：王菲等. 全国旅游市场秩序"暑期整顿"开始，违规 J 市"一日游"受查处. 新华社，2017.7.26.
⑥ 出自：2013 年 7 月间 J 市电视台《J 您早》栏目中主持人对该现象的评论和呼吁。

表 7-1　主流媒体对非法"一日游"报道情况示意（以 2012 年为例）

媒　体	曝光内容	备　注
J 市电视台	曝光了 Q 门地区散发旅游小名片、以中青旅等知名旅行社名义进行低价揽客现象。	《本周锐评》
中央电视台	以《J 市一日游乱象》为题，曝光"十一"黄金周期间旅游市场情况。	—
央视消费频道	曝光 J 市 CP 区明皇玉苑玉器店欺骗消费者行为。	《消费主张》
J 市晨报	以《"一日游"恰似"一日愁"》为题，曝光 J 市 JS 公园内"J 集草堂药店"以中医保健名义诱导游客购买药品等。	—
新京报	以《"李鬼旅行社"潜伏 J 市西站揽客》为题，报道"黑旅行社"在西站揽客问题。	—
市城市管理广播	曝光 YH 园"黑导游"私自揽客问题。	—

资料来源：作者根据相关媒体报道整理。

研究者发现，我国城市治理中存在"社会舆论→市场媒体→官方媒体→公共政策"的自下而上的政策形成路径，即公共治理已具有一定的社会回应性（郭圣莉等，2016）。事实上，在这种场景下的该市相关负责人已强调非法"一日游"是"城市治理必须面对的问题、维护 J 市形象的重大问题"[①]——J 市的非法"一日游"整治工作进一步"中心工作化"。

第二节　小组结构：纵向与横向皆强

一、小组的纵向控制机制

此期间，旅游市场整治从被纳入市政府"专项督察""市政府年度督查工作要点"[②]，还进一步升级为该市政府的"常态专项督查"[③]——督查部门通过常态化的明察暗访等方式把督办的结果及时向市领导报告并通报

[①] 可见：姜俊梅.坚持共治理念 破解旅游发展难题[J].J 市人大，2017（06）：1.
[②] 可见：《2017 年一季度旅游市场秩序治理工作进展情况督查报告》（2017.4.10）.
[③] 这其中的一个背景是：2018 年 5 月，该市人大常委会启动对《J 市旅游条例》等的执法检查，指出非法"一日游"从投诉看得到有效遏制的同时，非法揽客拼团、诱骗购物现象仍突出，建议对旅游市场秩序整治逐年连续督查督办。

被督查单位。在这个过程中，纵向压力传导加大的一个"重量级"例证是市委巡视组对旅游委党组的巡视。

客观看，由于执法权有限，协调机制等主客观因素，即便是牵头部门的相关人员也存在对该跨界问题治理的动力不足问题。该市旅游委曾这样完整表述过自己的职责权限以示在整治"一日游"过程中不存在"不作为"情况：

> 市旅游委行政执法工作主要由市旅游执法大队执行……执法大队依据《旅游法》《市旅游管理条例》等相关旅游法规对全市旅游企业和旅游从业人员违法违规经营行为进行查处。同时，对上级交办、转办以及群众来信、来访举报和投诉的旅游违法行为开展调查、核实。并协调公安、工商、交通、城管等部门及区县政府对影响城市形象的非法"一日游"行为开展整治。①

一位旅游部门负责人还曾在"J市政风行风热线直播间"中委婉指出自身的"无奈"：

> 我们是有一个领导小组，会同工商等相关部门定期开展整治工作的……非法"一日游"中有"旅游"两字，我们旅游部门应该说是责无旁贷的……对群众的批评我们心悦诚服……但这个"旅游"，与我们日常说的有固定的行程、签固定的合同的"旅游"还是不一样的……②

又如，一位旅游部门的资深智囊也曾对"'一日游'是旅游的事"等观点直接做过"'一日游'应是交通部门的事"③之类针锋相对回应。可以

---

① 摘自：J市旅游委《旅游市场整治工作总结》(2017)，其背景是：按照该市市委市政府《J市开展"四风"突出问题专项整治方案》中"行政不作为、乱作为"专项整治工作要求，该委根据《J市法制办关于"行政不作为、乱作为"专项整治工作安排》上报的工作总结。

② 2015年8月6日，以"纠正庸懒散拖、树立行业新风"为主题的J市政风行风热线直播间节目曾邀请J市旅游委委员、市旅游委执法大队、市旅行社服务质量监督管理所等相关负责人同《首都之窗》观众交流打击整治非法"一日游"相关工作。此为旅游委委员语。

③ 作者访谈记录：LYJ201705。

说，在职权分割、部门自主性客观存在的现状下，跨界事务往往会"都想管"或"都不管"，例如，非法"一日游"治理是该市旅游发展中长期存在的难点问题，在该市"十二五"旅游发展规划等"提前谋划"的文本中却少有提及。2016 年 7 月，市委巡视组对该市旅游委党组进行巡视后提出直接的批评："旅游委党组缺少责任担当精神，对非法'一日游'攻坚克难勇气不足。"①

巡视制度古已有之，具有特殊而重要的监察功能（郑传坤等，2009）。党内巡视制度已成为我国现阶段最具权威性和推动力的监督样态（田启战，2020）。值得注意的是，此次巡视意见中使用了"担当"一词——不同于理性官僚制理论中对该词缺少的价值空间，日常党政用语中的"担当"一词，通俗说常有"不能每项工作都去找领导"、自身能解决的尽最大努力去解决（甚至即使不在严格的职能范围之内）等含义。该词被认为是一种制度运行的润滑剂——在后工业社会中，社会的高度复杂性和不确定性使任何过于封闭的组织结构和过于刚性的组织制度都面临政策失灵、组织失效的风险，担当精神被认为有利于将个体的"小我"融入组织"大我"之中从而建立起广泛的合作秩序（庞明礼，2019）。

其后，旅游委党组进行了系列整改工作：每月由小组负责人牵头召开督查会商会，协调解决工作难题，制定并下发《旅游市场秩序治理专项督查工作方案》，以市政府"旅游市场秩序治理联合督查组"名义对相关部门和属地下发督办通知单、要求相关协同部门限期反馈治理情况；其间，还通过市政府督查办专门的工作刊物向市主要领导报送《督查与反馈》等旅游市场秩序治理工作联合督查专报②；推动全市 16 个区建立旅游综合执法模式；继续牵头对"一日游"保持严查严处的高压态势："周有检查、月有督查、季度有讲评、半年有小结、年底有总结，持续推进综合监管"。③

这种压力传导的一个代表性例子是该市 CP 区的旅游整治。作为整治

---

① 可见：中共 J 市旅游发展委员会党组关于专项巡视整改情况的通报.J 市纪检监察网，2016.11.18.
② 如《2017 年一季度旅游市场秩序治理工作督查报告》（2017.3.20），2017 年共报送 9 期。
③ 可见：《2017 年 J 市旅游市场治理整顿工作总结》。

中重要的属地政府,在纵向机制方面,其将旅游整治纳入该市更为重要的"疏解整治促提升行动"①范畴——因而能作为全区重点的整治工作来抓。其间对全区所有旅游购物和演艺场所进行排查、细化、梳理,完善基础台账,要求各属地镇街依托专项行动将所有的涉旅场所列入拆违计划,对违法违章建筑全部拆除从而达到最终关停取缔的目标。

同时,该市于2018年初起由主要负责人领导、政法委牵头开展的扫黑除恶专项斗争中②,在全国首次提出把非法"一日游"(称为"黑旅游")在内的八类"影响群众安全感、满意度"的秩序类违法犯罪和社会治安乱点乱象作为扫黑除恶的重要延伸——通过纳入更为重要的专项行动、小组压力传导等使纵向控制机制得到进一步强化。

二、小组的横向协调机制

在横向机制方面,除了"担当"精神的强调外,突出体现为其间陆续产生的多项意在进一步增强工商、公安、城管等主要协同部门的内生动力,使其既能发挥各自"主体作用"又能促进平级间协同以便"齐抓共管"的行政举措,其中的重要代表是:工商部门实现合作模式突破、公安部门成立专门队伍并"牵头协同"市场整治,以及J市新《旅游条例》在协调中的出台等。

(一)工商部门:"配合旅游主管部门"实现合作模式新突破

负责购物场所等"一日游"核心环节监管的市工商部门在此期间接到主管副市长(其时也是分管旅游工作的小组负责人)批示,要求该局会同旅游部门"在综合治理模式上实现突破":

> ××副市长针对媒体报道的非法"一日游"乱象对我局旅游市

---

① 为贯彻落实相关会议精神,深入推进京津冀协同发展,着力疏解非首都功能,优化提升首都核心功能,加快建设国际一流的和谐宜居之都,该市政府决定2017年至2020年在全市范围内组织开展"疏解整治促提升"专项行动(由主要负责人领导)。该市公布了上述行动的实施意见,并在市发改委成立了J市"疏解整治促提升"专项行动工作办公室。

② 2018年1月开始,我国在全国开展了为期三年的扫黑除恶专项斗争。该市委市政府印发《J市关于开展扫黑除恶专项斗争的工作方案》,成立市委政法委牵头、38个部门为成员的市扫黑除恶专项斗争领导小组。

第七章 扁平科层型"一日游"市场整治小组运行

场整治工作提出了新的要求,希望我局会同市旅游委在综合治理模式上实现突破。[①]

"批示"作为领导人注意力的重要度量(孟庆国等,2016),无疑是现阶段推动整治小组在内的政策执行的重要工具;而某项整治是否可以真正落实下去,往往取决于花多大力气进行督促尤其是督促配合部门的合作(刘梦岳,2019)。

应该说,旅游市场监管属工商部门应当履行的法定职责之一。如从国家层面看,早在1980年就发布过《关于加强旅游参观点市场管理的通知》[②],21世纪初又陆续发布旅游市场监管相关通知[③];而为"认真贯彻落实开始施行的《旅游法》,确保在旅游市场监管工作中做到不缺位、不越位、不错位",该局还于2013年结合国家旅游法的相关规定以及监管执法实践形成过相关调研报告[④];其后还于2014年发布《关于发挥工商职能作用加强旅游市场监管的指导意见》[⑤]。从该市情况看,1986年就发布了"具体问题由工商部门负责解释"的《关于加强旅游区市场管理的暂行规定》[⑥],其中包括做出工商部门派专人管理旅游区从事的经营活动、较大的市场要专设工商行政管理机构等规定。不过,工商部门与旅游部门间存在职能交叉重叠甚至不乏相互推诿现象也是客观存在的。[⑦]

这之后,该局先出台了《旅游市场专项整治工作方案》;还于其后7月与市旅游委就加强旅游市场综合监管和部门间协作进行座谈,双方表

[①] 可见:J市工商行政管理局《旅游市场专项整治工作方案》深度解读,http://scjgj.beijing.gov.cn/zwxx/zcjd/201912/t20191204_831892.html.
[②] 《工商行政管理局关于加强旅游参观点市场管理的通知》(1980.10.31).
[③] 可见:国家工商总局要求加强旅游市场监督管理[N].人民公安报,2000.9.25:3;龚琐.国家工商总局要求强化旅游市场管理.中国新闻网,2001.4.30.等等。
[④] 可见:国家工商总局市场司.工商部门旅游市场监管职责情况的调研报告(节选).工商行政管理,2013(20):43-44.
[⑤] 可见:工商总局关于发挥工商职能作用加强旅游市场监管的指导意见.国家工商总局官网,2014.5.30.
[⑥] 可见:《J市人民政府关于加强旅游区市场管理的暂行规定》(J政发〔1986〕33号).
[⑦] 可见:全国工商系统市场规范管理专家型人才培训班第二课题组.创新机制 强化旅游市场监管[J].中国工商管理研究,2013(09):60-62.

示在该领域工作的"融合度、契合度非常高",应当在深层次上进一步加强合作形成合力①。之后还进一步发布了《关于加强旅游市场监管规范旅游市场秩序的意见》(其涉及的监管职责见表7-2)等文件,并在局内成立了由副局长领导、小组办公室设在该局执法协作办的旅游市场专项整治工作领导小组,在专项整治中强调:

> 旅游市场监管涉及旅游、公安、交通、国土、建设、工商、商务、食药、质检、价格、安监等多个部门,工商机关是负有监管职责的部门之一,要配合旅游主管部门做好整治工作。
>
> 各单位各部门要牢固树立大局意识和协作意识,在做好工商部门内部协调配合的同时,要注意加强同旅游、公安、交通、城管等部门的协作配合。②

表 7-2　工商部门在"治旅"《意见》中的监管职责列表

适用法律	《旅游法》、《旅行社条例》、《公司法》、《广告法》、《产品质量法》、《消费者权益保护法》、《反不正当竞争法》、《反垄断法》、《商标法》、《合同法》及新《J市旅游条例》
主要职责	依法负责旅游经营者登记注册;依法查处虚假违法旅游服务广告;依法查处旅游市场中的商业贿赂、虚假宣传等不正当竞争行为;依法查处旅游市场中的垄断行为;依法查处旅游市场中的不合格产品和销售假冒伪劣商品违法行为;负责旅游市场中注册商标的保护,依法查处侵犯注册商标专用权的违法行为;依法对旅游市场中利用合同格式条款侵害消费者合法权益的案件进行查处,配合出台旅游合同示范文本;加强对旅游购物场所、付费旅游项目经营场所监管,查处未向社会公众开放的行为;加强网络旅游服务监管,查处网络交易平台未经审核允许旅行社在平台从事相关经营活动的违规行为。

资料来源:作者根据相关文件整理。

---

① 来源:J市旅游委.J市旅游委市工商局座谈如何加强旅游市场综合监管.国家旅游局信息中心,2016.7.24.

② 可见:《关于加强旅游市场监管规范旅游市场秩序的意见》(J工商发〔2017〕47号).

此后，该市工商部门积极推进了发挥主体作用、强化旅游市场管控的系列行动。例如，针对散发小广告、假冒知名旅行社密集的 WFJ 商圈，该局执法协作科联合 WFJ 工商所开展了多方面的旅游市场专项整治活动：检查擅自摆放违法广告宣传页、虚假宣传及冒用知名旅行社招揽游客行为等违法经营活动；检查营业执照，严格限制未取得旅游经营许可经营主体开展"一日游"的经营活动；发放传单普及相关法律知识，要求商家合法经营不得销售假冒伪劣以次充好；拆除违法广告牌，收缴非法"一日游"交通旅游图和假冒旅游合同文本等。[①] 又如，在旅游购物"黑店"较密集的 CP 区，工商分局自 2016 年 8 月牵头开展辖区旅游商店整治工作，至 2018 年 10 月共吊销严重违法违规经营的涉旅主体营业执照 12 户、动员注销 1 户、关停整顿 12 户、行政告诫 14 户、打掉"杀金店"16 家、压减旅游商店 20 家；查办涉旅违法案件 16 件；全区未新增一户旅游经营主体、辖区旅游商店数量由原来的 46 户减少到 26 户，下降 43.5%。[②] 此期间，"非法'一日游'整治取得良好成效"写入该局的工作总结中。[③]

（二）城管部门：明确赋权

该市于 2008 年奥运会前（2007 年 12 月）制定的《J 市实施城市管理相对集中行政处罚权办法》中，规定城管执法机关[④]行使对无导游证从事导游活动行为的处罚权；同时建立的该市旅游市场联合执法制度中，仍规定由市旅游局牵头组织市宗教局、公安局、劳动保障局、卫生局、工商局、药监局、地税局、文物局、市综合执法局、市交通执法总队和各区县（管委会）等部门单位开展市旅游市场治理整顿工作。

而在 2016 年 5 月该市市委十一届十次全会上审议通过的《关于全面深化改革提升城市规划建设管理水平的意见》中，提出要科学划分城

[①] 可见：刘洪昌.J 市工商开展旅游市场专项整治 严查冒用知名旅行社揽客行为.千龙网，2016.10.11.

[②] 可见：宋鹏飞.CP 工商强化旅游市场管控 营造良好旅游消费环境.千龙网，2018.10.2.

[③] 可见：《2018 年 J 市市场监督管理局工作总结》（2019.4）。注：按照 2018 年《J 市机构改革实施方案》，将原市工商行政管理局、市食品药品监督管理局等部门整合组建市市场监督管理局，同年 11 月 16 日进行了挂牌。

[④] 该市城市管理综合行政执法局成立于 2003 年。

市管理主管部门与相关行政主管部门的工作职责[①]；其后明确了新重组的城市管理综合行政执法局集中行使包括旅游（指非正规的旅行社、导游）在内的12个方面行政处罚权。也即在此期间，明确了"仅次于公安的执法力量"、常作为"兜底部门"运作（吕德文，2018）的城管执法局集中行使包括涉及"黑社""黑导"的旅游行政处罚权——改变了2008年实施的旅游局牵头的（针对"黑导"等）旅游市场联合执法制度。

（三）公安部门：成立专职队伍"牵头协同"旅游市场整治

2017年初J市公安局环食药旅总队的揭牌，意味着旅游整治史无前例地上升到了与环保、食品药品安全等并列的规格。这个为"回应群众期待，打击危害环境、食品药品、旅游安全等方面的违法犯罪"而成立的专职队伍的法定职责中明确规定包括"负责拟订完善与行政执法部门协调配合工作机制规范"等协调任务。其中的旅游支队事实上承担了牵头协同旅游部门进行"一日游"市场整治的工作："依法查处重大旅游违法犯罪活动，配合参与有关职能部门开展旅游市场综合执法；接受游客报警、求助，指导属地派出所对辖区内景区景点开展秩序维护、巡逻防范、服务游客等工作。"[②]

结构设置和职权分配是管理体制的核心，作为重要的执政资源的编制资源也是和职能、机构并列的组织资源"三驾马车"之一（徐刚，2020）。鉴于现实的执法环境等因素，能够处理紧急危害和行使强制力的公安人员广泛参与联合执法是我国的一个特色（吴鹏等，2008）；同时，"政法系统的编制管理是非常紧的"[③]。该市政府通过成立新机构、明确赋权等方式对公安部门在协同中一直担负的职责进行了专门化的再赋权；公安部门设专职队伍无疑增强了市场整治力量，公安监管范围也从曾经被媒体批评的"只管治安不管拉客的"[④]，转变为"从门店、旅行社到导

---

① 内容包括成立常务副市长、主管副市长任组长的城管执法协调领导小组，办公室设在城管局，城管执法局局长任主任等组织相关要求。

② 相关信息可见J市公安局官网，http://gaj.beijing.gov.cn/zfxxgk/jgzn/202001/t20200102_1554557.html。

③ 作者访谈记录：GAJ202110。

④ 相关信息可见：王云娜.探访J市非法"一日游"：警察只管治安不管拉客.人民网，2013.7.11。

游、司机、票提，凡是在非法一日游中出现的，全在打击范围内"[1]——对非法"一日游"实行全链条清整。

此期间，该市还强调建立涉旅案件的"一案双查"相关联的"行刑衔接"等横向协作机制。"行刑衔接"全称为行政执法与刑事司法的衔接机制，目的是防止相关执法部门之间"有案不移""有案难移""以罚代刑"等问题[2]；该市在之前的相关文件中也曾多次强调要建立和完善该衔接机制[3]。

J市一位基层执法人员这样解释之前与公安人员在衔接方面有所不顺的原因：之前他们（公安部门）不愿意接，主要是觉得我们（旅游部门）的案例太小了，达不到他们的要求。[4]

在公安部门成立专门的旅游警察后，旅游委与公安部门曾连续七次召开涉及协同配合、案件转办、行刑对接等内容的座谈会，商议具体执行事关"行刑衔接"的《J市行政执法机关移送涉嫌犯罪案件工作办法》，逐步明确行刑衔接移送程序、移送案卷所需材料、案件会商制度等内容并具体商讨建立涉旅领域执法保障的相关机制[5]——两个部门间实际已趋向基于资源依赖的互惠型组织结构（O'Toole，1984），"一日游"整治中牵头部门的力量得到质的提升。

在此基础上，为进一步加大对旅游秩序违法犯罪行为打击力度，完善综合执法整治工作机制，强化各旅游执法部门形成工作合力，有效推进新《旅游条例》贯彻落实，旅游部门、公安部门还共同牵头组织工商、交通、城管等相关部门先后召开了建立旅游执法协调领导小组研讨会、旅游市场秩序治理座谈会，在市政府关于打击各类涉旅违法违规行为一

---

[1] 相关信息可见：安然.一年内J市环食药旅领域破案700起，刑拘1100人，黑窝点无处藏身.北晚在线，2019.1.25.
[2] 关于该机制的缘起可参见：张福森.浅析行刑衔接联席会议中的牵头部门.检察日报，2010.12.8.等等。
[3] 如2010年，该市政府《关于进一步加强和改善行政执法工作的意见》（J政发〔2010〕27号）已提出进一步完善和落实执法协调制度（包括建立执法部门之间的信息共享机制）、建立和完善行政执法和与刑事司法之间以及行政机关之间的工作衔接机制。
[4] 作者访谈记录：DXWHZHZF202105。
[5] 可见：J市旅游委.J市旅游委与市环食药旅行政安保总队召开旅游秩序整治座谈会.J市旅游发展委员会官网，2017.5.18.

般性分工（即不完全列举的"责任清单"）的基础上①（见表7-3），共同协商制定《涉旅游领域综合执法八项协作机制》等协同规则②。旅游部门（包括其所属的行业管理处、安全与应急处、执法大队、质监所等部门）、公安部门协同相关部门人员具体讨论协商建立"涉旅领域执法协作工作机制"及其实施细则意见涉及：

> 如何优化行刑衔接流程？妨碍行政执法的行为怎么来界定和处罚？怎么解决电子行程单使用中遇到的实际问题？③怎样打黑车、黑店、黑社等焦点问题……④

表7-3 J市加强旅游市场综合治理分工方案一览（2018-2020年）

责任单位	具体分工
市旅游委（牵头）	严厉打击旅行社在经营活动中以不合理低价揽客、销售旅游套餐和旅游预付卡、要求导游垫付旅游团队接待和服务费用或者向导游收取费用等行为。严厉打击在旅游行程中向旅游者索要合同约定以外的费用，擅自变更行程、终止服务活动和甩团、甩客等行为。
市旅游委、交通委、城管执法局	严厉打击未取得相应资质即开展旅行社经营、旅游客运、导游服务的行为。
市工商局、交通委、文化执法总队、旅游委	严厉打击旅游景区、旅游购物场所、旅游演出场所等通过回扣、人头费、奖励费等形式，给予旅行社、导游、旅游客运车辆驾驶人员贿赂的行为。
市旅游委、公安局、市食药监管局、工商局	严厉打击以就餐、接受检查等名义变相增加购物场所，诱骗、强迫或者变相强迫旅游者购物，向旅游者销售失效、变质、质量不合格旅游商品的行为。

资料来源：作者自制。

---

① 该市的这个分工方案是在2016年国家层面的《关于加强旅游市场综合监管的通知》出台后制定的。国家层面通知出台的过程是：国办在制定监管责任清单的过程中，全面梳理各部门的监管职责并逐项论证，其后征求相关部门提出的保留、调整意见，最后履行部门会签等审核确认程序。

② 旅游领域综合治理机制之后扩展至6个部门（增加园林绿化部门）。

③ 2017年8月起，该市管理部门将市内每天的旅游团队纳入电子行程单监管平台，希望实现对旅游团队全过程动态化监管。

④ 可见：J市旅游委.J市旅游委、J市公安局环食药旅安保总队牵头组织召开建立旅游执法协调领导小组研讨会.国家旅游局信息中心，2017.8.31.

科层组织中行为的相互依赖性越强，就越依赖于正式规则；在高度互相依赖的情况下，规则使用可以很大程度上增强科层组织各组成部分行为的可预测性（唐斯，2006：64-65）。可以看到，多部门协商的整治合作机制首先在重要的属地政府实现落地，如在非法"一日游"重灾区CP区，成立了"环境食品药品和旅游安全保卫中队"后，在公安、旅游、工商等部门间反复协商基础上，初步形成了公安110为牵引的旅游综合治理机制："公安部门在接到游客涉旅警情的第一时间将警情通报至旅游、工商等行业监管部门，各部门根据警情线索，立即开展后续处置工作。"[①]

这一机制也推而广之逐步成了该市旅游整治的联动指挥机制[②]，即在加强行政执法与刑事司法有机衔接后，旅游委与公安、交通、城管、市场监管等部门协商构建了以110警情为牵动、多部门信息适时通报、快速联合处置的联动执法指挥机制，初步实现了信息共享和案件移转的高效化。

（四）并非"部门法"：横向协调中的新《旅游条例》

该市人大常委会于2017年5月表决通过了《J市旅游条例》，这个历时四年最终通过、被认为是"问题为导向"的新《旅游条例》要解决的"头号问题"即是非法"一日游"问题（姜俊梅等，2017）。新《旅游条例》不仅在旅游经营、旅游公共服务和旅游监管等章节对"一日游"疏解方式和治理手段做出具体制度安排，还针对其时较为突出的违法情形单设"一日游"专节予以明确规制。在这个针对非法"一日游"的全链条经营环节做出制度安排、希望标本兼治为"一日游"护航[③]的新条例中，较之前较为详细地规定了工商、公安等相关协同部门在其中的权责。

值得注意的是，这个时期该专门条例的出台也具有横向协调的功能。应该说，与"部门政治"相关的"法律部门化"客观上是存在的：在实践中，随着行政管制范围的扩大以及管制事务的专业化和技术化，立法

[①] 可见：《CP区贯彻落实旅游法律法规工作汇报》（2019.3）.
[②] 可见《J市文化和旅游局年度法治政府建设工作报告》（2019、2020年度）等。
[③] 可见：王天星. 标本兼治为"一日游"保驾护航[N]. 中国旅游报，2017.7.12：3.

职能日益转移到行政部门[①]，法治方面与其说是"法律的统治"不如说是"规章的统治"（王锡锌等，2003）；"法律部门化"或"部门利益法律化"倾向广泛存在（陈洪波等，1999），现实中甚至会存在"立法容易，不立法难"现象（宁骚，2018：322）。

该市涉及行业管理相关条例的出台一般分三个阶段：第一为草拟阶段。工作以行业管理部门为主，形成"条例报送稿"后提交市政府法制办。第二阶段为市政府协调阶段。工作以法制办为主，法制办将报送稿发给相关委办局及区县政府征求意见形成草案，经市长办公会再次审议后提请市人大审议。第三阶段为市人大审议阶段。有所不同于立法常有的"部门法"倾向，这个与相对"弱势"旅游部门相关的旅游条例出台过程，有助于相关部门间的协调协商以便于使联合整治共识"法定化"，促进横向机制建设："不是'划分地盘'的部门法，通过立法机构能让相关部门一起磋商协同事宜。"[②]

在新《旅游条例》中，工商、公安、交通等相关部门的权责较之前得到了较具体的体现。当然，要把一部静态、纸面上的法律转化为具体行政行为和实实在在的执法成绩，对市场的督查组织者以及一线执法人员来说都是一个挑战（邹爱勇，2018：29）。协商制定后的法律为部门间的整治协同提供了约束性机制，而其实施同样会是一个不断协调的过程。

第三节　小组集体行动及影响：聚合力出重拳

应该说，上述这些举措并不是对各协同部门最初在"一日游"整治中的相关监管职责、执法权做的根本性改变，但"强势"公安部门设专职队伍并牵头协同进行旅游整治，工商部门出台《意见》并成立相关领导小组制度化地对非法"一日游"核心环节购物场所进行管控，以及城

[①] 要说明的是，在现代社会中，即使是有议会的国家也不能单独行使立法权，因为政府的业务领域过于专业化，议会的活动不能不受官僚制的影响。如在韩国，第九届国会通过的法案中大约有85%是由政府提出的。可见相关参考文献。

[②] 作者访谈记录：GJLYJ201805。

管部门的制度化授权等，无疑实质增强了已升格为旅游委但协调力仍有限的旅游行政部门与其协同部门间的协调配合能力，促进执行力量提升、资源进一步整合——这时督促任务完成的目标责任制等纵向控制技术工具也才能起到最大的功效。

这期间总体上可看到，不仅市旅游委会同新组建的旅游警察、市工商局等针对旅游客投诉较为集中的购物商店开展了暑期等重要时段的联合执法检查；会同公安、城管、网信办等相关职能部门，开展"净土""清网"等专项行动；公安、工商、城管等执法部门也都发挥主体作用，广泛开展了旅游执法。在这种纵横向机制皆加强的场景下，整治工作取得了较之以往大不同的效果。

在以上基础上，此阶段的高潮是中央电视台于2018年7月两次报道该市"一日游"市场乱象后[①]，该市市长部署的"史上最严"整治。央视《新闻30分》栏目于21日以《变了味的"一日游"》为题报道了记者暗访非法"一日游"有关情况；央视《新闻1+1》栏目又于25日以《J市一日游乱象，十年如一日？》为题再次披露其乱象[②]。27日，该市市长指挥了严厉打击非法"一日游"专项行动：制定下发了《关于严厉打击非法"一日游"专项行动工作安排的通知》《J市严厉打击非法"一日游"专项行动工作方案》等；部署严厉打击非法"一日游"利益链条中存在的"黑票提""黑导""黑社""黑车""黑店""黑网"等"六黑"乱象，深挖和严惩乱象幕后的团伙组织者，强调对非法"一日游"实行"零容忍"；要求多部门以涉旅违法行为的固定资产、容易被发现和查处的"黑店""黑车"等关键环节为重点进行"顶格高限叠加处罚"整治。[③] 此期间，市旅游委与市公安局环食药旅总队继续牵头相关协同部门，就整治"黑

---

① 一些迹象表明，其时的非法"一日游"整治虽取得了一些成绩但仍不容乐观。如2018年7月某日晚，笔者在该市著名的WFJ商圈调研中看到游客仍不断收到"一日游"的小广告。

② 此前的7月24日，《新闻联播》中播出题为《全国"黑导游"专项整治工作开始》的新闻称：针对"黑导游""一日游"中存在的突出问题，文化和旅游部将推进旅游行政执法与刑事司法相衔接，提高违法成本，形成有力震慑……该市旅游委还做了现场交流。可见：赵琳."黑导游"专项整治工作推进会在宁夏中卫召开.文化和旅游部官网，2018.7.23.

③ 可见：J市旅游委.剑指非法"一日游"，合力打击除"六黑"J旅游委官网，2017.7.30.

店""黑网"①等专项任务的行政配合问题分别进行专题探讨并最终达成最大共识和联合整治方式（专题探讨示意可见表7-4）——在市政府不完全列举的部门分工方案基础上又进行进一步磋商，也即开展了科尔巴奇（2005：31-32）所谓的政策过程中水平的"行动建构过程"（Structure of Action）。总之，此期间最大程度实现了小组"新行动共同体"的一体化，通过"下猛药、出重拳、持续打"取得了前所未有的整治效果。

表7-4　J市相关部门整治"一日游"专项协商情况一览

协商议题	协商部门	问题协商与共识达成
旅游"黑网"整治专题	市旅游委、市公安环食药旅总队、市通信管理局、市工商局、市网信办等	问题协商：严打"黑网"相关流程及办法。 共识达成：（1）旅游部门通过增大白名单数量等方法加大监控、发现虚假旅游网站力度。（2）虚假旅游网站名单及时移送市公安局环食药旅总队、市通信管理局、市网信办依法查处。（3）通信管理局对非法网站的经营行为依法顶格高限处罚。（4）各部门全力配合环食药旅总队做好深挖幕后团伙，严惩违法犯罪行为工作。（5）市网信办、市通信管理局约谈搜索引擎公司，加大下架虚假旅游网站力度。
旅游商店整治专题	市旅游委、市公安环食药旅总队、市发改委、市消防总队、市工商局、FT区、CP区政府等	问题协商：严打"黑店"存在的法律法规支撑问题，刑法取证难、执行难的实际困难。 达成共识：（1）由有关部门对旅游购物店涉嫌不正当竞争行为进行立案调查。（2）CP区政府等属地政府要加强对旅游购物店的日常监管。

资料来源：作者根据该市旅游主管部门官方信息、相关参考文献与访谈资料整理。

所谓的领导小组效果，你要看这个领导小组是哪个来领导，如果是"一把手"来领导的话，他的执行力就是不一样的……要有"一把手"，还要有"强势部门"，如组织部门、发改委，还有现在的纪委等，你看设在发改委的"疏解办"就很有力量。②

---

① 据该阶段的投诉线索反馈，经历非法"一日游"的游客中，有60%是在网上完成的，即在网上遭遇了虚假信息。

② 作者访谈记录：CGJ202007。

第七章　扁平科层型"一日游"市场整治小组运行

本章小结

　　本章主要分析了 2017 年新《旅游条例》颁布后到"最严整治"期间"一日游"整治小组的运行逻辑。其间，在投诉量继续增大、国家有关部门对该市旅游秩序继续提出批评等任务环境下，该市政府强调"旅游市场秩序与建设首善之区不相适应"——"一日游"整治进一步"中心工作化"乃至最强。在纵向机制上，代表性的如市委巡视组对旅游委党委提出"缺乏担当"批评；旅游市场治理被纳入市政府的常态专项督查等。在横向机制上的变化更为明显：工商部门表示要配合旅游主管部门实现旅游治理模式上的新突破，相继发布整治相关办法意见等；公安部门成立环食药旅总队并赋予"牵头协同"市场整治职责；部门协商博弈的新《旅游条例》出台后，旅游部门与公安部门联合牵头相关协同部门推进旅游执法协调领导小组。在市政府通过成立新机构或明确赋权等方式对公安、城管等部门在协同中一直担负的职责又进行再赋权，进而小组成员间在包括共识、利益等方面的同质性增强基础上，该市市长于 2018 年 7 月指挥了"史上最严"专项行动，对非法"一日游"实行"零容忍"；相关部门在此期间还就整治涉及的环节分专题进一步具体协商并达成整治共识……在这种小组纵、横向均实现一体化的状态下，整治取得了较之以往有很大不同的效果。

第八章　资源依赖型"一日游"市场整治小组运行

本章中，通过任务环境与组织目标、小组结构、小组集体行动及影响等三节，深入剖析所谓资源依赖型运行，即纵向控制机制减弱后横向协调机制继续保持强度时的"一日游"整治小组运行规律。一个典型场景是在经过"史上最严"整治，非法"一日游"得到有效遏制后：2018 年该市市长部署的严整使"一日游"市场逐步平稳。在任务环境压力得到实质性减轻后，小组负责人要求相关部门进行"总结、完善、提高"，包括出台相关长效机制等制度"固化"严整中已初步形成的协同机制以防止形势反弹。小组部门间沟通博弈后的横向协作形式在此阶段逐渐定格，能进行规则自协商、问题自校正，趋向整治共同体建设、持续发挥作用方向，即趋向所谓的"打建结合"的"建"并固化阶段，此过程中的纵向机制较之前逐步有所减弱。

第一节　任务环境与组织目标："零投诉"后"总结、完善、提高"

"史上最严"整治两个月后的 2018 年 9 月，该市旅游委召开新闻通气会通报称：自专项行动以来全市受理"一日游"投诉 39 件，同比下降 63%，非法"一日游"乱象基本得到遏制，呈现稳中向好态势。2019 年 1 月，该市《政府工作报告》中首次指出，"严厉打击非法'一日游'，投诉量同比下降 67%，旅游秩序明显好转"。

旅游部门的一组数据显示，从2016年至2019年J市旅游市场相关投诉率分别同比下降了78.7%、41.5%、66.7%、94%，2020年该市首次实现"零投诉"。[①]该市在小组扁平科层型运行期间"一日游"投诉率持续下降的事实，也能从其他途径得到印证，如该市消费者协会自2016年开始连续六年开展"旅游消费市场体验式调查"（即连续六年调查"一日游"强制消费等情况），这期间已给出了积极向好的评价（见表8-1）。媒体的正面报道也相应增加。[②]

表8-1 J市"一日游"强制消费线路占比变化情况一览（2017-2021年）

年份	2017	2018	2019	2020	2021
占比（%）	75	55	26.67	5	0

数据来源：J市消费者协会《2021年J市旅游消费体验调查报告》（2021.8.2）。

还可从更长期的数据来看，2011年至2020年"零投诉"前10年间非法"一日游"投诉量变化情况见图8-1。

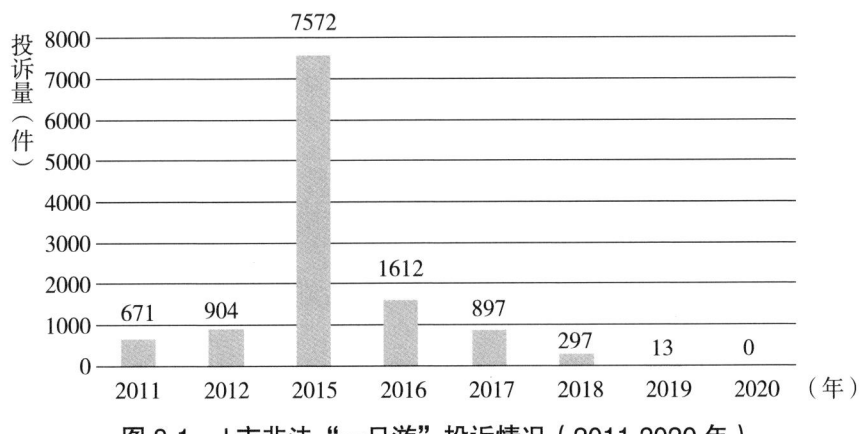

图8-1 J市非法"一日游"投诉情况（2011-2020年）

数据来源：作者根据该市旅游质检所及相关官方报道数据整理。

---

① 可见：沈啸.J市实现非法"一日游"零投诉[N].中国旅游报，2020.12.25.
② 可见此期间相关报道，如吴婷婷.市执法大队一日游科科长李雪：19个国庆节坚守岗位[N].J晨报，2017.10.4.

2020年，该市旅游业逐步恢复甚至走热；到2021年上半年，散客旅游已得到较快复苏。如当年4月，在赴J市BD岭等景区的公交枢纽DS门公交站，上午半天发至BD岭的公交专线达300班，运送游客约万人；"五一"前三天，该市重点监测的202家旅游景区（地区）共接待游客306.9万人次，较2019年同期增长0.3%，而不论是在G宫、Q门、AT公园等热门旅游区域，还是一些能到达代表性景区的公交枢纽周围，都已经很难见到曾经活跃的"黑票提"的踪迹了。[①]

此阶段，该市相关负责人虽还告诫整治小组各部门要保持"高压态势"（特别是在春节、"五一"、"十一"等重要节假日期间），更多的则是强调协同部门之间要"总结、完善、提高"，保证"一日游"整治的"长效常治"——事实上，其分配在非法"一日游"的注意力已随着任务环境情况的好转而有所减弱了。

第二节 小组结构：纵向减弱而横向仍强

前述2017年已颁布的能"兜底"整治非法"一日游"且较之前已更多规定了相关部门职责的新《旅游条例》，成为此阶段小组相关部门协同整治的重要约束性条件。当然，新《旅游条例》并不能直接给出如何有效行政协同的具体答案（事实上也并未超出各协同部门的职责范围）——部门间的有效协作无法完全依赖"法定职责"出台，有效的小组协同仍需在部门相互协商并集体认同中明确主体责任和协同权责——这也是协同议题之所以受到社会科学研究者重视的原因所在：早期研究者认为只要设计好制度和规则就可以处理好行动者之间的关系，而之后的研究者在把"理性选择"等微观行动者带入理论观察才开始关注合作困境。这类似在我国食品安全领域，虽然国家已于2009年通过了相关的食品安全法，但法律的颁布并实施并未遏制食品安全事故多发的情况，仍需相关

[①] 笔者于2021年4月至5月间到以上地方现场调研。其中，DS门调研时间为4月17日，数据来自现场工作人员的统计。

的高层议事协调机构通过协调来统一监管以缓解食品安全事故（赖静萍，2015：174）。新《旅游条例》是重要的约束性条件，同时其能发挥约束性作用也有赖于整治小组继续完善"一体化"程度。

> 新《旅游条例》立法过程中对非法"一日游"的态度就是严厉打击，同时，要以上位法或者其他相关法规为主，即非法"一日游"涉及多个部门，处罚时还会根据各部门的相关法规优先适用，该条例做出一个兜底的罚则规定。①
>
> 新《旅游条例》中对处理"一日游"违法行为的机关表述为"旅游、工商、交通、城管执法"等多部门，是各负其责还是对所有违法行为均有执法权和监管责任并未明确，建议应尽快明确界定工商部门应该处理和不能处理的违法行为以指导分局和基层工商所的工作。②

此期间，在"总结、完善、提高"③的"一日游"整治总体要求中，在控制为代表的纵向机制有所减弱情况下（这包括小组的负责人"回归"为分管副市长等），小组的横向机制继续保持着一定的强度。小组权威依托下，在旅游行政部门与公安等部门共同牵头中，相关部门继续执行《涉旅游领域综合执法八项协作机制》及实施细则等协同规则；在维护J市形象、旅游秩序等方面达成共识基础上，继续固化日常联系、信息交流、情况通报、鉴定检测、案件移送等工作机制，能通过规则自协商、问题自校正的方式，在行动上同时担负起主体责任和联合整治职责——除了执行各自部门的条例外，执行新《旅游条例》，做好案件移交等衔接工作，共同维护J市旅游秩序应该说已逐步成为共识。

> 我们市交通执法总队依据《中华人民共和国道路运输条例》和

---

① 时任J市人大常委会法制办副巡视员语。
② 引自：刘志文. 以基层视角解读《J市旅游条例》[N]. 中国工商报，2017.8.26.
③ 作者访谈记录：WHHLYJ202105。

《J市旅游条例》对旅游运输车辆进行监管：一是对未取得道路旅客运输资质擅自从事旅客道路运输的这个所谓的"黑旅游"进行有效的监管和查处；二是对我们常常说的有资质车辆干了非法"一日游"的事情或者不正规的旅游营运事情就要进行规范和监管；第三个是协同我们相关的职能部门共同去维护好J市的旅游秩序。

我们要总结联合执法的成果，把执法成果要发扬下去，特别是要定期组织各职能部门发挥自己的职能作用，定期的会商，开展联合执法和集中整治，发挥它的作用；要把这个案件移交做好。为什么？我们作为交通执法总队查出来案件或者是旅游类的投诉案件，相互之间要有一个交流，办完案件要移交给它，要把源头治理好。①

该市相关属地政府在此阶段继续完善涉旅的综合监管联合执法机制，如重点区域YQ区（BD岭景区所在区）进行了综合监管（跨部门监管）联合执法专项责任清单等相关机制建设②，其方向和要点可见表8-2。

表8-2　YQ区建立旅游综合监管联合执法机制事项与要点

任　务	要　点
综合监管专项责任清单	"法定职权必须为"、权责要一致。
联合执法证据互认机制	实现执法资源整合，打通旅游市场联合执法核心关口。
跨部门案件移送机制	移送部门要遵循"部门充分履职、权力用明足用尽"；受移送部门对于移送案件不得拒绝，更不得再行移送。
执法信息共享共用机制	依托市行政执法信息服务平台，推动横向互联。
投诉举报快速反应机制	建立受理、调查、处理、传递、回访全程快速反应机制。
涉嫌犯罪案件移送机制	遵循"有案必移、无缝衔接"原则；行政执法部门与公安机关各"向前一步"。

资料来源：作者根据YQ区相关文件整理。

---

① 可见：交通委谈"非法一日游".J之窗，2017.10.17，http://www.beijing.gov.cn/shipin/fangtan/15707.html.

② 可见：《YQ区人民政府办公室关于建立旅游市场综合监管联合执法机制的意见》（Y政办发〔2017〕43号）。

又如，在整治非法"一日游"的重点区域CP区（SS陵等景区所在区，也曾是主要的旅游购物店集中区），为防止形势反弹，还继续于2021年在小组机制下专门出台了《旅游市场秩序专项整治长效机制》等文件，继续固化在"最严整治"阶段行之有效的跨部门执法机制：

> 充分发挥以110警情为牵动的综合执法机制，使旅游秩序综合执法检查常态化，持续加强综合执法力度，对全区范围内涉旅经营场所、过往旅游车辆、旅游从业人员开展日常综合执法检查，第一时间对"黑车""黑导"进行甄别。①

第三节 小组集体行动及影响：趋向常态化的协同行动

此期间，公安、旅游、工商等相关部门协商形成共识的协作机制及实施细则能在一定程度上抑制本位思想、跨越组织边界，克服"无事不碰头、有事才碰头、一事一碰头"；建立定期联席会议，通过会商通报机制共同办理重大案件。协同部门能持续发挥主体作用的代表性例子是旅游警察：在2018年的7月至9月"最严整治"中拘留涉旅违法人员111人；至2019年8月共拘留1900余人，刑事拘留282人；②2020年开展联合执法4610次，破获刑事案件15起，刑事拘留84人，行政拘留256人。③旅游警察在此期间还连续三年会同旅游部门召开全市"一日游"旅行社依法诚信规范经营座谈会；会同交通部门定期组织全市出租车行业座谈会等，旨在通过与相关主管部门协同共同增强涉旅企业的社会主体责任。

---

① 摘自：《CP区旅游市场秩序专项整治长效机制》（C文旅发〔2021〕2号）.
② J市文化和旅游局.市文化和旅游局组织召开全市"一日游"旅行社依法诚信规范经营座谈会.J市文化和旅游局官网，2019.8.5.
③ 至2022年1月（公安旅游支队成立5周年），共刑事拘留500人，行政拘留3800人。数据来自J市公安局环食药旅总队成立5周年新闻发布会情况通报。

> 之前市里多部门召开过旅游商店整治专题工作会，要立案查购物"黑店"的不正当竞争，那些存在问题的购物店现在都在被查着呢。①

我国人民警察法规定了人民警察有维护社会治安秩序，保护公民的人身安全、人身自由和合法财产，预防、制止和惩治违法犯罪活动等职责。该市设立旅游警察应被视为警力向地方经济、旅游行业倾斜的一种姿态和行动，是发挥警察职能作用的正常举动。在非法"一日游"整治的这个阶段，旅游警察的确持续起到了牵头协同监管旅游市场的作用：日常重点景区附近（典型如 G 宫神武门等）都有 110 或综合执法站执守。一些涉事旅游购物店以涉嫌非法经营罪被拘；一些对旅游者实施二次收费的"黑导游"以强迫交易罪被拘。应该说，鉴于非法"一日游"日渐猖獗的形势，在这个"以警治乱"（郑桂玲，2015）或"以严治促善治"过程中，公安部门实际承担着一些"兜底"性工作（张陶然，2019）。总之，此期间，该市能在旅游和公安部门牵头下，在扫黑除恶等重要专项行动中，持续整治以非法"一日游"为重点的"黑旅游"，实现了上级督办的案件和线索"双清零"，还总结形成了涉旅扫黑除恶专项斗争"长效常治"的工作机制②。

要注意的是，该市横向间协商协调机制构建的过程在某种程度离不开纵向机制的支撑。正如该市旅游委与市公安局召开建立旅游执法协调领导小组研讨会就建立健全平级间"自组织"执法协调小组时曾强调的：

> 建立涉旅领导执法协作工作机制发文权威性要高，要充分得到各组成单位认可；旅游执法协调领导小组组长层级要高些且一定要有市领导关注。③

---

① 作者访谈记录：YYJ202105。
② 《2020 年 J 市文化和旅游局工作总结》（2021.1.8）。
③ 可见：J 市旅游委 J 市旅游委、J 市公安局环食药旅安保总队牵头组织召开建立旅游执法协调领导小组研讨会.J 市旅游委官网，2017.8.31。

又如有该类型领导小组经验的某行政人员指出,"还是希望有领导进行下常态化推动的,不然,作为还是作为,但也会有让做什么就做什么的情况(协同部门的主动性、创新性有待提升)"①。可以看到,这与国际上一些优秀企业乃至公共科层组织出现的一些"小组"——其能在各自领域内凭借专业权威自主采取行动,而非等待高层主管下令(汤姆·彼得斯,2012:86-90)有所不同。这也从某种意义上印证了一些跨部门协调的运用会导致部门创新能力和创新意识的下降(Whetten,1981)的发现。另外还需注意的是,在倡导横向部门之间建立信息共享等机制、推进联合监管的过程中,也需要进行对"综合监管的监管",如在旅游部门与公安部门的"行刑衔接"过程,是由检察部门来进行监督和协调的②:

> 我们和公安部门的"行刑衔接",是由检察部门来监督执行的,要对相关部门进行共同考核,大家都不能懈怠。③

在固化长效合作机制的过程中,争取纵向机制支持力度或接受"外力"监督协调还会进行。也要看到,趋向协同制度化的过程是一个呈曲线的过程(可称之为权威依托下的协同曲线):

> 领导重视减弱后,之前达到的合作水平很可能会有所下滑,不过这条曲线下滑到一定程度也会变得平稳些,毕竟在高层力推的过程中相关部门也在学习摸索可行的相互合作形式,现在是强调"底线思维"的啊。④

这种类型较大程度上成为在一定协同制度框架下(包括新《旅游条

---

① 作者访谈记录:GZFGW202010。
② 此期间,J市检察部门明确列出了"黑旅游"所涉主要罪名(非法经营罪、强迫交易罪、故意伤害罪、敲诈勒索罪等)。关于"行刑衔接"的推进相关信息如:DX区召开2020年行刑衔接联席会暨依法行政考核推进会.J市政法网,2020.10.23。
③ 作者访谈记录:DXLYZF202106。
④ 作者访谈记录:JCZF202010。

例》规定的相关行政部门的责权等正式制度），有适当高层领导和联合主责部门协调、有相互认可的协同规则，趋向构建较为有力、相对常态可持续的跨部门治理模式。当然，这个过程中的人员使用乃至机构设置也是会动态调整的。

> 他们（旅游支队）也不是只做这个，还有其他的工作任务，如一些重要会议的安保，还需要备勤（为维护治安稳定大局的做准备）。[①]

如果相关制度刚性不足，或受内外环境发生变化、领导人的注意力转向等影响，该类型也可能会向其他形式转化。整个整治过程中小组成员的变迁情况可见表8-3。

表8-3　J市"一日游"整治中小组相关部门变迁情况

职能部门	部门组织/政策变迁	变迁后的主要职责	与初期分工比较
旅游	2011年由市旅游局升格为市旅游发展委员会。	综合协调，对正规旅行社、导游进行行业管理。	总体未变。
公安	2017年市公安局成立环食药旅总队（含旅游警察）。	查处相关重大违法犯罪活动（如涉黑）。	分工总体未变，实际牵头协同。
城管	2017年城市管理体制改革中明确市城管执法局对相关旅游的行政处罚权等。	集中行使对一般"黑导""黑社"的行政处罚权。	总体未变。
工商	2016年、2017年相继发布相关办法和意见，成立涉旅相关领导小组。	重点是对旅游购物等消费环节查处等。	总体未变。

资料来源：作者根据相关文件整理。

此阶段还值得注意的几个现象是：在宣布实现"零投诉"一年后，该市发布了"十四五"时期旅游发展相关规划[②]，在该规划的"加强旅游相关行业监管"部分中，"严厉打击非法'一日游'，维护文化和旅游市

[①] 作者访谈记录：GAJ201908。
[②] 可见：《J市"十四五"时期文化和旅游发展规划》（2021.9）。

场秩序稳定"仍明确写入——而之前的旅游发展规划的表述情况是这样的：在非法"一日游"较为猖獗的"十二五"时期规划中几乎未提及"一日游"内容；在"十三五"旅游业发展规划中主要是在"行业管理"范围内有所提及——"大力整顿旅行社、导游员市场秩序，打击非法'一日游'"[①]。在"零投诉"后，该市相关部门还协调开展过一些打击非法"一日游"的专项行动[②]，此时所要整治的非法"一日游"与之前针对外地游客进行的"甩人甩团""欺客宰客"为主要特征的非法"一日游"，在内涵上已有所不同了。[③]

本章小结

本章分析了经过"史上最严"整治，非法"一日游"得到有效遏制后整治小组的运行逻辑：2018年该市市长部署历时9个月的整治使"一日游"市场逐步平稳，在任务环境压力得到较大减轻后，纵向机制逐步有所减弱，小组负责人要求相关部门对整治中的协同机制进行"总结、完善、提高"，还出台长效机制等制度来固化"最严整治"中已初步形成的协同机制以防止形势反弹；以资源依赖为重要基础、部门间沟通博弈后的横向协作形式逐渐趋向定格，能通过规则自协商、问题自校正向整治共同体建设、持续发挥作用方向努力——也即趋向所谓的"打建结合"的"建"并"固化"阶段。当然，在此过程中，在一定制度约束下的横向协作也是需要纵向机制做依托的，其变化可谓呈一种权威依托下的"协同曲线"。

---

① 可见：《J市"十三五"时期旅游业发展规划》（2016.6）．
② 可见：彭婧怡等．J市启动非法"一日游"百日专项整治行动．人民网，2021.10.28．
③ 此时所整治的非法"一日游"重点涉及旅行社违反暂停出J和出J游活动的违法违规行为（如相关老年团），其主要目的是把疫情防控风险降到最低，或称"坚决消除由非法'一日游'关联引发的疫情防控安全隐患"。

第九章　领导小组运行的逻辑

在以上四章对"一日游"市场整治的四个典型场景逐个深描并分析基础上，本章对四个子案例进行比对分析，这有助于进一步比较不同任务环境下城市科层组织目标、小组结构特点及集体行动等的差异，认知不同协同类型的呈现与转化规律，进而提炼出整治小组整体运行机制；对小组不同结构呈现与转化的分析是其中的一个重点。具体而言，第一节重点对四个子案例中整治小组结构及集体行动做比对分析，第二节对四个子案例中整治小组协同类型的呈现与转化的特征与机理做分析，第三节对小组历时性运行中的制度约束与变迁做分析，第四节在以上子案例比对分析基础上，归纳了"一日游"整治小组的整体运行机理，还进一步提炼了小组的组织特性，并与一些发达国家的小组做初步的比较分析。

第一节　四个子案例中的结构及行动比对分析

四个典型场景子案例的任务环境、组织目标、结构特征及集体行动等总体比对情况示意可见表9-1。这其中，该市公共部门的组织目标随着"一日游"市场任务环境的变化而发生相应改变的关系是较为显性的：21世纪初，虽然已有相关投诉和媒体报道等，但任务环境压力相对不大，J市政府实际设定了"此类投诉能否下降20%"的一般性目标要求；2008年奥运会申办成功并逐渐临近过程中，鉴于任务环境压力仍在增大（如

表 9-1 "一日游"整治小组的四种协同类型比较

	典型场景	任务环境	组织目标	纵向机制（代表性的）	横向机制（代表性的）	结构特征	集体行动
松散联盟型	新世纪小组成立初期	环境压力相对不大。	"此类投诉能否下降20%"。	分管旅游副市长为组长；初步的任务分工和目标责任制。	"旅游局牵头"弱势"，有效协商协调机制不足，旅游局与工商、公安等部门单边依赖。	整体为权威依托的松散联合。其中，横向组织间关系呈单边依赖的"序列型"。	"联而不合"，牵头部门任往需"请神捉鬼"。
权威依赖型	2008年奥运会前	奥运临近，环境压力继续增加。	"投诉量显著下降"；奥运期间"零投诉"。	纳入"奥运平安工程"等重要工作范畴；分管副市长牵头时，市督查室进行督查。	部门间虽成立协调小组，但平级间资源依赖等关系结构无根本改变。	整体为权威依赖下的有限联合。其中，横向组织间关系继续呈序列型。	"同而不和"反弹快，牵头部门"拉虎皮做大旗"，协同部门间就事论事。
扁平科层型	新《旅游条例》出台到"最严整治"	环境压力继续增加，相关投诉假期达到峰值。	"旅游秩序与建设首善之区不相适应"；对"非法一日游"实行"零容忍"。	副市长同时分管旅游和工商；市委巡视组巡视，开展常态督导；纳入"扫黑除恶"行动；要求工商部门实现"合作新突破"；最终市长部署专项整治。	旅游局升格为旅游委；城管制度化赋权；公安成立环食药旅总队牵头协同；工商出台相关意见并成立相关领导小组；相关部门协商《涉旅八项协作机制》等。	整体为权威领导、横向配合的简约版"官僚制"。其中，横向组织间关系趋向互惠型。	旅游部门与公安专门队伍联合牵头下，相关部门协同"重拳出击"。
资源依赖型	"最严整治"之后	环境压力实质改善。	"总结、完善、提高"，使常态化。	分管副市长为组长（多任重要节假日强调）所减弱。	相关部门各自发挥主体作用；在持续的"一案双查""行刑衔接"中，旅游与公安部门持续"牵头协同"；部门间协作方式在磋商和行动中进一步制度化，规则自协同、问题自校正。	整体为权威依托、制度约束下的横向治理方向。其中，横向组织间关系呈互惠型。	各方既发挥责任又能协同自治；公安部门持续发挥牵头作用；趋向常态化协同。

资料来源：作者自制。

"一日游"由非法经营者组织的占比至15%以上等），市政府提出整治"不走过场"、奥运期间"零投诉"目标；随着该市每年的相关投诉超过千例、央视等主流媒体更多的舆论监督、国家相关监管部门也进行通报等，任务环境压力进一步增大下的该市政府提出"零容忍"目标；而严整后"一日游"投诉逐步下降乃至出现了"零投诉"，在任务环境压力得到较大改善后，市政府提出了"总结、完善、提高"的常态化方向目标等。"一日游"任务环境与组织目标的关系示意可见图9-1——这也是一些地方政府已具有的回应性的重要体现。在对整治小组动力机制（任务环境与组织目标间关系）规律认知基础上，本节重点比对不同子案例中的小组结构及相应的集体行动差异。

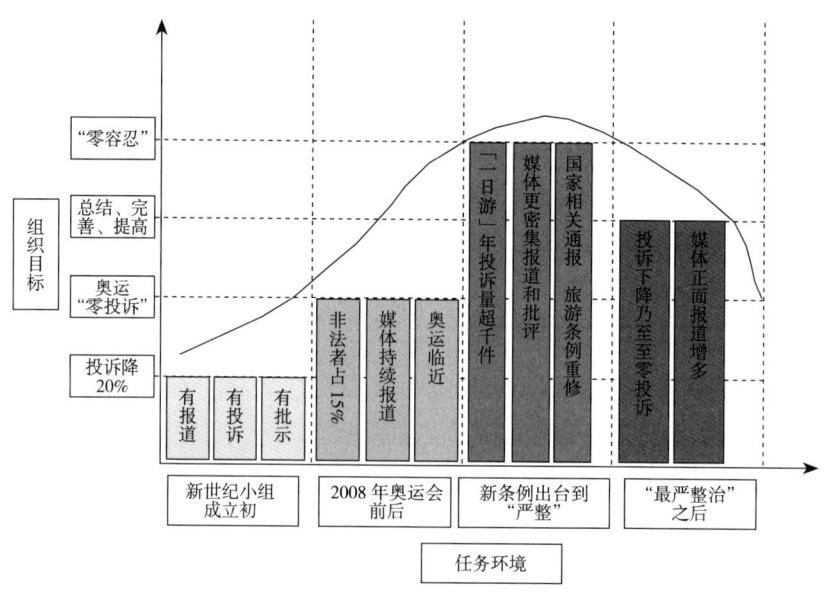

图9-1 "一日游"整治中任务环境与组织目标的关系示意

资料来源：作者自制。

一、整治小组四种不同的结构及行动比较

组织结构权变理论认为，组织目标会影响组织结构，但该理论并不能解释组织目标是如何影响组织结构的（及其结果又是如何等问题）。从四个子案例可看到，在不同场景的不同组织目标下，整治小组均受到以权威控制特征为代表的纵向机制与以平级协调为代表的横向机制共同作

用；在纵横向机制的直接作用下，作为小组运行核心环节的内部协同过程，其实然结构体现出明显的差异性——最终形成"一日游"整治小组不同的实然结构（见图9-2），其进一步影响而产生了"一日游"整治小组不同的集体行动。以下通过这一过程中代表性的机制具体分析整治小组存在的四种不同的实然结构[①]。

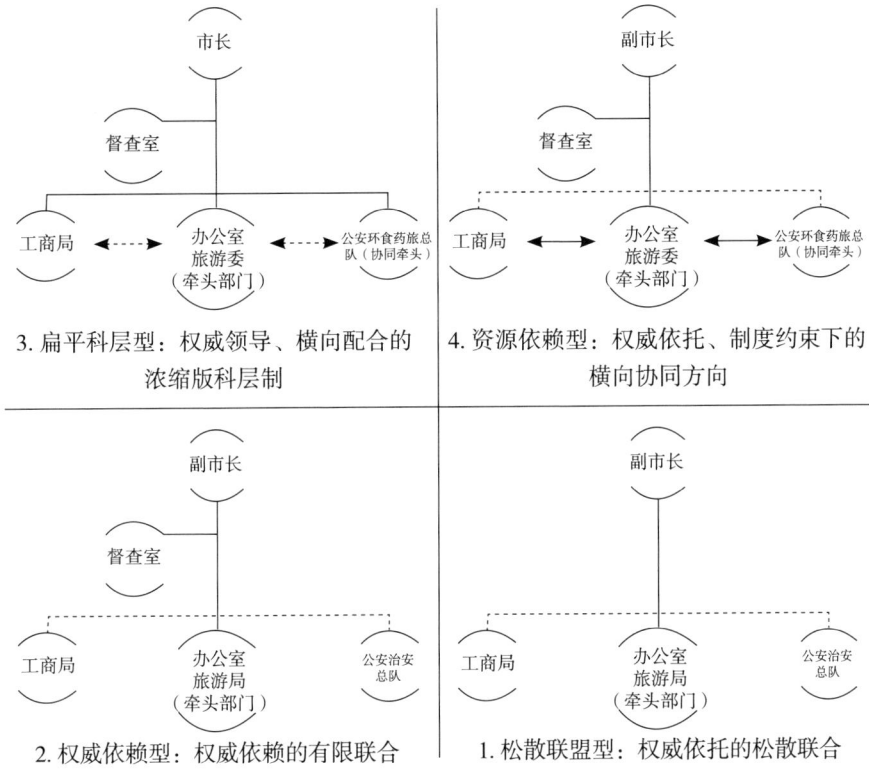

图9-2 "一日游"整治小组结构的动态示意（仅列出代表性的协同部门）

资料来源：作者自绘。

[①] 说明：按照2018年《J市机构改革实施方案》，该市将文化局、旅游发展委员会职责整合，组建文化和旅游局；将原工商行政管理局、食品药品监督管理局等部门整合组建市场监督管理局，上述新组建部门均于同年11月进行了挂牌；鉴于本次统一推进的机构改革对该市"一日游"市场整治格局未有实质影响，在示意图9-2-4中，仍沿用"旅游委""工商局"等名称以便开展子案例比较。

1. 纵向机制与横向机制皆弱的松散联盟型。其结构特征是有限权威依托下的松散联合，本质为多中心下的协调为主（在图 9-2-1 中，小组负责人与牵头部门是实线关系，而小组负责人与协同部门间为非直接领导与被领导关系的虚线关联）；这种类型在理论上可以节省层级统合资源，鼓励横向协调，也是"协调议事机制"的应有之义，不过由于旅游、工商等部门横向间较强的张力存在，其结果往往会呈"联而不合"，集体行动的整体效能较弱。

2. 纵向机制加强而横向机制仍弱的权威依赖型。其结构为权威依赖下的有限联合，代表性的如该市督查部门的介入增强了纵向统合的力量而形成暂时"被协同"，同时，也往往会因横向部门间仍存在的张力而"同而不和"（效果反弹较快），即小组权威在此类需要"团队生产"的整治中往往也会遇到执行困境，也就出现了 2008 年奥运会期间短暂实现协同后较快反弹的现象。

3. 纵向机制与横向机制皆强的扁平科层型。其实质是简化版的科层制（或称扁平化的官僚制），其虽未突破官僚制本身但其技术是有机的（包括减少层级等），因而体现出最强的统合作用（如其集体行动呈现出较为典型的运动式风格），此类型即有研究者所认为的"小组治理"即为"运动式治理"（吴晓林，2009）；可以明显看到，该市市长指挥下的"最严整治"中的小组已经不是矩阵结构了。该类型中的协同部门间已探索开展了一定的协作机制（在图 9-2-3 中，用水平虚线双箭头表示），也同时面临着协作可持续考验。

4. 纵向减弱而横向仍强的资源依赖型。这是在新《旅游条例》等一定制度约束中继续权威依托下的基于旅游、公安部门间的资源依赖基础上的横向协同，其已趋向合作固化的常态化方向发展（在图 9-2-4 中，用水平实线双箭头表示），这类似西方治理理论中强调的横向协调方向。可以看到，该类型与扁平科层型相配合，成了非法"一日游"整治最终取得决定性效果的"组合拳"，这是本土特色的整体政府机制构建的重要形式，也即行政实践中常言的"打建结合"。

进一步具体看权威依赖型与扁平科层型、松散联盟型与资源依赖型两组类型间的区别：

1. 权威依赖型与扁平科层型两种类型均为强纵向机制，它们的主要区别是：前者主要依赖纵向机制，即权威意志导向的命令式，对横向间协同的意愿重视不足或促进其内生动力的建制配套不足。例如，2008年奥运会前的集中治理，高层强调"不走过场"并通过督查室等加强纵向机制，但横向机制变化不大，这影响了整治过程特别是其后的反弹速度和程度。后者不同于前者之处，是在增强纵向机制的同时也注意增进横向机制下开展。如重视对相关协同部门赋权、通过建制等方式进一步明确主体责任和协同责任、推动协同单位"政绩共荣"以减少协调阻力，从而有助于横向间自组织的加强，这较前者相对更能持久。

2. 松散联盟型和资源依赖型均为弱纵向机制，它们的区别主要在横向上。前者在弱纵向机制的同时，旅游部门与工商、公安等部门在横向上的关系为单边依赖（组织间关系呈现出汤普森所言的呈单边依赖的序列型特征）。相比前者的纵向弱横向也弱，后者是在纵向先加强后逐步减弱的过程中、信息共享、案件转移等横向机制同时持续得到巩固：如成立旅游警察并规定其在整治"一日游"中的职责；旅游部门与公安部门等部门间逐步研讨、磋商，最终形成《涉旅游领域综合执法八项协作机制》相关制度，并在实践中自总结、自校正、自完善，因而体现出了横向的可持续性。在这个过程中可看到，公安部门实际发挥了牵头协同旅游部门开展联合整治作用；同时，强化"行刑衔接"又使旅游与公安部门间形成了资源依赖、政绩共荣的互惠型结构，这些使横向间的协调能力得以稳固。

应该说，即使在强纵向机制的类型中，横向机制也是存在的——该市公共组织一直在试图推动平级部门间实现自组织。如2008年奥运会前即推动成立由市旅游局局长任组长，由市公安、工商、交通、城管等部门人员任副组长的"旅游秩序建设工作协调小组"等，但由于其时协同部门间资源依赖不对等、目标不一致等因素而不能发挥出应有功能。可以说，横向机制不能很好建立是小组整体效能不佳或不能持续发挥效能不可忽视的因素。

整治小组这种针对同一市场治理议题会呈现不同结构的情况，在该市处于不同任务环境中的各区旅游市场监管小组架构中也能得到体现①,可见表9-2。

表 9-2　各区"一日游"整治相关领导小组的结构比较

区	组织领导	任务环境
CP	区长任旅游秩序综合整治领导小组组长(并将区国税局、区地税局纳入该小组)。	整治重点区域
DC	副区长为旅游秩序综合整治领导小组组长。	次重点区域
TZ	区旅游工作领导小组牵头的旅游市场综合治理协调机制。	一般整治区域

资料来源：作者根据相关官方文件整理。

二、小组不同结构及行动的其他案例印证

领导小组由于结构不同而产生的行动效果的差异性，在该市涉旅相关领导小组中也有体现。如，在21世纪初，该市相继成立了由同一分管旅游市领导为组长的两个小组：一个为2000年成立的"J市假日旅游工作领导小组"，是该市市委、市政府专门为该市即将到来的"旅游黄金周"而成立，其下辖该市25个委、办、局、总公司和18个区县政府共43个成员单位。②另一个即为治理整顿旅游市场于2002年成立、下辖24个委办局及区县主管领导的"市整顿和规范旅游市场秩序工作领导小组"。两个小组在结构上的一个重要区别是：前者总协调办公室在市政府办公厅，后者则在作为副组长单位的旅游部门，实际的协调效果也不一样（前者可以有效调动旅游、公安、交通、工商等系列部门）。可以发现，相较后者，前者反映出该市对21世纪初即将到来的旅游热的高度重视。两个小组的结构比较见图9-3。

进一步扩展看，该市不同"位阶"议题的领导小组结构中也有较明

---

① 可见官方文件或相关报道：如TZ区人民政府办公室关于印发《GZ区进一步加强旅游市场综合治理工作方案（2018-2020年）的通知》；《CP区旅游市场秩序专项整治长效机制》（C文旅发〔2021〕2号）等。

② 可见：《J市人民政府办公厅转发市旅游局关于做好国庆节假日期间旅游接待工作方案的通知》（J政办发〔2000〕101号）。

显的不同[①]，可归纳为表9-3。

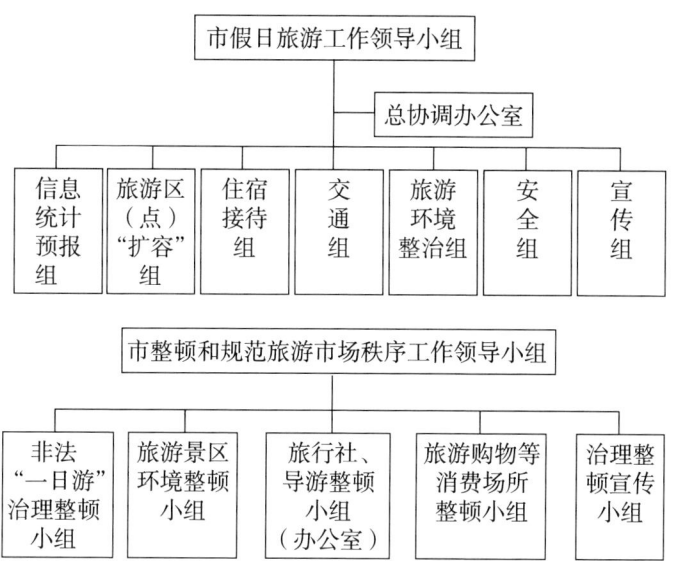

图 9-3　J 市两个涉旅游小组不同结构比较

资料来源：作者自制。

表 9-3　J 市不同"位阶"的领导小组结构比较示意

小组名称	负责人	办公室主任	整合效能
市新冠肺炎疫情防控工作领导小组	市委书记	由主管市卫生健康的副市长担任	最高阶（2020年）
市委"接诉即办"改革领导小组	市委书记	设置在 J 市政务服务局，由市政府副秘书长兼政务服务局局长担任	高阶（2020年）
市"疏解整治促提升"专项行动领导小组	市主要领导	设在市发改委，由该委相关负责人担任	高阶（2019年）
市交通综合治理领导小组	市长	设在市交通委，由该委相关负责人担任	次高阶（2020年）

[①] 可见官方文件或相关报道，官方文件如：《中共 J 市委 J 市人民政府关于进一步深化"接诉即办"改革工作的意见》（2020年10月28日）等；相关报道如：王硕.J 市食品药品安全委员会建完善监管制度.J 日报，2013.12.25 等；其中的 J 市政务服务管理局主要负责统筹推进全市简政放权、放管结合、优化服务改革和行政审批制度改革、协调推进本市政务服务体系建设等八项职责；市交通综合治理领导小组由该市缓解交通拥堵工作推进小组于2018年升格而成。

续表

小组名称	负责人	办公室主任	整合效能
市食品药品安全委员会	副市长	市政府副秘书长,具体工作在市食药监局。	次高阶（2013年）

资料来源：作者自制。

还可以从地方层面进一步看国家层面，如国家层面在不同阶段曾存在着不同结构的旅游协调小组[1]，这些机构"任务差不多，有事就协调开会"（韩玉灵等，2019），被认为对当时旅游业的发展起到了不可替代的促进作用[2]，各自的整合效能也是有所差异的（见表9-4）。

表9-4 国家层面不同结构的旅游协调小组比较

小组名称及成立年份	负责人	参与部门	办公室
国务院旅游协调小组（1986）	国务委员	旅游局等多部门组成	设在国务院办公厅
国家旅游事业委员会（1988）	分管副总理	旅游局等多部门组成	设在国家旅游局（宣传司）
国务院旅游工作部际联席会（2014）	分管副总理	旅游局等多部门组成	设在国家旅游局

资料来源：作者自制。

表9-4中，尽管1986年成立的国务院旅游协调小组是临时机构，但因办公室设在国务院，其整合功能较强；而其后成立的国家旅游事业委员会虽属正式机构，但因办公室设在部门，其整合功能较前者则弱；而2014年成立的部际联席会虽仍有高层牵头，实质上已是以横向协调为主了[3]。

综上，"一日游"整治小组这个新的"行动共同体"会因纵、横向机

---

[1] 可见：《国务院办公厅关于成立国务院旅游协调小组的通知》（1986.3.1）、《国务院办公厅关于成立国家旅游事业委员会的通知》（1988.5.21）等官方文件。

[2] 可见：《中华人民共和国旅游法解读》编写组编.中华人民共和国旅游法解读[M]，中国旅游出版社，2014.

[3] 说明：本节侧重于通过其他案例来印证小组的不同结构会影响集体行动，由于篇幅所限，仅分析了纵向上的结构差异。

制变量的影响而实际存在不同的协同结构及行动模式,即在权威依托的等级制纵向协调为主导因素的同时,横向因素也同样发生作用导致不同协同类型产生——既往对小组结构的不同发现得以较完整解释。进一步看,在既往对小组功能的研究中,一些研究认为其具有较强统合作用而另一些研究认为其呈仪式化。在该案例中,其既具有扁平科层型所产生的合作最大化的一面,也有松散联盟型所导致的合作最小化的一面,也有相关过渡类型,不同功能的呈现也得以解释。

第二节 四个子案例的不同呈现与转化分析

一、呈现与转化特征

可以看到,"一日游"整治小组在应对内外环境中不断进行着内外适应:外在因素始终影响其内部调试与协同类型转化,如任务环境压力越大,科层组织越会促进组织一体化(包括打破常规促进合作);而外部环境影响下的小组运行体现为一个内部不断调整而"不同呈现"的过程,本案例的四种类型存在总体依次出现与微观交替出现两方面。

(一)总体依次出现

纵观整个"一日游"市场整治典型场景,四个小组协同类型大致是依次出现的。从松散联盟型走向资源依赖型过程中横纵向协调力变化的规律看,一方面表现为学界较有共识的权威依托下的等级制纵向统合为主导的特征;另一方面,横向机制在其中有不可忽视的作用,同样影响着协同类型的变化。相比在松散联盟型中纵向机制和横向机制皆弱的情形,其后几个类型中纵向机制力度先加强(至最强)后减弱,而横向机制表现为由弱到强不断增加(至平稳)的过程。到了扁平科层型中,"小马难以拉大车"的旅游局已成为协调能力有所增强的旅游委;公安部门成立了全国首个环食药旅总队并与旅游部门协同牵头,城管部门也有了旅游相关制度建设等。在走向资源依赖型中,协同部门从"硬件"升级到进一步开展交互式协商固化协同机制。在该过程中,"纵向"也在试图推动"横向"以形成自组织,如2008年奥运会期间具有调解矛盾功能的督查机构（陈家建，2015）的介入，而横向机制（自组织）是在不断互动博弈中、基于资源依赖结构才最终得以实现的。总之可看到，该历时性发展过程中，纵向机制先加强后减弱，横向机制总体呈上升并转平滑曲线过程。

（二）微观交替出现

正如马克斯·韦伯所强调的现实是"理想类型"的"结合、混合、调试和修正"，纯粹类型的功能在于提供"概念指导"，从而有助于确定一个具体案例到底最为接近何种类型的支配（黄宗智，2020：371-373）。因而也要注意到，从阶段场景看，作为"理想类型"的四种小组协同类型又存在交替现象。正如跨部门的常规治理与非常规治理是交替进行的（而非替代的），扁平科层型产生强治理后向常态化努力与常态化努力后的强治理也会有交替现象，如2008年奥运会高压态势减弱后，升格成立了由市原副秘书长为首的旅游委，希望发挥其协调作用，做常态化努力。又如成立环食药旅总队等后启动了新一轮具有运动式特征的集体行动。可以看到，未能形成有效的横向机制始终影响协同效能曲线的走势（小组协同效能是一条蜿蜒的曲线）。

二、呈现与转化机理

不同类型的转化与小组集体行动影响的反馈机制有密切关联，这种反馈会作用于任务环境乃至协同制度环境等两个层次。在纵横向机制作用下的小组协同行动会产生相应影响，其首先会作用于组织任务环境进而引起组织目标发生改变；从长期看，还会进一步导致相关协同制度等外环境的改变，也即小组运行导致其结构环境发生改变。具体看，首先直接作用于任务环境（代表性的如影响任务环境中的治理客体）。经历"联而不合"的松散联盟型运行后，非法"一日游"从业者增加了适应能力；经历了权威依赖型运行后，治理客体也有了"政治意识"——集体执法效果的边际效益也因此递减。例如，在整治过程中，非法从业者一度根据监管部门的监管方式形成了"三个规范"来应对打击：运营车辆规范（使用正规车辆进行非法行为）、随团导游规范（车上都由佩戴导游证的正规导游进行讲解）、组织模式规范（通过冒充正规旅行社，伪造出团计划等），这些都增加了小组治理难度。任务环境的压力继续增大，促使该市政府组织目标改变，即把治理非法"一日游"议题进一步中心工作化——强化纵向机制或横向机制以实现内部一体化，由此，一种小组协同类型向另一种类型转化。从长期看，小组集体行动的效果会引起小组运行所处的协同制度环境改变，如从早期相关制度有较多"相斥"的该市《旅游管理条例》（旧《旅游条例》）变迁到2017年出台专门的、与其他监管制度在较大程度上相统一且能"兜底"的《J市旅游条例》（新《旅游条例》）。

可以说，非法"一日游"整治不同类型转化是整治小组各要素反复互动，乃至协同行动者与制度互构的产物。从深层次原因看，权威依托的等级制纵向协同主导特征与协同生成机理所需的自发性间存在一定张力；或者说，本土制度环境所要求的权威依托合法性与"一日游"整治任务环境所需要的灵活适应性存在一定张力；其也会导致整治小组在现实运行中的不稳定性，可能会在松散联盟型的"合作最小化"与扁平科层型的"合作最大化"间摇摆。

三、小组运行类型转化的其他案例印证

以下先分析两个其他代表性旅游目的地在小组机制下实现协同类型转化的案例：一是云南昆明旅游市场整治向扁平科层型转化，二是海南三亚旅游市场整治向基于资源依赖的常态化转化。之后，还以旅游市场整治案例之外的其他历时性案例来证明本研究发现的解释力。

（一）云南昆明2017年以来建立的"高位统筹、协调联动，形成合力"的"最强旅游整治模式"是一个可以印证领导小组会由松散联盟型（或权威依赖型）向扁平科层型运行转化的代表性案例

旅游大省云南的旅游市场问题一度较为突出，强迫消费、辱骂游客等违法现象被频频曝光。在国家旅游主管部门等五部委联合进行督查并通报情况等背景下[①]，该省于2017年在主要负责人主导下出台了被称为

---

① 可见：云南省人民政府. 加强旅游市场综合监管，全面提升旅游服务质量. 旅游调研（国家旅游局主办内部资料），2016，396（1）.

城市跨部门治理中的领导小组

"史上最严"的旅游市场秩序整治"22条措施",在全省16个州市及重点旅游县(市、区)建立了以政府"一把手"为指挥长的旅游综合监管调度指挥部。①其中,省会昆明推进建立了"1+3+N+1"旅游市场综合监管机制,成立了对应的调度指挥部②:在纵向机制方面,由市政府主要领导担任指挥长(之后还增加市委政法委书记为副指挥长来主要负责涉旅大案要案查办);明确由分管公安的副市长主抓旅游市场秩序整顿等;同时,还要求监察部门制定《昆明市旅游综合监管考核评价暂行办法》,把有关部门履职情况作为监督检查的重要内容,即发生重大涉旅事件时即启动监督、问责程序。③在横向机制方面,"为建立健全综合协调、联合办案、投诉受理、信息共享"的综合监管机制,旅游市场监管综合调度指挥中心常务副主任由市旅发委主任担任,市工商局副局长等相关部门负责人同时为指挥中心副主任;在已有所属旅游部门的监察支队基础上,市公安局还按照"依法合规、试点突破、编制内调、归口管理"的原则成立旅游警察支队;市人民法院设立旅游巡回法庭;市工商局新设立一个处室专门处理相关案件。④在具体运行中,一方面从旅游、公安、工商、交通、物价、食药监、网信等部门抽调人员专职负责市指挥中心工作(即"物理整合"),另一方面不断建立健全协同部门间的综合协调、联合办案、投诉受理等综合监管机制(即"化学整合")。总之,该市通过以上既增强纵向机制又增强横向机制来强化小组部门协调、联动执法,发挥多个涉旅执法部门职能作用,提高旅游市场执法监管效率,共同维护旅游市场秩序,也取得了较之前明显的"压倒性态势"整治效果⑤,如"最

---

① 可见:《云南省旅游市场秩序整治工作新闻发布会》,云南省人民政府官网,2018.4.16.
② 可见:李思凡.昆明全面推进"1+3+N+1"旅游综合监管机制[N].昆明日报,2018.8.22.
③ 《云南省人民政府关于印发云南省旅游市场秩序整治工作措施的通知》(云政发〔2017〕19号).
④ 可见:西双版纳州官网发布的《西双版纳州工商局组建成立旅游市场监管科》相关通告:根据《中共云南省委机构编制办公室关于明确设置工商旅游市场监管机构审批程序的通知》(云编办〔2016〕194号)在工商部门设置专门的旅游市场科室的相关要求,西双版纳州工商局组建成立旅游市场监管科(2016.12)。
⑤ 可见:佚名.出台史上最严"22条措施"两年 云南旅游市场整治压倒性态势已经形成.云南旅游政务网,2019.4.16.

高峰时一下抓了42个购物店负责人"①。

(二)海南三亚2014年后实施的常态化旅游市场小组整治机制是一个可印证小组会由扁平科层型转化为权威依托、一定制度约束下的资源依赖型的代表性案例

著名旅游城市三亚前期已建立起旅游警察、旅游工商局等监管机构②,同时,相关涉旅整治小组作为临时性机制;按照《关于成立三亚市旅游市场和环境综合整治工作领导小组的通知》(三府〔2014〕187号)和《三亚市旅游市场和环境综合整治领导小组办公室关于印发三亚市旅游市场综合整治工作方案和三亚市环境综合整治方案的通知》(市整治办〔2014〕1号)要求,该市政府于2014年成立由市主要负责人任组长的相关整治工作领导小组,成为统筹全市旅游市场综合整治工作的常设机构;领导小组下设的办公室(简称"市整治办"),依托该市12301旅游调度指挥中心,与各区、各部门执法力量建立协同联动机制,将各部门旅游执法力量与各区的属地管理进行无缝对接,形成治理旅游市场的合力以共同规范旅游市场。在这个过程中,除了制定了《三亚市一日游管理暂行办法》《三亚市旅游购物点经营规范》《三亚市水路旅游运输管理办法》等7个针对治理客体的管理办法外,还推进了重在固化部门间常态化的协同机制的《三亚市旅游市场综合整治工作机构常态化工作机制》等制度建设,其内容包括系统建立联合执法制度、督办制度和旅游警察协助制度等8个统筹协调工作机制。在此阶段的实践被认为较稳定地实现了该市治旅的"一盘棋"(国家旅游局,2018:325)。

旅游市场案例之外的其他历时性案例同样也能支撑所发现的小组运行类型转化规律,如在徐岩(2015)研究A市17年"创卫"案例中显示了一些类似事实:A市从1992年成立"创卫"指挥部及办公室启动"创卫"工作。在第一阶段中,尽管从纵向上看,爱卫会主任的权威性已经

---

① 作者访谈记录:KMZHJG202302。
② 可见:海南省人民政府.深化旅游体制改革旅游,增强产业发展活力.旅游调研(国家旅游局主办内部资料),2016,396(1).

很高（由市长担任），但横向上存在短板——负责协调的爱卫办自身"级别不高"，"没有实权，不像城管"，"不能调动需要协同的力量"，因而该市"创卫"在此阶段没有明显成效。2006年后，该市在纵向机制上提升为由市委市政府共同主导的同时，更在横向机制上通过成立由城管办牵头，实行城管办、爱卫办、三创办联署办公等措施来增强横向"创卫"力量，最终取得第二阶段的成功（见表9-5）。

表9-5　A市"创卫"领导小组类型转化情况

时间	组长	牵头部门及办公室	行动效果
1992-2006年	市长	由"没有实权"的爱卫办承担。	未成功
2006年之后	市委书记	城管部门牵头，城管办、爱卫办、三创办联署办公。	成功

资料来源：作者根据相关文献整理。

第三节　四个子案例小组运行的不同制度约束与变迁分析[①]

制度是"稳定的、有价值的和经常性的行为模式"，最好被理解为"游戏规则"（周雪光，1999）；"良法是善治的前提"，协同相关制度也是政府协同行为基本的结构性约束。从制度与机制的关系看，制度作为社会的博弈规则定义和限制了个人的决策集合，机制所表述的是博弈规则的事实问题（诺斯，2014：329）。相较制度来说，机制更具有灵活性、技术性和可操作性。制度是对"规则"的定义，机制则是依托于"制度"、对"规则"的不同运行方式和程式进行诠释。本部分主要在历史制度主义（Hay & Wincott，1998）指导下，关注影响非法"一日游"整治小组运行的不同协同制度及其变迁，重点是分析法律这种最能有确定预期的正式制度的变迁——其是如何从主要约束市场主体（而不能有效约束监

[①] 本部分相关成果曾以《路径依赖、关键节点与北京旅游市场监管制度变迁——基于历史制度主义的分析》为题在《北京联合大学学报（人文社会科学版）》2022年第3期刊登。

管主体)演变到同时约束市场主体和相关监管主体的。

制度往往是行政实践的"固化",而"一日游"市场整治小组运行是在与整治密切相关的协同制度下进行的。可以看到,早期的整治小组运行(如第一、第二个子案例阶段),是在一个制度"交叉相斥"的环境下运行的:早期的《J市旅游管理条例》(旧《旅游条例》)一方面在其总则中规定旅游部门及"有关部门"的监管责任,也明确指出旅游经营者需接受旅游部门的监管。同时,"有关部门"的既有法规也规定了相应的权责,如《不正当竞争法》规定了商业贿赂查处部门为工商局。在这种情况下,"有关部门"客观存在选择性监管、选择性执法的空间,如工商部门既可以旧《旅游条例》规定的旅游经营者受旅游部门监管为由,对旅游购物中的商业贿赂行为少作为;也可以在必要时,以旅游购物中的违法行为违反《不正当竞争法》来查处(如其较早曾对BD岭附近的"秦始皇艺术宫"进行相关查处[①]就是较典型的案例)。而由整治小组经过松散联盟型、权威依赖型等运行影响(其集体行动的负反馈导致非法"一日游"愈演愈烈)最终产生的《J市旅游条例》(新《旅游条例》),演变为一个"破旧立新"的制度[②],其除强化提升"违法成本"外(如规定违反相关条例"由旅游、工商、交通、城管执法等有关行政部门责令改正、没收违法所得……构成犯罪的,依法追究刑事责任"等),在跨部门方面特别是横向机制上进行了重点"着墨"。在强化了纵向上政府责任的同时,更进一步明确了工商、城管等协同部门的监管责任;同时指出涉及依据的要以相关依据为大,新《旅游条例》起到一个"兜底"的作用;还明确规定了部门间的衔接机制。具体分析如下:

一、以旧《旅游条例》为代表的小组运行环境分析

20世纪末,"为了彻底改变J市旅游业无'大法'可依的局面",该

---

① 可见:孙健生,王合全.商业贿赂,秦始皇艺术宫栽了[J].北京工商管理,1996(08).
② 可见:修订《J市旅游条例》课题组.J市旅游立法亟须解决的问题与对策研究[A]//J市旅游学会.J市旅游发展报告(2015)[M].社会科学文献出版社,2015.

市旅游行政部门开始着手起草"全行业"的管理法规——《J市旅游管理条例》；最终于1999年4月颁布了直接与旅游业相关、涉及市场监管的该市第一部地方性法规，也被认为是在全国率先实施了对旅游的全行业管理[①]。可以看到，该条例的核心是旅游部门进行"行业管理"，即希望把涉及旅游产业链上的相关经营体都加以管理，而与同时期其他行业主管部门主导的地方法规相类似，旧《旅游条例》也不可避免有重"部门"重"管理"的痕迹。例如：《J市旅游管理条例》总则第五条规定了"市和区、县旅游行政管理部门负责依照本条例对旅游经营行为进行监督管理，维护旅游市场秩序"，同时规定"市和区、县人民政府有关行政管理部门在各自的职责范围内，对旅游业进行管理"；而在"旅游管理"章主要着重对旅游从业人员的管制，只在该章第二十九条提及"旅游经营者应当接受旅游行政管理部门和有关管理部门的监督管理"。另外，在"旅游促进"章第八条规定，"市人民政府建立旅游工作联席会议制度，统一研究旅游发展的方针、政策，协调解决旅游工作的重大问题"。可以看到，其时的旅游条例很难突破已有的国家及地方法律规定的权力分配格局，是普遍部门法倾向下的妥协产物（陈卫民，1999）。此条例后虽经2004年、2010年两次修订（修订的一个重要动因也是非法"一日游"问题[②]），在旅游监管机制方面并没有较大突破——也即制度变迁理论所谓的"路径依赖"，这为旅游市场监管职责不清留下了空间。

二、以新《旅游条例》为代表的小组运行环境分析

在历经了第一子案例的"联而不合"、第二子案例的"同而不和"等阶段整治，特别是"刀游"事件等非法"一日游"负效应愈演愈烈后，《J市旅游条例》应运而生——用制度变迁理论解释，即是在"关键节点"上产生的制度突变，该条例在规定了加强对非法"一日游"管制、提升违法成本的同时，有较多涉及部门间协同的新制度条款产生。基于对

---

① 可见：在J市首次旅游产业发展大会上，时任该市副市长所作的《以科学发展观为指导，推动J市旅游产业又好又快发展》报告（2008.12.2）。

② 2004年该市在成立专门领导小组希望系统解决"一日游"问题时，就拟在《J市旅游管理条例修正案（草案）》中增加治理"一日游"的相关条文。

"旅游业是综合性产业，很难也不应当确定一个部门为主管部门"，"旅游执法的部门化、碎片化与非法利益链的紧密性不相适应，重点在于完善工作机制"等认知[①]，新《旅游条例》在总则第五条规定："市、区人民政府应当加强对旅游工作的领导，统筹旅游行政部门和其他有关部门，按照各自职责做好促进旅游业发展和相关监督管理工作。"并在"旅游监督管理"章中分三条从政府制定责任清单、建立健全旅游综合协调，统一受理投诉，部门协同机制等方面提出涉及"纵向""横向"的具体责任[②]，即除了规定该市政府加强领导的纵向责任外，还规定了横向间所涉及部门及其应有的协作机制。值得注意的是，在旧《旅游条例》中涉及其他行政部门时多用"有关"一词替代，而在新《旅游条例》中，则较明确地指出了诸如工商、交通、公安等具体部门。

其中较具代表性的是该市工商部门在其中的职责得到更多更具体体现：旧《旅游条例》明确提到工商行政管理部门的条款只有第六十一条（其要点是有损害旅游者合法权益的，由旅游部门进行相关处罚；情节严重的，责令整改或者提请工商部门吊销营业执照）。而在新《旅游条例》中，仅在"法律责任"一章中，明确提到工商部门且由工商部门履职的条款就达五条（规定了由工商部门处理的违法行为及对应罚则），意味着在整治旅游市场乱象中的工商部门"将有更有力的法律武器，也要担负更多的监管责任"[③]。新旧《旅游条例》对政府及相关部门在跨部门中职责规定情况比较可见表9-6。

---

① 可见：李小娟. 市人大法制委员会关于《J市旅游条例（草案修改稿）》审议结果的报告（2016.11.23）.
② 新《旅游条例》把"旅游经营"与"旅游监管"分开成章，而旧《旅游条例》则统一为"旅游管理"章。
③ 可见：刘志文. 以基层视角解读《J市旅游条例》[N]. 中国工商报，2017.8.26：3.

表9-6 新、旧《旅游条例》在跨部门监管职责方面规定情况比较

	《J市旅游管理条例》（旧条例）	《J市旅游条例》（新条例）
总则表述	第一章 总则 第五条 市和区、县旅游行政管理部门负责组织、协调本行政区域内旅游规划的编制、旅游业促进、旅游资源开发与保护、旅游教育和培训工作，依照本条例对旅游经营行为进行监督管理，维护旅游市场秩序；市和区、县人民政府有关行政管理部门，在各自的职责范围内，对旅游业进行管理。	第一章 总则 第五条 市、区人民政府应当加强对旅游工作的领导，统筹旅游行政部门和其他有关部门，按照各自职责做好促进旅游业发展和相关监督管理工作。
旅游监管相关章表述	第四章 旅游管理 第二十九条 旅游经营者应当完善内部管理制度，加强对从业人员的法制教育、职业道德教育和职业技能培训，不断改进和提高服务质量。 旅游经营者应当接受旅游行政管理部门和有关管理部门的监督管理。	第五章 旅游监督管理 第六十条 市、区人民政府应当制定旅游市场综合监管责任清单，建立健全旅游综合协调、旅游案件联合查办、旅游投诉统一受理等综合监管机制，统筹旅游市场秩序整治工作。 旅游行政部门负责统筹旅游市场综合监管的指导、协调、监督等工作。 第六十一条 市人民政府应当明确旅游投诉统一受理机构，公布旅游投诉监督电话和网站等信息。 统一受理机构接到旅游者投诉、举报后，应当及时调查处理；按照旅游综合执法职责分工应当由其他部门调查处理的，统一受理机构应当在三个工作日内移送有关行政部门处理，并将移送情况告知旅游者。有关行政部门应当将处理情况向旅游者反馈。 第六十二条 旅游、公安、交通、工商、质监、安全监管、食品药品监管、城管执法等有关行政部门，应当完善证据收集规则和互认标准、案件移送程序、跨区域违法行为处理规则以及旅游执法信息共享机制，建立对投诉、举报案件的快速反应机制，提高旅游执法实效。有关行政部门在监督检查中发现旅游违法行为涉嫌构成犯罪的，应当及时移送公安机关。

资料来源：根据《J市旅游管理条例》（2010年修正）和《J市旅游条例》（2017年）整理。

三、其他跨部门治理领域制度变迁案例印证

国内食品监管也是一个典型的跨部门监管领域,其跨部门协同制度的变迁体现了类似上述旅游市场整治中协同制度变迁的规律。早在第一部以卫生部主导的综合性食品安全法律文件《食品卫生管理试行条例》(1965年)中,我国就提出了各食品卫生管理部门要"密切配合、互相协作"的原则性要求,但由于涉及部门多且交叉重叠等原因,导致在现实监管中部门间配合的各种问题产生。受食品监管集体行为的负反馈影响而于2009年颁行的食品安全法,不仅重申食品安全监管部门应当"加强沟通、密切配合"的原则,而且较之前提出了更多协调合作的具体要求,所涉条款有20多项,占食品安全法全部条文的近四分之一(马英娟,2015)。如该法第四条即明确规定:国务院设立食品安全委员会……国务院质量监督、工商行政管理和国家食品药品监督管理部门依照本法和国务院规定的职责,分别对食品生产、食品流通、餐饮服务活动实施监督管理。

又如,在我国药品监管领域也有类似由于部门自主性等存在而相关制度规定模糊、在部门博弈中导致制度(政策)变迁的情况。如在20世纪80年代,地方上的化工、商业等部门都纷纷自"封"为药品生产经营主管部门。作为对上述的妥协,我国1984年颁布的药品管理法只是笼统规定了"药品生产经营主管部门",并未明确医药管理部门职权的法定定位(医药管理部门有名无实)。之后的1986年,国家经委、国家医药管理局(其时为国家经委之下的行业主管部门)向国务院提出《关于明确国家医药管理局为药品生产经营主管部门的请示》,得到国务院确认后,国家经委正式发出《关于明确国家医药管理局为药品生产经营主管部门的通知》,医药管理部门的地位才正式明确(刘鹏,2011),而相关监管冲突也并未因此完全消失(权力依然分散在许多部门中)。

当然,正如合作困境在组织社会学和管理学的早期研究中曾是一个被忽略的问题(其时学者认为,科学设计的制度和规则体系完全可以处理个体间的关系,因而合作议题不再重要而重要的是制度),之后,随着"理性""理性选择"等微观个体行为被带入理论观察的领域后,学者才开始重视合作困境。应该说,上述"一日游"市场法律制度的变迁与新

制度的形成提供了一个更能约束协同主体的框架，但整治小组不同协同运行类型的呈现直至形成高效的统合类型最终是在纵、横向机制互动中实现的。

第四节　小组运行整体机制与核心特征

一、"一日游"整治小组的整体运行

综上所述，从"一日游"整治中四个不同场景的任务环境、组织目标、小组协同类型呈现与转化情况、相应的集体行动及反馈等运行链中，可归纳出整治小组的一般运行逻辑：为应对变化中的"一日游"市场相关任务环境，处于多任务结构中的 J 市治理主体形成整治目标并能进行转化，进而对整治小组结构进行动态调整以整合内部资源、实现对非法"一日游"的治理过程。这其中，小组内部"一体化"过程受纵向机制主导的同时横向机制也同时产生作用，纵、横向机制共同作用最终形成四种小组协同类型及相应集体行动。小组集体行动通过反馈机制影响于外环境，甚至会导致协同行动者与整治"一日游"相关制度的互动与互构。从这个过程中体现出的环境—目标—结构—行动及影响间的非线性互动规律，特别是四种不同协同类型的呈现和转化特征，可发现"一日游"整治小组运行存在着的"同一逻辑"，即以"环境驱动、目标转化、制度约束、权威依托、纵横作用、不同呈现"为运行整体过程，以"多重环境影响、纵横机制作用下的结构动态化呈现"为核心特征。具体主要包括作为外适应的动力机制，作为内适应的过程机制，链接两者的反馈机制及协同约束机制。

整治小组的产生及运行动力，来自该市科层组织目标与任务环境的外适应，即小组启动客观源于非法"一日游"跨界问题存在，该问题越复杂客观上越需要跨部门合作。由于非法"一日游"问题的流动性和关联性，在该市现行行政体制下，包括旅游部门在内的单一部门无法实现对其实施完整的监管和执法。响应与稳定政绩相关的任务环境、服务中心工作目标是作为整体的该市政府启动领导小组并使其持续运行的动因。

任务环境对科层组织施加的压力越大——如从一般游客投诉量的增多、到 2008 年奥运会前的"平安奥运"要求,直至 J 市发生"刀游"事件后包括权威媒体等发出的社会舆论压力——该市公共科层组织越会在多任务结构中分配更多注意力,"一日游"整治小组也会在小组众多的任务结构中从边缘走向中心,即该治理议题"中心工作化"过程中推动小组强化整体性乃至打破常规最终实现纵、横向的一体化。

整治小组的内部运行过程,是 J 市科层组织外适应下的内适应过程。"一日游"整治小组作为具有适应性特征的组织,要实现其内部的整合,可通过纵横向两种机制:纵向机制以小组负责人(乃至科层组织主要负责人)与小组牵头部门及成员间自上而下的命令—服从关系为主要特征(如限期整顿的各种批示、加强督查等压力传导),这是实现小组整体性的主导因素;横向机制则以整治小组平等主体间的协调协商为主要特征(如增强了协调能力的旅游委与旅游警察间的磋商与博弈等),其嵌入整治小组中并对其整合同时产生了不可忽视的作用。应该说,后者的作用是有大量经验证据的,即横向部门间有效的协调协商也是各地能持续协同整治旅游市场所必需的(如张家界等旅游城市制定和实施的相关跨部门协商制度[①],在其他跨部门治理领域也有较多体现等)。总之,在纵、横机制直接互动作用下,该市旅游整治小组内实际上形成四种不同的结构及协同行动类型可见表 9-7。

最后(也是较为潜在的),整治小组集体行动的影响通过反馈机制链接了内外适应:在纵横向机制作用下的整治小组集体行动会产生相应影响,并作用于非法"一日游"整治的任务环境,进而引起该市政府组织目标发生改变,还会进一步导致相关协同制度等外环境的改变,也即整治小组的运行导致其结构环境发生改变。具体如前述,其一是直接作用于外环境并导致"一日游"市场任务环境的压力变化,并能影响该市政府组织目标的改变,即非法"一日游"整治进一步"中心工作化",增强纵向或横向机制以实现小组内部一体化;其二是不同类型的整治集体行

---

① 可见相关官方信息:如张家界市印发《旅游市场监管职责和管辖机制》等六个涉旅秩序工作机制的通知(张旅委〔2018〕3 号)。

动引起旧《旅游条例》等相关协同制度改变并最终产生新《旅游条例》，这则是一个相对缓慢的过程，是"一日游"整治小组的集体行动和小组运行结构的相互建构过程。

表 9-7 "一日游"整治小组运行的"纵向控制—横向协调"分析

		整治小组的纵向控制机制	
		强/加强	弱/减弱
整治小组的横向协调机制	强/加强	3. 扁平科层型 典型场景：新条例后至"最严整治"。 任务环境：环境压力继续增加。 组织目标：对非法"一日游""零容忍"。 纵向机制：最终成为主要负责人领导的"一把手工程"。 横向机制：趋向互惠型依赖关系。 结构特征：权威领导、横向协调。 行动特征：部门发挥主体作用并能联合"重拳出击"。	4. 资源依赖型 典型场景："最严整治"后。 任务环境：环境压力减小。 组织目标："总结、完善、提高"，促常态化。 纵向机制：高压态势减弱，副职为组长。 横向机制：固化互惠型依赖关系。 结构特征：权威依托、横向治理。 行动特征：公安部门持续协同牵头，110警情牵动的综合执法机制。
	弱/减弱	2. 权威依赖型 典型场景：2008年奥运会前后。 任务环境：有损形象，环境压力增加。 组织目标：投诉量显著下降，奥运会期间"零投诉"。 纵向机制：纳入重要工程、督查室督查。 横向机制：部门间关系结构无实质改变。 结构特征：权威依赖的有限联合。 行动特征："一事一议"，"同而不和"，反弹快；牵头部门需"拉虎皮做大旗"。	1. 松散联盟型 典型场景：21世纪初小组成立。 任务环境：游客有投诉，环境压力相对小。 组织目标：回应环境但非事实的中心工作，"此类投诉能否降20%"。 纵向机制：市分管旅游副职为组长。 横向机制：旅游、工商等为序列型关系。 结构特征：权威依托下的松散联盟。 行动特征：小组机制下的"联而不合"，牵头部门往往需"请神捉鬼"。

资料来源：作者自制。

二、小组结构的动态性与功能的适应性

组织结构权变理论把组织区分为机械式（刚性）组织和有机式（弹性）组织两种极端类型，其各自存在于不同的任务环境中。通过案例研究可以发现，跨部门治理中的整治小组是一个既不同于机械组织也不完全等同于有机组织的混合体。一方面看，它不同于传统的机械组织，有类似适应性组织的部分特征。其为应对任务环境、实现小组一体化整合，能在控制和协调之间灵活变换，能呈现出不同的结构；同时还看到，小组总体上因有"领导挂帅"在理论上呈现出"强矩阵"的特征，而在实际行政环境运行中又会有不同的呈现。如从主导内部变化的关键因素纵向机制看，代表性的如小组负责人及小组办公室的配置：当纵向机制弱时（如小组负责人"低配"，小组办公室放在平行的部门特别是弱势部门情况），其实际上是西方治理理论意义上适应跨部门协同治理需要的横向协调为主的组织；而纵向机制强时（如负责人或小组办公室"高配"），主体是控制为主的组织——当然，横向机制在其中也同时发生作用因而会呈现出四种协同类型。相应地，这个体现出结构动态性的"魔方"实际运转也体现出动态的效能："弱纵向弱横向"时是最低效的，理论意义上其时是依托一定领导力、横向协调方向的协同治理（这也是议事协调机制的原有之义），这能节省领导力资源，但因横向间的张力等原因未能实现应有的集体行动效果。以"强纵向强横向"应对复杂情况时其效能至最大。这时已成为扁平化科层制组织而非矩阵了，也产生了所谓"老大难、老大出面就不难"的效果。这也是其实际效果同时存在"高效统合"和"花架子"两端的基本解释。

另一方面看，其又有别于理论上的适应性组织应具有的低复杂性、低正规化、分权化等组织结构特征，或者说不同于一些研究者提出的高度复杂化和不确定性社会需走向的"合作制组织"（张康之，2019），仍始终有机械组织所具有的诸如权威依托等特征。其深层次原因，可用与组织结构权变理论具有互补的制度理论来解释：制度学派区分了不同于技术环境的制度环境，两种环境对组织的要求常常是相互矛盾的。技术环境要求组织按效率原则，而制度环境需要组织遵从合法性原则，最终

决定组织结构的是其制度环境，而组织的一个重要对策就是把内部运作和组织结构分离开来。在小组机制中，从技术环境或任务环境看，需按照效率原则实行适合跨界问题的适应性组织形式，如协作分权的、人员配置上以"最懂行"（Best Informed）的专业人员牵头（即权力分配以技术专业为基础）等。而由于"广受认可"的制度环境下的合法性原则使之运行往往需要依赖领导权威，也就出现了在微观上确立有效率的适应性形式，实际有效运行得依靠强控制的适应性组织。另一角度看，理论上最能应对复杂情况、强调交互式的多重心协同系统（梁学荣，2021）的适应性组织，在本土制度环境中适应性的调整为"领导挂帅"组织，其在能产生统合效果的同时，有时也会因纵向权威不能统合横向张力而难以"成型"，有些最终需要"一把手"在场的扁平化小组才会产生最大效果。

社会组织的实然结构往往是不可见的，是从组织和任务过程中推断出来的。综上所述，环境—结构理论视野下的领导小组的组织特性可概括为一种"具有机械化特征的适应性组织"——形象看也即是"领导"（机械组织）+"小组"（有机适应组织）的混合组织（Mixed Organization），其是不完全等同于组织结构权变理论中机械式组织与适应性组织两分（Dichotomy）的"悖论"存在。[①] 这种小组在结构形式上遵从有效性原则（即应对跨界问题形成灵活矩阵），而在实际运行中有效性服从于合法性（也即权威依赖），其结构形式与运行实质相分离的表现形式，可以说不同于制度学派所发现的一些组织表面结构与实际运行的分离现象（即"表面遵从合法性原则，实质遵从有效性原则"）。

三、与西方小组方向一致而运行方式有别

最后，通过比较可以进一步得出本土小组是不同于传统科层制，与西方整体政府理论的大方向一致而运行方式有所区别、基于任务的跨部门组织形式。

---

① 这里的"悖论"是指不能直接套用西方理论加以解释。这种现象在本土广泛存在，如黄宗智概括的"没有发展的增长""没有城镇化的工业化"等，可见相关参考文献。

（一）服务整体政府方向上的一致性

马克斯·韦伯（2006：278-432）对科层组织的特征、权力结构、效率与作用做了经典概括，将官僚集权的行政组织体系看成是最为理想的组织形态，认为任何有组织的团体，唯其实行"强制性的协调"方能成为一个整体。应该说，以专业化、层级节制和制度刚性为特征的理性科层制在控制与合作上是具有优势的，但同时也存在缺少灵活性、低效率等局限。Bennis（1965）较早指出官僚制既无力对付内部环境又无力对付外部环境，其之所以在以往现实生活中还能维持下去，是在外适应方面具有一定能力——处于高层的精英总是能借助集权机制适应环境以使组织有效的维持与发展。20世纪60年代后的情况变化重塑了组织的外部环境。福山（2015：5）指出韦伯官僚制表现出的理性、等级制权威作为现代性的核心之所在，已被非正式的自组织协作形式取代，即在重视纵向控制力量的同时更重视横向治理的作用，也由此产生了"治理""整体政府""协同治理"等理论。官僚制具有刚性特征而高度复杂性和高度不确定性的行动体系则应具有弹性结构，组织结构弹性化的发展必将是一种拥有不同于官僚制组织层级结构的网络结构、在行动上以"非结构化"形式出现的合作制组织（张康之，2019）。总之，随着现代社会复杂性事务的增多，协调需求与日俱增，结构化的科层与非结构问题存在越来越大张力，均通过等级协调越来越遇到难以逾越的现实问题，"组织之间因相互扯皮而双输"（B.盖伊·彼得斯，2002）成了中外都加强跨部门建设的原因所在。基于科层制本身存在的"反功能"（平行权力产生、刚性等问题）及新公共管理后的碎片化导致部门主义的牢笼（Departmental Cages），西方一些发达国家整体政府构建的方向是从组织设计的功能性原则（职能导向）向结果导向转变，从这个角度上看，本土基于任务的小组与西方整体政府构建方向——代表性的如美国的委员会、办公室等小组（俞楠等，2016），都是服务于跨部门协同机制建设，在结果导向的构建方向是一致的，也因此能成为大部制的生物学补充。

（二）协作运行方式的差异性

同时也要看到，由于中外国情差异，既有科层制基础的不同，基于本土科层制内外适应的需要（跨界问题、内部分割）而产生的本土小组制度与理性科层制下的整体政府建设客观存在差异。从工具角度看，西方整体政府建设包括等级式与协商式；从强化权力的角度，也有横向和纵向两维度的方法。西方科层制下的整体政府建设重要方向是在加强纵向机制同时也重视横向链接，而"以权威为依托的等级制纵向协同模式"被视为过时，多以"代表性""共识决策"为特征的部际委员会或跨部门工作小组作为应对复杂问题的机制（周志忍，2013）。在类似的跨部门机制中，机制负责人更多的是充当一种"主持人"角色，部门协作在一种较为平等的氛围下展开。典型如发达国家一些"最懂行"人员牵头的小组，如美国由 27 个部委、机构和办公室组成的国家海洋委员会，主要领导是兼职且行政级别低但依然能领导和协调包括副总统代表等实权人物（蒋敏娟，2015）；又如，美国国防创新试验小组（DIU）为合伙人式领导层，由技术专家、战略专家、投资人、企业高管人员共同组成，其管理层级少，实现了结构扁平化（陈柏强等，2020）；还如，新加坡成立的"跨部门抗炎小组"，由 ××× 副总理担任顾问，卫生部长和国家发展部长兼财政部第二部长联合领导，多个政府部门的部长综合参与，通过联席会议的方式在部门之间展开协同合作以制定政策及实施决策（张泽滈等，2020）。而从本案例可看出，本土科层制下的小组机制也是为了应对任务环境并解决自身所存在的集成能力不足问题（常规协同失灵），其有所不同之处在于：一是本土的科层制本身具有一定弹性；二是由于压力型体制与本土"部门政治"（部门自主性）的普遍存在，诸如部门联席会议等横向协调作用较为有限，因而主体方向是变横向协调为纵向命令——强化纵向机制的强矩阵方向，但同时也由于小组"团队生产"特征与横向张力等因素存在，即使通过一般意义的纵向机制也并不总是有效的，以致需要成为扁平科层型才能起到高效的统合作用。

最后要说明的是，在西方官僚制已非常成熟的国家中，面对科层组织本身难以克服的分工过细、程序较为复杂等"反功能"，也试图构建新型的政府治理模式，形成整体性政府、网络化治理等基于西方特定情势而产生的理论。研究者在比较借鉴这些具有一定启发意义理论的同时，的确需要充分注意这些理论对深受独特历史文化影响下中国治理的适用性。综上，本土小组机制与西方整体政府建设跨部门协同中的小组，从基于职能的功能设计转变到结果导向的组织设计的大方向一致而运行方式有所区别的，其需要进一步得到优化而非直接套用现成理论。

案例研究小结[①]

在案例研究部分，选择 J 市整治"一日游"市场这个具有"小事件大影响"、既在小组治理中具有代表性也具有独特性的历时性案例进行追踪研究。在以时间为序描述案例背景与整治概要基础上，分四章对"一日游"整治小组成立初期、2008 年奥运会前后、新《旅游条例》出台前后至"史上最严"整治，以及"最严整治"之后等四个代表性场景（Setting）的任务环境、组织目标、小组互动结构、集体行动及影响分别进行深描与分析；之后，在本章中对不同场景（四个子案例）进行比对并进一步分析不同运行类型的呈现与转化规律；还对该过程中的制度约束与变迁等进行了分析，最后通过子案例比对提炼整治小组运行的"同一逻辑"。这一跨越 20 年的历时性案例呈现了一定环境约束下的整治小组是如何在内外环境适应中特别是在内部互动中最终产生实然结构和协同类型转化的。同时，为了能更好检验理论，还以该市不同"位阶"的领导小组结构、国内其他代表性旅游城市（云南昆明、海南三亚）相关整治小组运行类型转化案例，以及已有的小组治理历时性研究（如 A 市"创卫"小组案例研究）中体现的相关转化经验材料来辅以验证。

从整治小组实然运行规律能够反观小组的组织特性，具体从小组结构的动态性、中外跨部门协同机制构建（中外小组）比较中可得出进一步的学理认知：在理论上提出了小组是"具有机械化特征的适应性组织"，其与西方小组功能一致而运行方式有别等论断。总之，透过对本土小组实然运行机制的把握，可以进一步认知小组机理本质及在治理能力现代化视域下的优化方向。

[①] 案例研究部分成果曾以《地方领导小组运行的"纵向控制—横向协调"分析框架：基于 J 市"一日游"市场整治案例的追踪比较》在《经济社会体制比较》2023 年第 2 期刊登。

第十章　结论、建议及讨论

第一节　主要结论与贡献

一、主要结论

理解中国，必须理解中国政府（广义上的）；理解中国政府，必须理解其科层组织（何艳玲，2012）。政府科层组织完成任务的过程即是组织内各部门的协作过程，组织内部各部分间的关系状态直接影响着组织整体功能发挥程度和公共事务治理效能——协同能力是政府治理能力的关键，"善政是善治的关键"，政府内的跨部门合作仍是国内协同第一原则。

国家越来越重视跨部门协同治理相关议题，而作为国家治理能力重要体现的现实城市治理中仍一定程度上存在着协同行政难的同时也并存着高效但褒贬不一的各种联合整治现象；其背后普遍存在的小组机制是已深深嵌入治国理政之中、最具代表性又有待进一步增进认知的协同机制。本研究以问题为导向，把理论与案例研究相结合，首先通过理论研究提出小组运行的分析框架；其后基于对J市跨部门联合整治"一日游"市场历时性案例的追踪研究，对城市跨部门治理中的领导小组运行机制进行了探索与解释，也可以说是在前人对小组运行"同一逻辑、不同呈现"洞见基础上进行了基于"原创事实"的系统研究，研究希望对该本土特征明显的重要组织现象形成更有解释力的理论框架。本研究的主要发现如下结论：

（一）领导小组的整体运行表现出突出的适应性特征

领导小组运行的"同一逻辑"可概括为：以"环境驱动、制度约束、权威依托、纵横作用、不同呈现"为整体过程，以"多重环境影响、纵横机制作用下的结构动态化呈现"为核心特征的运行适应模型。具体体现为环境、目标、结构、行动等要素间的非线性关系与互动，主要包括作为外适应的动力机制、作为内适应的过程机制、链接内外适应的反馈机制及约束机制。其中，外适应是任务环境与组织目标的适应过程；内适应是与组织目标相适应的小组结构的动态适应过程，是小组运行的核心环节；反馈机制是不同集体行动对外环境的影响，乃至能产生行动者与制度约束机制的互构。以上机制最终使本土小组的整体运行能够在适应中实现动态平衡。

（二）领导小组运行过程会呈现出四种协同类型

四种协同类型即领导小组运行的"不同呈现"：作为运行核心环节的小组内部协同过程在纵向控制、横向协调机制同时作用下，会呈现出松散联盟型、权威依赖型、扁平科层型、资源依赖型等四种不同协同类型（小组的不同实然结构最终是在纵横向的互动中形成的）并产生相应影响。纵横向皆弱的松散联盟型，在结构上为权威依托下的松散联合，本质是以多中心下的协调为主，能节省行政资源但因横向间张力的存在而往往会"联而不合"，整体效能表现较弱。纵向加强横向仍弱的权威依赖型，为权威依赖下的有限联合，会表现出"同而不和"状态。纵横向皆强的扁平科层型作为简化版科层制，能够实现高效统合，同时也面临可持续考验。纵向减弱横向仍强的资源依赖型，为权威依托、一定制度约束下的横向协同方向，与扁平科层型相结合，可以说是本土治理中较有特色的整体政府构建组合形式。

（三）四种小组协同类型间能够动态转化并存在强弱两端

四种协同类型作为"理想类型"并非严格依次出现，在特定阶段上会体现出某种类型（类型组合）或会交替出现，它们之间的转化是各要素反复互动乃至通过反馈机制实现行动者与制度互构的产物。从深层次原因看，权威依托的等级制纵向协同主导特征与协同生成所需的自组织性机制间存在一定张力，或者说制度环境所要求的权威依赖的合法性与任务环境所需要的灵活适应性间存在一定张力，也因而小组运行往往会存在着松散联盟型的合作最小化与扁平科层型的最大化两端。从另一角度看,本土小组有别于适应性组织应具有的低复杂性、低正规化、分权化等组织结构,仍具有机械组织诸如权威依托等特征,因而理论上最能应对复杂情况,强调交互式的多重心协同系统(矩阵系统)在经过适应性调整后,也还会因横向较大张力缺乏有效权威统合而在一些场景中难以实现——需要成为扁平科层型才能高效实现其一体化。而从历时性上看,小组集体行动效果及转化还会导致小组运行的外环境(如相关协同制度)产生变迁。

(四)跨部门治理中的领导小组是"具有机械化特征的适应性组织"

组织结构权变理论一般认为组织存在机械式组织和适应性组织两端。如前述,本土小组机制是一个既不同于机械式组织也不完全等同于适应性组织的混合体。它不同于传统的机械组织,有类似适应性组织的部分特征,为应对任务环境、实现小组一体化整合,能在控制和协调之间灵活变换,能呈现出不同的结构——小组总体上因有"领导挂帅"在理论上多呈现出"强矩阵"的特征,而在实际行政环境运行中又会有不同的呈现。总体上,领导小组可概括为一种"具有机械化特征的适应性组织"——形象看也即是"领导"(机械组织)+"小组"(有机适应组织)的混合体。这种小组的结构在形式上遵从有效性原则,即具有灵活的结构以应对跨界问题,而实际运行中有效性服从于合法性(即权威依赖特征)。该种小组结构形式与运行实质相分离的表现形式,不同于制度学派所发现的一些组织表面结构与实际运行的分离现象。

(五)中外小组方向一致而运行方式有所区别

基于科层制本身存在的"反功能"及新公共管理后的碎片化导致部门主义的牢笼,西方一些发达国家整体政府构建的方向是从组织设计的功能性原则向结果导向转变,从这个角度上看,本土基于任务的小组与西方整体政府构建方向都是服务于跨部门协同机制建设,其结果导向的构建方向也是一致的(也因此能成为大部制的生物学补充)。不同之处在于:西方科层制下的整体政府建设重要方向是在加强纵向的同时也重视横向链接,典型如发达国家一些以专业权威牵头的小组;而本土的小组由于科层自身具有一定弹性,也由于压力型体制与本土部门自主性等环境因素的客观存在,横向协调作用较为有限,因而主体方向往往又会变横向协调为纵向统合，但同时也由于小组团队生产特征与横向张力等因素存在，一些小组即使通过强纵向机制也并不总是能起到高效统合作用（而需要成为扁平科层型）。

总之，城市跨部门治理中的领导小组运行，是城市科层组织为应对环境特别是任务环境，对结构性的组织进行适应性调整以期实现对非结构性事务的治理过程。具体是在应对任务环境中形成目标转化，进而影响结构以实现对内部资源整合的过程，其中的内部一体化协同过程受到纵向控制、横向协调两种机制直接作用，最终形成四种不同协同类型并能在反馈机制作用下呈现动态转化特征。通过运行机制可以进一步认知本土领导小组在组织特性上是一种"具有机械化特征的适应性组织"，与西方整体政府构建中的小组功能一致而运行方式有所区别。

二、主要贡献

本研究的核心贡献在于构建了跨部门治理中领导小组运行的统一分析框架并具体区分了其协同运行的四种理想类型，为认知较为隐秘而复杂的本土小组运行过程提供了新的学理解释。在理论上可能的创新主要体现为：

（一）构建了一个领导小组运行的统一分析框架，对隐秘复杂的小组运行机制进行了结构化认知

李侃如（2010：109-110）指出，中国是处在一个复杂组织矩阵中的高度个人化的体制，官员总是试图把体制的关键方面——它的生理学方面而非简单的解剖学方面，小心地隐藏起来不让人看到。领导小组从某种意义上说的确是虽习以为常又非简单解剖学能较直观认知的机制，但小组并非"潜规则"（陈玲，2015），"习惯行为的背后蕴藏着法理"，是既重要又有待更深入更细致研究其"法理"的议题。学界在对小组运行议题已开展研究形成积极的知识贡献同时，对其运行机制仍有不一致认知，一些研究还呈碎片化，尚未对复杂的小组运行机制形成结构化认知，仍一定程度上存在着"经验世界的广泛应用和理论界的语焉不详"之间反差的缺憾，也即对治理跨界问题的小组是如何协同完成任务的议题还有待形成更为系统的解释。本研究把一般跨部门协同、领导小组机制、

运动式治理等以往存在一定分割的重要研究领域纳入统一分析，从开放系统高度对跨部门治理中的领导小组运行过程提出一个基于组织学，涵盖环境、目标、结构、行动四大广义变量的统一分析框架（即领导小组运行的适应模型），这个"结构—过程"范式下的模型让复杂的小组运行机理得到较为整体的解释。

（二）利用类型学方法，把领导小组的运行划分为四种不同的协同类型，剖析了类型间转化和摇摆机制，较好解释了既往不同认知的内在逻辑

既往对小组结构和运行的研究仍存在有待提升之处：对其结构的研究，存在矩阵或特殊矩阵、简约版科层制或项目制等不尽一致的认知；对其运行的研究，也存在横向协作论、高位驱动论、矩阵作用论等不尽一致且仍较为笼统的运行机理概括。本研究区分了小组内部运行的纵向控制机制、横向协调机制两个关键维度，利用类型学划分了松散联盟型、权威依赖型、扁平科层型及资源依赖型四种小组协同运行类型，能更深入剖析领导小组运行的复杂性，也能很好解释以往的不同发现间的机理（包括对小组功能存在着的从"花架子"到高效统合作用不同认知的机理解释）。

以上可以说是对不同于"一类领导小组、一种运行逻辑"的小组运行的"同一逻辑、不同呈现"方向的系统解释，有助于进一步探析作为城市小组核心的运行问题。

（三）在概念上提出小组是结构具有动态性的"机械化的适应性组织"

已有研究认知到小组是不同于科层制的特殊矩阵、具有适应性组织特征，但鉴于对其整体运行研究的局限，仍存在着的不足是：往往只注意到小组与常规科层制的不同，而对这个特殊矩阵的特殊之处，或者说其作为适应性组织是如何适应还未得到更进一步研究，其中较为重要的就是对小组本身的动态性研究不足——小组研究一定程度还呈静态化，因而也未能较好地概括出小组的组织特性。通过对其运行的整体研究，可得出小组是一个既不同于机械式组织也不完全等同于适应性组织的混合组织——可称为以任务为导向、结构呈动态性的"具有机械化特征的适应性组织"，这较之前的研究能更好地阐述本土小组的组织特性，也丰富了组织结构权变理论。

（四）首次较完整呈现了丁市跨部门整治"一日游"市场历时性案例

诺贝尔奖获得者圣地亚哥·拉蒙·卡哈尔（2000）曾指出学者最重要的贡献是发现原创性事实，因为理论常被推翻，每隔几年就可能被抛弃，但精实的原始资料却可以长久地被引用而免于时间的磨损；国内学者黄宗智等也倡导论文写作首要是在经验层面做出前人所未做的贡献。本研究实证层面的贡献同样也是较有价值的：在理论研究指导下，首次在跨部门视野下较完整、系统地梳理了J市跨越20年多部门整治非法"一日游"这个具有"小事件、大影响"、一定程度上能以小见大的"原创事实"，对其四个典型场景相关特征进行分析深描和比对，并利用多方法剖析该案例的规律性特征，增进了公共管理所需要的"地方性知识"。

第二节 小组运行优化的原则与思路

城市治理是国家治理的重要方面。"城市政府"是一种具有实质性影响的约束条件，意味着政府在其行政过程中必须以提供公共服务和有效管理为基本职责（张树平，2019）。未来政府所面临的问题大部分是城市问题，而城市特别是大城市意味着政府在应对"城市病"、破解特大型城市公共管理方面需要面对城市规模呈几何级上升带来的种种治理难题——城市如何实现善治对每个国家的发展都至关重要。上述已在理论研究与案例研究相结合中系统探析了城市跨部门治理社会问题中的小组运行规律。在受多重环境影响、结构能动态化呈现的领导小组中，一方面看，"通过成立跨部门领导小组来组织实施重大战略任务，是我们党和政府在长期实践中形成的一种有效工作方法"（曾培炎，2010：3）。地方层面的领导小组也的确发挥了高效统合作用的主要方面，也是我国集中力量办大事制度优势的重要体现之一。同时，又由于前述诸多因素影响，不论是新中国成立后毛泽东主席推动的中央血防领导小组的运行（赖静萍，2015）、20世纪50年代末国家成立的核潜艇领导小组（路风，2021），还是对地方食品药品、水资源等其他跨界事务治理的研究中，也都发现了领导小组要发挥高效的统合作用是有条件，也会存在一些不尽如人意之处，甚至会出现"有组织的无序"的一面，由此也会产生一些"关键小事"未得到及时有效治理以致"小事变大"或"坐等事大"等不良现象。可见，小组运行有必要在治理体系与治理能力现代化的视域下得到进一步优化。

应该说，作为学术研究，政策建议并非必需的部分；同时，作为公共管理研究者，政策建议的合理性从某种角度来说，又可以被看作是对学理解释的一种检验方式。鉴于此，本部分初步提出小组优化的原则、思路，并在第三节依据小组运行模型所涉的相关变量提出具体优化建议。

一、小组运行优化的原则

（一）克服还原论（Reductionism）局限、增强整体观（Holism）与强化重点意识相结合原则

《第三次浪潮》的作者托夫勒曾指出，我们今天已经处于一个新的综合时代边缘；在所有知识领域都可看到对大思路和对普遍理论及对将零碎的部分进行重新整合及整体的回归。也正如复杂系统研究者所指出的要警惕幼稚地将系统拆分为相互独立的组成部分；系统一个组成部分的小小不安或许会给其他组成部分带来重大的影响（杰弗里·韦斯特，2018：1-25）。领导小组构建及进一步的协同优化首先需在认知"将复杂事务化解为各部分之组合"还原论的局限、加强整体思想理论基础上进行。在树立整体观同时要有重点意识，如小组工作方式上要强调抓重点，包括确定好重点主责部门以便于在有明晰的整体治理方案下能牵头有效协调开展相关部门工作；要抓住执行对象及关联事件主要矛盾，便于重点突破乃至铲除问题产生根源等。

（二）小组启动的必要性原则

跨部门协同毕竟是一件存在诸多协调难点、成本耗费较大的工作，总的原则是非必要不启动。在这一领域，发达国家多有相应的启动必要性程序。例如，澳大利亚政府管理咨询委员会列出了核查政府跨部门协同必要性和重要性的相关问题：为什么现在的政策和项目不能充分解决问题；该问题与政府核心任务间的关系如何；客户或社会对问题解决方案的预期可能是什么；受问题和解决方案影响的其他机构有哪些；适当的联合计划、执行措施和问责机制是什么；不采用整体政府模式的风险是什么；整体政府方案的成本收益又有哪些等。又如英国学者在《未来的组织形式》中将组织工作区分为"有结构的工作"和"无结构的工作"，指出在组织中如果混淆两者，将有结构的工作当作无结构的工作去做（或者相反），最后的结果无一例外都是工作完成的效果不佳甚至会酿成大祸。对于本土小组这种特殊的跨部门协同，也必须确立非必要不成立原则——小组需与任务相匹配[①]，非常规任务才成立非常规的小组，否则必将导致小组过多过滥等"领导小组病"的产生；而一些临时机构的长期存在，也会如同一般科层组织的"问题—组织—问题—更多组织"膨胀规律，为行政机构的膨胀埋下隐患。

（三）组织的刚性与柔性相统一原则

如前述，组织学上一般认为常规机制与非常规机制（动员机制）具有内在的紧张和不可兼容性：常规机制的强化导致组织趋于结构刚化、边界高筑从而抑制非常规机制，而非常规机制和过程又会打断常规过程以削弱官僚体制的稳定性和效率，两者可以相互替代而非互补。而"动荡不安和相互连通是大多数公共组织环境的共同特点"（海尔·G.瑞尼，2002：90），刚性的理性科层制面对现代社会复杂跨界问题会产生迟钝甚至是莫顿所言的"训练有素的无能"。从案例可以看到，制度刚性和灵活性既具有一定张力又在一定意义上能形成互补；本土之所以易于产生各类治理小组，是因为国内科层制本身具有灵活性的一面，而小组灵活性统合作用的有效发挥，需要常规治理的刚性作为基础。我国现实国情下的理性官僚制"不是太多而是太少"（魏娜，2002）。因而有必要在完善理性官僚制、做好常规治理基础上发挥灵活的小组功能，才能较好地对现有领导小组协调机制基础进行优化。

[①] 关于任务属性的具体区分非本研究的重点，但应作为优化领导小组运行的前提性认知。

（四）小组运行相关的制度与行动者相统一原则

最后，同样也重要的是，既要重视行动者也要关注制度的原则。即对于本土机制优化议题，首先要认知包括城市或地方政府改革在内的行政改革及机制优化本质上是作为理性主体的各级政府在约束条件下采取的一种理性行动，因而约束条件的改变是理解改革优化的重要线索之一；同时也要高度重视约束性条件下行动者之间的机制建设。总之，要重视环境制度的影响，同时也要重视不同主体行动者基于资源依赖、合法性判断进行的交互行动。

二、小组运行优化的思路

小组运行优化的思路是：上述原则指导下，把优化小组自身作为当前重点（内适应优化），把优化小组运行的大系统作为重要基础（结构优化），把处理好小组与其他系统的关系作为持续优化的方向（外适应优化）。

（一）自身优化是当前重点

就"小组"谈"小组"优化自然是最直接、最具体的。在小组首先要与任务相匹配的前提下，要注重事前事中事后的规范，这是与小组性质相符合的规范化、制度化，包括：事前严格评估，非必要不成立小组；成立小组时，既重视小组的结构，更重视运行；处理好纵向机制与横向机制的平衡关系，现阶段要更重视横向机制建设；针对问题的紧迫性、复杂性选择小组协同模式，高度重视牵头部门选择，事后评估与果断终结，防止临时组织任务完成后自生长——寻找新的任务而长期存在。

（二）优化大系统是基础

小组作为政府治理的子系统，政府跨部门协同的组成部分，受大系统环境影响。大系统的优化包括：进一步推进"放管服"，转化政府职能，简政放权下继续推进大部制；在加强整体政府相关的组织、激励、伙伴关系、文化建设中，培育多种跨部门协同形式；加强协同基础制度建设，逐步优化相关的"中国情景"。

（三）处理好与其他系统关系是方向

即进一步处理好小组与非小组（常规机制）的关系；小组与任务环

境系统的关系；积极培育自组织，促进小组与市场、社会等子系统的协同，扩展协同治理的范围等。

第三节 小组运行优化建议

一、处理好纵向机制的促进性和适度性

应该说，鉴于回报的延时性、收益的不确定性，资源依赖不对等性等诸多因素都会影响部门间合作，官僚组织无疑需要一定的强制力来加以整合以减少交易成本——或者说所谓的官僚结构本是一种痴迷于控制的组织结构（明茨伯格，2020：220-221），"纵向"在领导小组中无疑也是必要的：有必要继续依托自上而下的行政协调机制，赋予小组负责人必要权威的同时，利用好诸如纳入科层组织年度重点工作、职责分工与目标责任制、督查督办等多种控制—服从为特征的纵向机制，从而推进跨部门协同决策与执行；在建立责任分担制度、明确部门治理责任以尽可能减少"有利都争着管，无利都不管"的机会主义行为基础上，要重视目标导向的柔性整合机制和刚性整体问责制度（而非选择性问责），即要进一步加强政府的整体绩效建设，在绩效问责机制上强化跨部门绩效评估和评估结果的刚性问责，提高通过跨部门合作提升整体绩效的积极性和主动性。

同时，理论与实践都证明，在公共管理现实中纵向机制的过强刺激也易导致治理过程的非理性等弊端，在具有"团队生产"特点的小组治理中更是如此；鉴于单一的自上而下实现"一体化"也会有诸多负面作用，因而需避免过分依赖层级压力或强制性工具（行政方式），要让领导小组中横向协调机制更好发挥应有作用——也即李侃如等研究者所指出的尽量在能达成共识的最底层解决问题原则：如"高位"减少亲自指挥，尽量让协同部门之间在相关制度框架下自行协商治理问题方案，让"最懂行的"专业权威积极发挥作用，同时配以"首问责任制"和结果为导向的制度化整体问责。

二、进一步重视横向机制的价值与局限

正如有研究者已指出的控制和权威源于正确的协调而非一般认为的协调源于控制和权威（克雷纳，2013），在优化领导小组运行中，还要注重搭建协作平台、增强内生动力以实现小组机制下部门间的有效协同。首先，要重视建立完善共识导向协同的机制，真正把牵头部门这个国内外通用的横向协同组织形式进一步制度化，这是实现小组自组织协同的基础。同时，不承认组织的分歧和利益差别并不能真正消除碎片化治理，要注意以利益平衡或"政绩共荣"驱动政府治理协同化，即在区分组织正当利益基础上实现组织间利益的平衡，还要建立跨部门协同利益补偿机制及导入绩效预算制度以分担协同治理成本；要对正当利益进行合理的界定和规范（易承志，2017：162-163）。这其中，主体间信任机制的建设也是不可或缺的（张创新，2012）。

从增强横向机制角度看，西方发达国家关于协同治理运行程序的认知和实践也是值得结合自身情况借鉴运用的，如部门间遵循诸如"对话—信任—承诺—互惠—共识"等基本的横向互动程序以增强横向自组织的产生和维护。鉴于权威控制仍是部门协同主导因素的现实，需将"权威"制度性嵌入地方领导小组中，提升牵头部门的资源汲取和控制能力，使之有动力和资源对碎片化现状进行协调和治理。

三、加强协同制度供给以优化小组运行环境

在以上处理好纵向机制与横向机制关系以优化小组运行内适应的同时，要认知包括城市政府改革在内的改革及机制优化，本质上是作为理性主体的各级政府在约束条件下采取的一种理性行动，因而约束条件的改变是优化运行的重要方向之一——制度是政府协同行为基本的结构性约束，"良法是善治的前提"。制度建设上，首先需完善与小组运行直接相关的专门制度：专门用于规范机关设置和编制管理的《国务院行政机构设置及编制管理条例》《地方各级人民政府机构设置和编制管理条例》有部分条款已涉及议事协调机构的相关内容；从地方层面看，也有部分省市制定了关于议事协调机构的管理办法（如辽宁省的相关规定涉及了

第十章 结论、建议及讨论

小组成立条件、调整与更名、清理与规范等[①])。不过应当看到,这些规定还多是原则性的且对小组的运行较少涉及——过于简单的制度其实是无制度,即从制度分层角度看,当前需更加重视与小组协同运行的"制度细节"。这方面,发达国家跨部门合作的一些经验可以借鉴,如在确认跨部门关系时首先需考虑几个基本的细节问题:明确计划实施过程中可能与哪些外部机构打交道,打交道为了实现哪些具体目标,本部门和外部机构对目标实现肩负的具体责任等。

同时要看到,小组在主体上可以看作一种作为协作型组织的矩阵,其良好的运转更需要所依托的组织在流程、绩效管理体系与奖惩体系等制度系统进行优化——这些支撑下的优化过程比组织运行图中"实线虚线"关系(直接或间接的管理关系)更为重要(加尔布雷斯,2011)。鉴于协同相关的"良法"不足或实际运用不足直接影响小组中跨部门协同,未来有必要在以下相关领域继续加强协同制度建设:需从行政协助的形式、条件、费用、责任与救济等方面对我国的《行政程序法》加以完善(王麟,2006);制定出台《政府部门间关系法》或《政府部门间关系条例》等有助于进一步提升行政协助、保障部门间合作方面的法律法规;进一步有效引入并优化跨部门行政缔约制度(如行政协议)以实质增进部门间的互相合作;对同一层级政府相关部门之间协作配合的权利、义务、经费投入等议题做出更明确的法律规定;特别注意需要继续改变预算的碎片化现状(曾凡军,2010),如财政预算部门应该考虑允许部门在财年、组织和预算之间更加轻松地利用资金以开展合作,鼓励储备更多合作预算(陶希东,2014);同时需完善部门间利益协调机制,建立起合作中因让渡自身权利、资源而造成损失的补偿机制等(周天勇等,2018:237)。总之,要为跨部门协作提供更坚实的法律依据和政策保障,通过完善跨部门绩效管理等制度方式使小组成员能减少受到上级权威及部门权力化、利益化的限制和约束,更好地保障横向协调机制发挥应有作用。

---

① 可见:辽宁省政府办公厅《关于印发辽宁省政府议事协调机构管理暂行办法的通知》(辽政办发〔2017〕111号)。

四、处理好组织目标与任务环境的关系以优化外适应

要处理好小组与任务环境的关系,增强城市政府的开放性:外适应与任务环境密切关系,鉴于小组运行在体现出环境适应性的过程中一些场景也会有"灭火"等应急性特征,存在可持续性不足等问题,有必要进一步增强城市政府部门系统的开放性——因为只有在开放的系统中,环境因素才能随时被纳入系统的构成;同时,系统又不断改变和营造自身的环境,把环境的发展作为系统进化的一部分从而两者能形成良性互动(高轩,2015)。

要加强与社会、市场等子系统的进一步协同,促进自组织的良性发展:人类的社会治理正在从工业社会的以政府为中心、控制导向的治理向合作治理转变(张康之,2006)。社会的本质具有自组织性,现代社会普遍存在的非结构性问题等本质上都是自组织性引起的,应高度重视和积极应对。自组织理论基础上形成的后现代主义社会治理观认为:社会管理的基本任务不再是控制而是协调,社会管理的目的是促成社会自组织的过程(郭世平等,2011)。具体在城市治理中,其核心是政府与社会结盟,让处于边缘化的社会力量通过公众参与的方式介入城市管理(张庭伟,2004)。总之,本土小组是进行社会跨界事务治理的工具,要根据应对复杂社会的现实要求,使其进一步向市场、社会扩展协同范围(向跨越小组边界的协同治理转变)——在明确政府自身定位和功能同时,改变传统把市场、社会作为治理对象的倾向,充分发挥市场、社会力量作用,让小组这种治理跨界社会问题的工具产生更为理想的治理效果。

五、对"中国情景"的理解与治理现代化视域下的完善

国家治理体系是一个有机的制度系统,从中央到地方各个层面,从政府治理到社会治理,各个制度安排作为一个统一的整体相互协调、密不可分。鉴于现行小组的运行与国内的制度环境乃至文化背景有一定程度的内在关联,还需要从如下几方面对"中国情景"这个深层次因素进行逐步完善:

（一）通过区分央地事权等方式逐步改善"部门政治"（部门自主性）

应该说，在组织学中，集权和分权作为管理权限的分配方式是相对的。我国作为"大一统"的国家，自古有集中统一的传统和经验，但过于强调集权的"一体化"客观上会造成"职责同构"等弊端，这也与"部门政治"有密切关系。鉴于此，需要逐步改造"职责同构"的环境，合理调整政府纵向间职责配置以便使政府职能转变、行政体制改革和理顺条块关系等工作同步推进。要在此基础上倡导建立伙伴型政府间关系，科学规划中央与地方的关系，构建中央选择性集权体制以全面推动政府发展（朱光磊等，2005）；未来有必要逐步明确国防、外交、宏观调控、国家立法等中央事权之外的公共事务属于地方性事务，扩大地方自主权以进一步推进城市事务的整体治理（杨宏山，2017），这样有利于深层次改善小组的运行机制。

（二）加强依法治国，改善跨部门协同的制度环境

邓小平早已指出，"要通过改革，处理好法治和人治的关系"（1993：177）；鉴于现行的党政科层制已深刻塑造着地方协同，实现小组的有效协同仍需进一步认知和处理好与这些制度环境的关系。以权威依托的等级制纵向统合为主的协同既体现出灵活高效的主要方面，同时也存在制度刚性不足等局限，需在整体上建立健全制度环境，与法治进行更好的结合。也可以看到，中国共产党的执政方式已向依法治国深刻转变，这将有力推动现代法治国家建设进程，也是对"中国情景"的一种积极应对。

（三）进一步培育合作文化，改善合作软环境

中国古代科学尤其是自然哲学非常重视事物之间的协作现象和协同作用，源远流长的和合文化也被认为是中国哲学尤其是儒家思想的重要体现。和合文化是当今建设整体政府的基础和核心，这个深层次的软环境潜移默化地影响和塑造着政府实施的公共管理行为。鉴于中国传统与现实的合作文化特点，需要做长期、进一步的合作文化培育努力：要更加重视发挥理念的引领作用，结构性因素改变的达成有待整个文化创新的实现；要在担当精神、合作底线思维等协同理念引导下，从客观存在着的一些内耗型向合作型转变、从关系信任逐步到制度信任（蒋敏娟，

2016），推进政府文化的更新进而在整体上提升公务员包括合作素养在内的综合素质，推动政府文化从部门主义文化向伙伴协同文化转变。

综上，小组运行涉及变量较多，具有复杂的生成机理，在受到各种有序、规则的结构性因素影响的同时，还受到微观行动领域中行动者无序的、充满策略性的、交互行动结构的影响（这与一般意义上的跨部门协同面临的情形有相通之处）。而优化有"领导挂帅"的小组运行机制，不仅需考虑小组中纵向机制的适度性、横向间基于资源依赖等多方立体的互动结构，还需注意到跨部门的制度供给等约束性因素，也更要注重从根基上持续加强包括制度建设、文化建设等整体的长期的建设。总之，在小组优化的基本原则和思路下，通过短期和长期的具体优化举措，更好处理其纵横结构间的关系，逐步迈向基于协同治理的小组治理，整体提升其运行效能。这个过程中有必要进一步重视在制度层面上克服"领导小组依赖症"，以便更好发挥其在治国理政中的特色担当。

第四节　研究的局限与展望

本研究在对学科的知识积累做出一定贡献的同时，也不可避免地存在一定的局限性。作为提出理论命题与理论验证相结合的综合类型的案例研究，虽然已在理论上做了较扎实的逻辑推演，但在经验上，本文的分析主要是基于J市"一日游"整治案例的有限经验观察，因此，研究需要说明之处也首先主要体现在案例本身的特点与研究方式方法方面，同时也还需要进一步的跨学科努力以更好解释相关组织现象等。

（一）在案例选择和案例研究方面的局限

个案研究实质上是通过对某个案例的研究来达到对某一类现象的认识（王宁，2002）。从案例选择看，本研究主要是基于监管类领导小组运行的研究，即是为应对城市现实复杂跨界问题而成立、强调规范（规制）性的领导小组。随着国内监管型国家建设的快速推进，其是当代本土城市治理中较为普遍、最为重要的一类，细化治理类型也有助于增强解释力[①]，但其运行规律是否完全适用于其他类型小组还待进一步的经验研究，或者说提升研究的外部效度（External Validity）[②]。从案例具体研究看，首先，本文主体是单案例研究（在其中又区分了四个子案例），虽然有助于深入认识城市跨部门治理中领导小组的运行机制，也用了其他跨部门案例加以辅证，但可能由于案例在一定程度上具有的个性，会影响研究的效度；鉴于本案例的历时性、变量的复杂性和研究政府部门间关系具有一定的敏感性，也会导致实证过程存在一定的局限[③]，对案例做更深入的挖掘以便发现更多的"原创事实"会有助于研究本身的完善。案例研究也主要是质性层面下进行的，下一步，有必要进一步在把握宏观基础上深描微观，必要时在政策文献等分析方面配合下推进更精细的量化研究（黄萃等，2015），以便能更好地"走出个案"，让构建的理论更具有本土解释力。

（二）需要进一步的跨学科研究

默顿曾说过：在社会科学发展的现阶段，需要一种"科学性折中主义"——因为人们已经十分熟悉众多的理论研究方向各自所具有独特的功能和局限性，从而不再幻想有哪种单一的、统一的理论能够解决全部社会问题。本研究认同仅从学科的角度很难还原组织现象的成因，社会现象的确切原因应该还原到社会现象之中，需综合应用相关理论才能做出完整有力的解释。应该说，虽然本研究也做了跨学科研究的努力（包括对案例的跨学科研究），但还有很大提升空间。最后要认识到，需要不断响应和实践"寻求适当方法"倡导（A Call for "Appropriate Methods"）来成就公共管理的"好研究"（何艳玲，2020），也没有任何一种理论框架能一劳永逸地解释被认为不断在实践中进行着创新的小组（吴知论，2021）的复杂运行问题，对本土小组运行的研究依旧在路上。

从未来研究内容看，可以对技术治理与小组治理、非正式关系与小

---

① 一些方法论研究者也已形成一定共识，即为了准确说明复杂现象，有必要构建出在使用范围上相对狭义而又复杂的理论。

② 即将研究结果推广到其他群体、时间和情景的可信程度。

③ 这里顺带说明，任何一个复杂案例都是多面的，"一日游"整治案例也是如此——可以从不同学科、角度加以研究。本书主要是从跨部门治理（监管）的角度加以研究的。

组运行等方面做进一步探索以深化微观层面小组机制的研究。例如：由于研究的侧重，本文较少涉及以技术整合为导向的机制——技术治理（渠敬东等，2008；孙柏瑛等，2018）与小组治理的关系，但技术发展对政府运行的影响无疑是不可忽视或者说是不证自明的。充分利用技术环境、降低交易成本是国内外重要经验；国外整体性治理依赖的信息技术，其运转的载体仍是官僚组织，这种技术与组织载体与国内的异同、小组治理与技术治理的关系值得进一步探讨（如技术治理能否在较大程度上弥补小组的局限等）。未来还值得继续探讨的是"关系"等非正式机制在小组中恰当运用的结构性条件等：相关研究及本研究已发现影响国内横向合作的多种因素，政府的横向治理（或自组织）在现实中无疑面临挑战，同时也看到一些非正式的因素也一直在促进或阻碍这种自组织。那么，是否及如何能更好借助这种自组织来促进小组横向间合作也是值得进一步研究的话题。更为重要的是，鉴于宏观层面的小组制被认为是与科层制互为补充的组织制度，而现有研究存在小组制度是"亚正式制度"（赖静萍，2009等），也有强调其并非"亚正式制度"而是"嵌入式的正式制度"（陈玲，2015：21-47）等不同认知。未来有必要在微观小组深入研究基础上，进一步加强作为宏观制度的小组制度研究，从而能对本土科层制形成更为整体、更加深入的认知。

综上，协同是衡量一国治理体系是否现代化的五个标准之一（俞可平，2017）。跨部门协同治理旨在促进部门间的协作以实现公共管理目标，推行跨部门协同治理模式是且始终会是中国推进治理体系和治理能力现代化背景下行政改革的重要内容。政府的内部协同依然是国内跨部门协同的第一原则，领导小组机制无疑是其中最具代表性乃至习以为常的跨部门协同机制。同时，又正如一位地方领导干部所言：我国的行政实践与"文本叙述"差异较大，很多运行规则是心照不宣的，几乎人人都在奉行却很少有人说出来或很难准确说清楚……（李克军，2014：2-5）——各类"长寻无觅迹，大事现真身"的领导小组似乎更是如此。学界前人在努力进入国内政府运作的真实世界、希望能"牵一发而策动全身，发现社会总体运行的内在规律"的学术进程中，"单位制"（周翼虎等，2002）、"项目制"（渠敬东，2012）等概念已被抽象出来成为类型学受到关注与探析。本研究在前人基础上构建并实证了本土特征明显的领导小组运行的适应模型，可初步得出这种任务导向、结构动态化呈现的"具有机械化特征的适应性组织"将长期存在（而不会因其"临时机构"表象而被取代）的理论判断。相信未来在这个"垫脚石"基础上的进一步研究中，"领导小组制"也会成为类似上述的概念工具，帮助我们发现本土科层制运行的更多更深层次的内在规律，更好地服务于我国大都市治理体系和治理能力的现代化提升。

参考文献

英文文献

[1] Ansell C., Gash A. "Collaborative Governance in Theory and Practice"[J].*Journal of Public Administration Research and Theory*. 2008, 18(4): 543-571

[2] Barnard C. *The Functions of the Executive*[M]. Cambridge, MA: Harvard University Press,1968

[3] Barnett D. *The Making of Foreign Policy in China: Structure and Process*[M].Boulder: Westview Press, 1985

[4] Bennis W. G. "The Coming Death of Bureaucracy"[J].*Management Review*,1967,56(3):19-24

[5] Börzel T. A., Risse T. "Governance Without a State: Can it Work?"[J].*Regulation and Governance*. 2010, 4(2): 113-134

[6] Burns T., Stalker G.M. *The Management of Innovation*[M]. London: Tavistock, 1961

[7] Bryson J. M., Crosby B. C., Stone M. M. "The Design and Implementation of Cross-Sector Collaborations: Propositions from the Literature"[J]. *Public Administration Review*, 2006, 66 (1): 45-52

[8] Child J. "Organizational Structure, Environment and Performance: The Role of Strategic Choice"[J]. *Sociology*, 1972, 6(1): 1-22

[9] Coser L. *The Functions of Social Conflict*[M]. New York: Free Press, 1956

[10] DiMaggio P. J., Powell W. W. "The Iron Cage Revisited: Institutional Isomorphismand Collective Rationality in Organizational Fields"[J].*American Sociologist Review*.1983, 48(2): 147-160

[11] Emerson K., Nabatchi T., Balogh S. "An Integrative Framework for Collaborative Governance"[J].*Journal of Public Administration Research and Theory*, 2012, 22(1):

1-29

[12] Fulong Wu. "China's Changing Urban Governance in the Transition Towards a More Market-oriented Economy"[J]. *Urban Studies*, 2002, 39(7): 1071-1093

[13] Gittell J. "Organizing Work to Support Relational Coordination"[J].*The International Journal of Human Resource Management*, 2000, 1(3): 517-539

[14] Goodstein J. "Institutional Pressures and Strategic Responsiveness: Employer Involvement in Work-Family Issues"[J].*Academy of Management Journal*, 1994, 37(2): 350-382

[15] Gray J. "Matrix Organizational Design as a Vehicle for Effective Delivery of Public Health Care and Social Services"[J].*Management International Review*, 1974, 14(6): 73-82

[16] Gupta, Parveen P.,Mark W., Dirsmith, and Timothy J,Fogarty."Coordination and Control in a Government Agency: Contingency and Institutional Theory Perspectives on GAO Audits"[J].*Administrative Science Quarterly*, 1994, 39(2): 264-284

[17] Gazley B. "Intersectoral Collaboration and the Motivation to Collaborate: Toward an Integrated Theory"[A]. In Lisa Blomgren Bingham and Rosemary O'Leary(eds,),*Big Ideas in Collaborative Public Management*[M]. New York:M.E.Sharpe,Inc,2008

[18] Goldsmith S., Eggers W D. *Governing by Network: The New Shape of the Public Sector*[M]. Washington, DC: The Brookings Institution Press, 2004

[19] Heilmann S., Perry E.J. "Embracing Uncertainty Guerilla Policy Style and Adaptive Governance in China"[A]. in Heilmann S. &Perry E.J. (eds.), *Mao's Invisible Hand: The Political Foundations of Adaptive Governance in China*, Cambridge, MA: Harvard University Press, 2011

[20] Hay C., Wincott D. "Structure, Agency and Historical Institutionalism"[J]. *Political Studies*, 1998, 46(5): 951-957

[21] Innes J. E. "Consensus Building: Clarifications for the Critics"[J].*Planning Theory*,2004(1):7

[22] Tsai K. S. "Adaptive Informal Institutions and Endogenous Institutional Change in China"[J]. *World Politics*, 2006, 59(01): 116-141

[23] Kettle D. F. "The Transform Action of Governance:Globalization, Devolution and the Role of Government"[J].*Public Administration Review*, 2000, 60(6): 488-497

［24］Kennedy J. J., Chen D. "State Capacity and Cadre Mobilization in China: The Elasticity of Policy Implementation"[J]. *Journal of Contemporary China*, 2018(111): 393-405

［25］Lampton D.M."A Plum for a Peach: Bargaining,Interest and Bureaucratic Politics in China"[A], in Lieberthal K. G. and Lampton D.M.,eds,*Bureaucracy, Politics and Decision Making in Post-Mao China*[M],Berkeley and Los Angeles:University of California Press, 1992

［26］Lampton D M. Water: *Change to a Fragmented Political System: Paper Presented to the Workshop on Policy Implementation in the Post-Mao Era*, Columbus,Ohio,1983

［27］Lampton D. M. "Health, Conflict and the Chinese Political System"[J].*American Historical Review*,1976,81(4):939

［28］Lieberthal K., Lampton D. M. *Bureaucracy Politics, and Decision Making in Post-Mao China*[M].Berkeley: University of California Press,1992

［29］Lieberthal K.,Oksenberg M. *Policy Making in China:Leaders,Structures, and Processes*[M].Princeton University Press, 1988

［30］Lawrenc P. R., Lorsch J. W. *Organization and Environment*[M].Homewood, IL-Irwin.1969

［31］Mayling B. "Decentralization and Veiled Corruption Under China's 'Rule of Mandates'" [J]. *World Development*, 2014, 53(1): 55-67

［32］Michael M."Collaborative Public Management: Assessing What We Know and How We Know It". *Public Administration Review*. 2006, 66(s1): 33-43

［33］Miller A. "More Already on the Central Committee's Leading Small Groups"[J]. *China Leadership Monitor,* 2014(44): 1-8

［34］Miller A. "The CCP Central Committee's Leading Small Groups"[J].*China Leadership Monitor*, 2008(26): 1-21

［35］Menzel D. C. "An Interorganizational Approach to Policy Implementation".*Public Administration Quarterly*[J], 1987, 11(1): 3-16

［36］Nicole Ning Liu, Carlos W. H.,Xueyong Zhan, Wei Wang. "Campaign-Style Enforcement and Regulatory Compliance"[J].*Public Admin Review*,2015(75):85-95

［37］O'Toole L.J., Montjoy R. S. "Interorganizational Policy Implementation: A Theoretical Perspective"[J]. *Public Administration*, 1984(6): 498-503

［38］Nathan A. J. "Authoritarian Resilience"[J]. *Journal of Democracy*, 2003, 14(1): 6

[39] Perri 6, Nick Goodwin, Edward Peck, Tim Freeman. *Managing Networks of 21st Century Organizations*[M]. Basingstoke: Palgrave Macmillan, 2006

[40] Perri 6. *Holistic Government*[M]. London: Demos, 1997

[41] Pollitt C. "Joined-up Government: A Survey"[J]. *Political Studies Review*, 2003, 1(1): 34-49

[42] Smith T. B. "The Implementation Process"[J]. *Polity Sciences*, 1973, 4(2): 203-205

[43] Thomson A. M., Perry J. L. "Collaborative Process: Inside the Black Box"[J]. *Public Administration Review*, 2006, 66(s1): 20-32

[44] Thompson J. D., McEwen W. J. "Organizational Goals and Environment: Goal setting as an Interaction Process"[J]. *American Sociological Review*, 1958, 23(1): 23-31

[45] Tsai W-H, Zhou W. "Integrated Fragmentation and the Role of Leading Small Groups in Chinese Politics"[J]. *The China Journal*, 2019, 82(1): 1-22

[46] Van de Ven, A. H. "On the Nature, Formation, and Maintenance of Relations Among Organizations"[J]. *Academy of Management Review*, 1976, 1(4): 24-36

[47] Wandersman A., Goodman R. M., Butterfoss F. D. "Understanding Coalition and How They Operate as Organizations"[A]. In M.Minkler ed. *Community Organizing and Community Building for Health*[M]. New Brunswick: Rutgers University Press, 2005

[48] Waldo D. *The Administrative State: A Study of the Political Theory of American Public Administration*[M]. New York: The Ronald Press Company, 1948

[49] Wood D. J, Gray B. "Toward A Comprehensive Theory of Collaboration" [J]. *Journal of Applied Behavioral Science*, 1991, 27(2): 139-162

[50] Whetten D. A. "Inter-organizational Relations: A Review of the Field"[J]. *The Journal of Higher Education*, 1981, 52(1): 21

[51] Zald, M. N.ed. *Power and Organizations*[M]. Nashvlle: Vanderbilt University Press, 1970

中文文献（含译文）

[1] 埃莉诺·奥斯特罗姆. 公共事物的治理之道：集体行动制度的演进[M]. 余逊达，陈旭东，译. 上海：上海三联书店出版社，2000.

[2] 艾尔弗雷德·D. 钱德勒. 战略与结构：美国工商企业成长的若干篇章[M]. 孟昕译. 黄一义，林大建，译校. 昆明：云南人民出版社，2002.

[3] 安东尼·M. 奥勒姆，约翰·G. 戴尔. 政治学与社会[M]. 王军，译. 北京：中国人民

大学出版社，2017.

[4] 安东尼·唐斯. 官僚制内幕 [M]. 郭小聪，等译. 郭小聪，李学，校. 北京：中国人民大学出版社，2006.

[5] B. 盖伊·彼得斯. 政府未来的治理模式 [M]. 吴爱明，夏宏图，译. 张成福，校. 北京：中国人民大学出版社，2013.

[6] 切斯特·巴纳德. 组织与管理 [M]. 曾琳，赵菁，译. 北京：中国人民大学出版社，2009.

[7] 鲍勃·杰索普. 治理的兴起及其失败的风险：以经济发展为例的论述 [J]. 漆燕，译. 国际社会科学杂志：中文版，1999（01）：31-48.

[8] 彼得·M. 布劳. 社会生活中的交换与权力 [M]. 李国武，译. 商务印书馆，2008.

[9] 蔡禾. 国家治理的有效性与合法性：对周雪光、冯仕政二文的再思考 [J]. 开放时代，2012（02）：135-143.

[10] 蔡澜. 协同治理：复杂公共问题的解决之道 [J]. 暨南学报（哲学社会科学版），2015，37（02）：110-118.

[11] 曹丽媛. 建国以来中央政府部际协调的历史演进、基本经验及启示 [J]. 南京社会科学，2013（03）：126-133.

[12] 陈柏峰. 党政体制如何塑造基层执法 [J]. 法学研究，2017，39（04）：191-208.

[13] 陈洪波，王亚平，张明新. 略论地方立法中部门利益倾向的一般表现形式及其防治对策 [J]. 法学评论，1999（02）：3-5.

[14] 陈家建. 督查机制：科层运动化的实践渠道 [J]. 公共行政评论，2015，8（02）：5-21+179.

[15] 陈家建，边慧敏，邓湘树. 科层结构与政策执行 [J]. 社会学研究，2013，28（06）：1-20+242.

[16] 陈丽君，童雪明. 科层制、整体性治理与地方政府治理模式变革 [J]. 政治学研究，2021（01）：90-103+157-158.

[17] 陈玲. 官僚体系与协商网络：中国政策过程的理论建构和案例研究 [J]. 公共管理评论，2006（02）：46-62.

[18] 陈玲. 中国高层领导小组的运作机制及其演化 [A]// 俞可平，海贝勒，安晓波. 中共的治理与适应：比较的视野 [M]. 北京：中央编译出版社，2015.

[19] 陈卫民. 关于中国旅游业行政管理行为与特征的若干认识 [J]. 旅游学刊，1999（04）：14-17+77.

[20] 陈柏强，柏利，徐艺函，刘增猛. 美国国防创新小组对中国军民科技协同创新

发展的启示 [J]. 科技导报，2020，38（15）：67-73.

［21］陈向明. 质的研究方法与社会科学研究 [M]. 北京：教育科学出版社，2000.

［22］陈振明. 公共管理学：一种不同于传统行政学的研究途径 [M]. 北京：中国人民大学出版社，2017.

［23］成思危. 认真开展案例研究，促进管理科学及管理教育发展 [J]. 管理科学学报，2001（05）：1-6.

［24］程同顺，李向阳. 当代中国"组"政治分析 [J]. 云南行政学院学报，2001（06）：15-19.

［25］程同顺，邢西敬. "中心工作"机制：乡镇运行模式的一种解读：基于 L 市辖区乡镇的分析 [J]. 江苏行政学院学报，2018（02）：111-120.

［26］道格拉斯·C. 诺思. 制度、制度变迁与经济绩效 [M]. 杭行，译. 韦森，译审. 上海：格致出版社，上海三联书店，上海人民出版社，2014.

［27］邓小平. 邓小平文选：第 3 卷 [M]. 北京：人民出版社，1993.

［28］狄金华. 通过运动进行治理：乡镇基层政权的治理策略：对中国中部地区麦乡"植树造林"中心工作的个案研究 [J]. 社会，2010，30（03）：83-106.

［29］丁煌，定明捷. 国外政策执行理论前沿评述 [J]. 公共行政评论，2010，3（01）：119-148+205-206.

［30］丁轶. 反科层制治理：国家治理的中国经验 [J]. 学术界，2016（11）：26-41+324.

［31］杜国强. "熟悉的陌生人"：行政组织领域的委员会现象 [J]. 天津行政学院学报，2021，23（03）：76-84.

［32］方坤. 论部门政治：类型、功能、运行与展望 [J]. 云南行政学院学报，2018，20（05）：65-72.

［33］冯仕政. 中国国家运动的形成与变异：基于政体的整体性解释 [J]. 开放时代，2011（01）：73-97.

［34］冯晓畅. 应急管理工作领导小组的组织特性及其制度建构 [J]. 宁夏社会科学，2021（01）：62-71.

［35］冯志峰. 中国运动式治理的定义及其特征 [J]. 中共银川市委党校学报，2007（02）：29-32.

［36］弗里蒙特·E. 卡斯特，詹姆斯·E. 罗森茨韦克. 组织与管理：系统方法与权变方法 [M]. 李注流，译. 北京：中国社会科学出版社，1985.

［37］杰弗里·韦斯特. 规模：复杂世界的简单法则 [M]. 张培，译. 张江，校译. 北京：中信出版社，2018.

[38] 福山. 大断裂：人类本性与社会秩序重建[M]. 唐磊，译. 广西：广西师范大学出版社，2015.

[39] 付帅，韩惠文. 天安门周边地区非法旅游类小广告的利益链条及治理对策[J]. 城市管理与科技，2009，11（04）：43-44.

[40] 傅雨飞. 我国政府部门影响力的非均衡分布及其成因研究：来自不同地区公务员的调查[J]. 中国行政管理，2014（08）：85-89.

[41] 高其才，张华. 习惯法视角下突发公共卫生事件应急指挥机构的组织和运行规范：以新冠肺炎疫情防控工作领导小组和指挥部为对象[J]. 学术交流，2020（05）：47-60+191.

[42] 高轩. 当代中国政府组织协同问题研究[M]. 上海：上海三联书店，2015.

[43] 郭圣莉，李旭，王晓晖. "倒逼"式改革：基于多案例的大数据分析[J]. 中国行政管理，2016（09）：94-99.

[44] 郭世平，朱新民. 从社会结构到社会自组织：一种基于自组织理论的后现代社会管理观[J]. 苏州大学学报（哲学社会科学版），2011，32（06）：95-99.

[45] H.K.科尔巴奇. 政策[M]. 张毅，韩志明，译. 吉林：吉林人民出版社，2005.

[46] 哈肯. 协同学讲座[M]，宁存政，李应刚，译. 西安：西安科学技术出版社.2007.

[47] 哈肯. 协同学：大自然构成的奥秘[M]. 凌复华，译. 上海：上海译文出版社，2001.

[48] 海尔·G.瑞尼. 理解和管理公共组织[M]. 王孙禺，达飞，等译. 北京：清华大学出版社，2002.

[49] 韩冬，谌赤军. 非常设机构不应是"非常权力"机构[J]. 中国行政管理，2004（03）：95.

[50] 韩克华. 当代中国的旅游业[M]. 北京：当代中国出版社，1994.

[51] 韩玉灵. 口述历史：中国旅游业40年[M]. 北京：旅游教育出版社，2019.

[52] 何怀远. 马克思主义理论的深层逻辑及其实践权变方法论[J]. 马克思主义研究，2009（11）：58-64.

[53] 何艳玲. 好研究是当下公共管理研究的大问题：兼论"中国"作为方法论[J]. 中国行政管理，2020（04）：56-63.

[54] 何艳玲，汪广龙. 不可退出的谈判：对中国科层组织"有效治理"现象的一种解释[J]. 管理世界，2012（12）：61-72.

[55] 何艳玲. 中国土地执法摇摆现象及其解释[J]. 法学研究，2013，35（06）：61-72.

[56] 河连燮. 制度分析: 理论与争议 [M]. 李秀峰, 柴宝勇, 译. 北京: 中国人民大学出版社, 2014.

[57] 贺东航, 孔繁斌. 中国公共政策执行中的政治势能: 基于近 20 年农村林改政策的分析 [J]. 中国社会科学, 2019 (04): 4-25+204.

[58] 贺东航, 孔繁斌. 公共政策执行的中国经验 [J]. 中国社会科学, 2011 (05): 61-79+220-221.

[59] 贺雪峰. 公私观念与中国农民的双层认同: 试论中国传统社会农民的行动逻辑 [J]. 天津社会科学, 2006 (01): 56-60.

[60] 亨利·明茨伯格. 卓有成效的组织: 经典版 [M]. 魏青江, 译. 浙江: 浙江教育出版社, 2020.

[61] 侯志阳, 张翔. 公共管理案例研究何以促进知识发展?: 基于《公共管理学报》创刊以来相关文献的分析 [J]. 公共管理学报, 2020, 17 (01): 143-151+175.

[62] 胡业飞. 组织内协调机制选择与议事协调机构生存逻辑: 一个组织理论的解释 [J]. 公共管理学报, 2018, 15 (03): 27-38+155.

[63] 胡颖廉. "中国式"市场监管: 逻辑起点、理论观点和研究重点 [J]. 中国行政管理, 2019 (05): 22-28.

[64] 胡之群, 罗正恩. "非法一日游"治理研究 [N]. 中国工商报, 2018, 7, 5 (003).

[65] 黄萃, 任弢, 张剑. 政策文献量化研究: 公共政策研究的新方向 [J]. 公共管理学报, 2015, 12 (02): 129-137+158-159.

[66] 黄光宇, 张继刚. 我国城市管治研究与思考 [J]. 城市规划, 2000 (09): 13-18.

[67] 黄科. 组织僵化、调适行为与中国的运动式治理 [J]. 江海学刊, 2019 (03): 137-142.

[68] 黄仁宇. 黄河青山: 黄仁宇回忆录 [M]. 张逸安, 译. 北京: 生活·读书·新知三联书店, 2007.

[69] 黄文平. 大部门制改革理论与实践问题研究 [M]. 北京: 中国人民大学出版社, 2014.

[70] 黄宗智. 实践社会科学研究指南 [M]. 广西: 广西师范大学出版社, 2020.

[71] 黄宗智. 连接经验与理论: 建立中国的现代学术 [J]. 开放时代, 2007 (04): 5-25.

[72] 黄宗智. 认识中国: 走向从实践出发的社会科学 [J]. 中国社会科学, 2005 (01): 83-93+207.

[73] 理查德·H. 霍尔. 组织: 结构、过程及结果 [M]. 张友星, 刘五一, 沈勇, 译. 上海: 上海财经大学出版社, 2003.

［74］加尔布雷斯.如何驾驭矩阵组织：像IBM与宝洁那样运作[M].张浩林,译.北京：清华大学出版社,2011.

［75］姜俊梅,刘文杰.坚持首都城市战略定位 促进本市旅游业健康发展[J].北京人大,2017（06）：6-11.

［76］姜俊梅,刘文杰,王玉.关于本市一日游问题的研究报告[J].北京人大,2016（12）：44-47.

［77］蒋敏娟.集体主义文化对跨部门协同的影响分析：基于中西方文化比较的视野[J].云南社会科学,2016（04）：140-144.

［78］蒋敏娟.法治视野下的政府跨部门协同机制探析[J].中国行政管理,2015（08）：37-41.

［79］蒋敏娟.从破碎走向整合：整体政府的国内外研究综述[J].成都行政学院学报,2011（03）：88-96.

［80］杰弗里·菲佛,杰勒尔德·R.萨兰基克.组织的外部控制：对资源依赖的分析[M].闫蕊,译.北京：东方出版社,2006.

［81］杰弗里·韦斯特.规模：复杂世界的简单法则[M].张培,译.北京：中信出版社,2018.

［82］杰伊·M.沙夫里茨.公共行政学经典：第7版·中国版[M].刘俊生,译.北京：中国人民大学出版社,2019.

［83］金国坤.政府协调：解决部门权限冲突的另一条思路[J].行政法学研究,2008（03）：108-114.

［84］金太军,张劲松.政府的自利性及其控制[J].江海学刊,2002（02）：106-112.

［85］经圣贤.对"旅游回扣"现象的经济学思考[J].现代经济探讨,2003（09）：64-66.

［86］柯武刚,史漫飞.制度经济学：社会程序与公共政策[M].韩朝华,译.北京：商务印书馆,2000.

［87］赖静萍.当代中国领导小组制度迁与现代国家成长[M].南京：江苏人民出版社,2015.

［88］赖静萍.当代中国党政关系的演进与现代国家的成长：以领导小组的历史变迁为观察点[J].江苏社会科学,2009（02）：109-115.

［89］赖先进.论政府跨部门协同治理[M].北京：北京大学出版社,2015.

［90］郎明远.政治文化视阈下的当代中国"小组机制"研究[D].山西大学,2020.

［91］李风华.治理理论：渊源、精神及其适用性[J].湖南师范大学社会科学学报,

2003（05）：45-51.

［92］李厚廷.制度多样性及其动态关联[J].社会科学研究，2010（03）：21-26.

［93］李金早.当代旅游学[M].北京：商务印书馆，中国旅游出版社，2018.

［94］李景鹏.权力政治学[M].北京：北京大学出版社，2008.

［95］李侃如.治理中国：从革命到改革[M].胡国成，赵梅，译.北京：中国社会科学出版社，2010.

［96］李克军.县委书记们的主政谋略[M].广东：广东人民出版社，2014.

［97］李明德."一日游"发展现状与对策：以北京为例[A]// 张广瑞，刘德谦，魏小安.旅游绿皮书：2004-2006年中国旅游发展分析与预测[M].北京：社会科学文献出版社，2006.

［98］李妮.任务型组织的产生与运作：基于"社工委"的观察与分析[J].广东行政学院学报，2021，33（01）：29-37.

［99］李平，曹仰锋.案例研究方法：理论与范例：凯瑟琳·艾森哈特论文集[M].北京：北京大学出版社，2012.

［100］李瑞昌.中国公共政策实施中的"政策空传"现象研究[J].公共行政评论，2012，5（03）：59-85+180.

［101］李松.解读"临时机构"现象[J].瞭望，2007（35）：17-20.

［102］李文钊，蔡长昆.整合机制的权变模型：一个大部制改革的组织分析：以广东省环境大部制改革为例[J].公共行政评论，2014，7（02）：97-118+172-173.

［103］李宜钊.论政策执行研究的复杂性转向[J].海南大学学报（人文社会科学版），2015，33（04）：37-43.

［104］练宏.注意力竞争：基于参与观察与多案例的组织学分析[J].社会学研究，2016，31（04）：1-26+242.

［105］梁星亮.中共中央在延安十三年史[M].北京：中央文献出版社，2016.

［106］梁学荣.矩阵制组织：鱼与熊掌兼得的多重心协同系统[M].北京：企业管理出版社，2021.

［107］林尚立.当代中国政治：基础与发展[M].北京：中国大百科全书出版社，2006.

［108］刘炳辉.超级郡县国家：人口大流动与治理现代化[J].文化纵横，2018（02）：31-39.

［109］刘炳辉.党政科层制：当代中国治体的核心结构[J].文化纵横，2019（02）：32-43+143.

［110］刘慧.弹性治理：全球治理的新议程[J].国外社会科学，2017（05）：17-25.

[111] 刘骥, 熊彩. 解释政策变通: 运动式治理中的条块关系 [J]. 公共行政评论, 2015, 8 (06): 88-112+187.

[112] 刘金广, 朱新宇, 戴帅. 城市停车"政府管理牵头部门"分析研究 [J]. 综合运输, 2020, 42 (11): 40-43.

[113] 刘锦. 地方政府跨部门协同治理机制建构: 以A市发改、国土和规划部门"三规合一"工作为例 [J]. 中国行政管理, 2017 (10): 16-21.

[114] 刘军强, 谢延会. 非常规任务、官员注意力与中国地方议事协调小组治理机制: 基于A省A市的研究 (2002-2012) [J]. 政治学研究, 2015 (04): 84-97.

[115] 刘磊. 街头政治的形成: 城管执法困境之分析 [J]. 法学家, 2015 (04): 31-47+177.

[116] 刘梦岳. 治理如何"运动"起来?: 多重逻辑视角下的运动式治理与地方政府行为 [J]. 社会发展研究, 2019, 6 (01): 121-142+244-245.

[117] 刘鹏. 工作专班: 新型议事协调机构的运行过程与生成逻辑 [J]. 中国行政管理, 2022 (05): 13-21+49.

[118] 刘鹏. 运动式监管与监管型国家建设: 基于对食品安全专项整治行动的案例研究 [J]. 中国行政管理, 2015 (12): 118-124.

[119] 刘鹏. 中国监管型政府建设: 一个分析框架 [J]. 公共行政评论, 2011, 4 (02): 51-69+179.

[120] 刘鹏. 转型中的监管型国家建设: 基于对中国药品管理体制变迁 (1949-2008) 的案例研究 [M]. 北京: 中国社会科学出版社, 2011.

[121] 刘圣中. 临时组织: 一体化行政与官僚制缺陷下的组织安排 [J]. 江苏行政学院学报, 2007 (03): 101-106.

[122] 刘伟忠. 我国协同治理理论研究的现状与趋向 [J]. 城市问题, 2012 (05): 81-85.

[123] 刘西涛. 跨部门协同视域下的地方政府执行力提升研究 [J]. 贵州省党校学报, 2016 (06): 35-41.

[124] 刘新萍. 政府横向部门间合作的逻辑研究: 机制、动机与策略 [M]. 上海: 复旦大学出版社, 2021.

[125] 刘亚平, 苏娇妮. 中国市场监管改革70年的变迁经验与演进逻辑 [J]. 中国行政管理, 2019 (05): 15-21.

[126] 刘杨. "专项治理"科层化的实践机制与制度前景: 以鄂中×镇食品药品监督管理所的执法工作为个案 [J]. 法商研究, 2017, 34 (01): 55-63.

［127］刘志文.以基层视角解读《J市旅游条例》[N].中国工商报，2017.8.26（003）.
［128］刘智峰.第七次革命[M].北京：中国社会科学出版社，2003.
［129］卢晖临，李雪.如何走出个案：从个案研究到扩展个案研究[J].中国社会科学，2007（01）：118-130+207-208.
［130］鲁宇.议事协调机构设置的制度逻辑：基于外部比较与内部比较的双重视角[J].中国行政管理，2022（02）：28-35.
［131］路风，何鹏宇.举国体制与重大突破：以特殊机构执行和完成重大任务的历史经验及启示[J].管理世界，2021，37（07）：1-18+1.
［132］罗伯特·K.默顿.社会理论与社会结构[M].唐少杰，齐心，译.江苏：译林出版社，2006.
［133］罗伯特·K.殷.案例研方法的应用：第3版[M].周海涛，夏欢欢，译.重庆：重庆大学出版社，2018.
［134］罗伯特·K.殷.案例研究：设计与方法：原书第5版[M].周海涛，史少杰，译.重庆：重庆大学出版社，2021.
［135］罗伯特·阿格拉诺夫，迈克尔·麦圭尔.协作性公共管理：地方政府新战略[M].李玲玲，鄞益奋，译.北京：北京大学出版社，2007.
［136］骆珣.项目管理教程[M].北京：机械工业出版社，2004.
［137］吕德文.兜底部门的运作逻辑[J].南京社会科学，2018（04）：53-63.
［138］吕志奎，侯晓菁.超越政策动员："合作治理"何以有效回应竞争性制度逻辑：基于×县流域治理的案例研究[J].江苏行政学院学报，2021（03）：98-105.
［139］吕志奎.通向包容性公共管理：西方合作治理研究述评[J].公共行政评论，2017，10（02）：156-177+197.
［140］C.赖特·米尔斯.社会学的想象力[M].陈强，张永强，译.北京：生活·读书·新知三联书店，2005.
［141］马海鹰，吴宁.全域旅游发展首在强化旅游综合协调体制机制[J].旅游学刊，2016，31（12）：15-17.
［142］马骏.公共行政学的想象力[J].中国社会科学评价，2015（01）：17-35+127.
［143］马克斯·韦伯.经济与社会：下册[M].林荣远，译.北京：商务印书馆，2006.
［144］马力宏.论政府管理中的条块关系[J].政治学研究，1998（04）：3-5.
［145］马伊里.合作困境的组织社会学分析[M].上海：上海人民出版社，2008.
［146］马英娟.走出多部门监管的困境：论中国食品安全监管部门间的协调合作[J].清华法学，2015，9（03）：35-55.

［147］迈克·希尔，彼特·休普.执行公共政策：理论与实践中的治理[M].黄健荣，译.北京：商务出版社，2011.

［148］迈克尔·麦金尼斯.多中心体制与地方公共经济[M].毛寿龙，译.上海：上海三联书店，2000.

［149］曼瑟尔·奥尔森.集体行动的逻辑[M].陈郁，郭宇峰，李崇新，译.上海：上海三联书店，2000.

［150］毛基业，李高勇.案例研究的"术"与"道"的反思：中国企业管理案例与质性研究论坛（2013）综述[J].管理世界，2014（2）：111-117.

［151］毛泽东.论十大关系//毛泽东文集：第7卷[M].北京：北京人民出版社，1999.

［152］孟庆国，陈思丞.中国政治运行中的批示：定义、性质与制度约束[J].政治学研究，2016（05）：70-82+126-127.

［153］苗东升.系统科学精要[M].北京：中国人民大学出版社，2010.

［154］倪星，原超.小组治国：从政治控制到国家治理[A]//中山大学中国公共管理研究中心.21世纪的公共管理：机遇与挑战：第六届国际学术研讨会论文集.中央编译出版社，2017.

［155］宁骚.公共政策学：第3版[M].北京：高等教育出版社，2018.

［156］欧阳静.中心工作与县域政府的强治理[J].云南行政学院学报，2017，19（06）：5-13.

［157］欧阳静.论基层运动式治理：兼与周雪光等商榷[J].开放时代，2014（06）：180-190+9.

［158］庞明礼.领导高度重视：一种科层运作的注意力分配方式[J].中国行政管理，2019（04）：93-99.

［159］彭锦鹏.全观型治理：理论与制度化策略[J].（台湾）政治科学论丛，2005（23）：61-100.

［160］彭长桂.兄弟并不平等：国有企业部门地位的正当性研究[M].社会科学文献出版社，2016.

［161］乔纳森·S.戴维斯，戴维·L.英布罗肖.城市政治学理论前沿：第2版[M].何艳玲，译.上海：格致出版社，2013.

［162］青木昌彦.比较制度分析[M].周黎安，译.上海：上海远东出版社，2001.

［163］曲博.因果机制与过程追踪法[J].世界经济与政治，2010（04）：97-108+158-159.

［164］渠敬东.项目制：一种新的国家治理体制[J].中国社会科学，2012（05）：113-

130+207.

[165] 渠敬东,周飞舟,应星.从总体支配到技术治理:基于中国30年改革经验的社会学分析[J].中国社会科学,2009(06):104-127+207.

[166] 渠敬东.坚持结构分析和机制分析相结合的学科视角,处理现代中国社会转型中的大问题[J].社会学研究,2007(02):206-210.

[167] 瞿同祖.清代地方治理[M].北京:法律出版社,2003.

[168] 乔纳森·R.汤普金斯.公共管理学说史:组织理论与公共管理[M].夏镇平,译.上海:上海译文出版社,2010.

[169] R.梅雷迪思·贝尔滨.未来的组织形式[M].郑海涛,王瑾瑜,译.北京:机械工业出版社,2001.

[170] 冉冉."压力型体制"下的政治激励与地方环境治理[J].经济社会体制比较,2013(03):111-118.

[171] 饶慧,王兴国,张德新,江滨.组织扁平化理论与行政体制改革[J].经济与社会发展,2005(09):51-55.

[172] 任宇东,王毅杰.指挥部的运作机制:基于"合法性—效率性"的视角[J].公共行政评论,2019,12(01):151-168+215.

[173] 荣敬本等.再论从压力型体制向民主合作体制的转变:县乡两级政治体制改革的比较研究[M].北京:中央编译出版社,2001.

[174] 荣敬本等.从压力型体制向民主合作体制的转变:县乡两级政治体制改革[M].北京:中央编译出版社,1998.

[175] Sebastian Heilmann.中国异乎常规的政策制定过程:不确定情况下反复试验[J].开放时代,2009(07):41-48+26.

[176] 尚文化.谈谈临时机构的改革[J].中国行政管理,1985(6):6-7.

[177] 邵宗海.中共中央工作领导小组的组织定位[J].(台湾)中国大陆研究,2005,(3).

[178] 施雪华.中央政府内部行政协调的理论和方法[J].政治学研究,1997(02):67-73.

[179] 石磊.跨部门协同视角下城市治理长效机制建设研究:以济南市"拆违拆临"为例[J].四川行政学院学报,2018(01):27-34.

[180] 石绍成.适应性治理:地方环境事务过程研究[M].北京:中国社会科学出版社,2020.

[181] 石亚军,施正文.我国行政管理体制改革中的"部门利益"问题[J].中国行政

管理，2011（05）：7-11.

［182］史蒂芬·戈德史密斯，苏珊·克劳福德.数据驱动的智能城市[M].车品觉，译.浙江：浙江人民出版社，2019.

［183］斯图尔特·克雷纳.管理百年[M].闾佳，译.北京：中国人民大学出版社，2013.

［184］宋刚，张楠，朱慧.城市管理复杂性与基于大数据的应对策略研究[J].城市发展研究，2014，21（08）：95-102.

［185］宋刚，唐蔷.现代城市及其管理：一类开放的复杂巨系统[J].城市发展研究，2007（02）：66-70.

［186］宋华琳.建构政府部门协调的行政法理[J].中国法律评论，2015（02）：45-49.

［187］宋世明.试论从"部门行政"向"公共行政"的转型[J].上海行政学院学报，2002（04）：37-46.

［188］孙柏瑛.突破"碎片化"：构建"回应性"城市政府协同治理框架：基于杭州上城区"平安365"的案例分析[J].地方治理研究，2018（01）：2-16+78.

［189］孙汉忠.对协同执行机制的分析：以"执行难"的综合治理为视角[J].人民司法，2010（01）：70-74.

［190］孙婧婧，和经纬.作为溯因推理研究方法的因果过程追踪及其在公共政策研究中的应用[J].公共管理评论，2020，2（04）：214-229.

［191］孙立."政治正确"与部门利益：一种泛政治化现象的分析[J].中国改革，2006（08）：18-19.

［192］孙立平，郭于华."软硬兼施"：正式权力的非正式运作的过程分析：华北B镇收粮的个案研究[A]//清华大学社会学系.清华社会学评论（特辑1）[M].福建：鹭江出版社，2000.

［193］孙楠.论行政组织法上临时机构的法律规制[J].福建质量管理，2017（18）：188.

［194］孙迎春.发达国家整体政府跨部门协同机制研究[M].北京：国家行政学院出版社，2014.

［195］孙迎春.国外政府跨部门协同机制及其对中国的启示[J].行政管理改革，2013（10）：63-67.

［196］Tom Christensen，Per Lgreid，张丽娜，袁何俊.后新公共管理改革：作为一种新趋势的整体政府[J].中国行政管理，2006（09）：83-90.

［197］汤普森.行动中的组织：行政理论的社会科学基础[M].敬乂嘉，译.上海：上

海人民出版社，2007.

[198] 汤利华.旅游管理是什么：大众休闲时代的变迁与治理[M]北京：中国旅游出版社，2019.

[199] 汤文仙.精细化管理视角下的城市治理理论构建与探索[J].新视野，2018（06）：74-80.

[200] 唐皇凤.常态社会与运动式治理：中国社会治安治理中的"严打"政策研究.开放时代，2007（03）：115-129.

[201] 唐兴贤.政策工具的选择与政府的社会动员能力：对"运动式治理"的一个解释[J].学习与探索，2009（03）：59-65.

[202] 陶希东.跨界治理：中国社会公共治理的战略选择[J].学术月刊，2011，43（08）：22-29.

[203] 田昊，李娉.中国情境下公共政策执行主要问题的转变及其制度分析[J].中国行政管理，2019（05）：77-83.

[204] 田启战.新时代中国共产党巡视制度的出场逻辑：基于制度有效性视角[J].湖湘论坛，2020，33（06）：89-96.

[205] 童宁.地方政府非常设机构成因探析[J].中国行政管理，2007（03）：31-33.

[206] 涂锋.从执行研究到治理的发展：方法论视角[J].公共管理学报，2009,6（03）：111-120+128.

[207] 托马斯·彼得斯，罗伯特·沃特曼.追求卓越[M].胡玮珊，译.北京：中信出版社，2009.

[208] 托尼·劳森.重新定向经济学[M].龚威，译.北京：中国书籍出版社，2018.

[209] 托尼·赛奇，邵明阳.盲人摸象：中国地方政府分析[J].经济社会体制比较，2006（04）：96-104.

[210] 王春晓.三明医改：政策试验与卫生治理[M].北京：社科文献出版社，2018.

[211] 王汉生，吴莹.基层社会中"看得见"与"看不见"的国家：发生在一个商品房小区中的几个"故事"[J].社会学研究，2011，25（01）：63-95+244.

[212] 王豪，李庆雷.基于信息不对称理论的"一日游"乱象治理研究[J].黔南民族师范学院学报，2019，39（02）：94-98.

[213] 王沪宁.集分平衡：中央与地方的协同关系[J].复旦学报（社会科学版），1991（02）：27-36.

[214] 王荟.城市管理跨部门协同研究[D].西南政法大学，2017.

[215] 王连伟，刘士竹.运动式治理的中国逻辑："需求—供给"的分析视角[J].天津

行政学院学报, 2018, 20 (05): 53-60.

[216] 王麟. 行政协助论纲：兼评《中华人民共和国行政程序法（试拟稿）》的相关规定 [J]. 法商研究, 2006 (01): 44-50.

[217] 王苗苗, 谭康林. 高位推动下的政策执行过程分析：基于广东 S 市 C 社区网格化管理实践 [J]. 汕头大学学报（人文社会科学版）, 2019, 35 (03): 69-75+96.

[218] 王浦劬, 汤彬. 当代中国治理的党政结构与功能机制分析 [J]. 中国社会科学, 2019 (09): 4-24+204.

[219] 王浦劬. 论新时期深化行政体制改革的基本特点 [J]. 中国行政管理, 2014 (02): 6-14.

[220] 王浦劬. 我国政治学学术发展中的基本关系论析：纪念十一届三中全会 30 周年 [J]. 政治学研究, 2008 (6): 31-43.

[221] 王清. 行政执法中的部门博弈：一项类型学分析 [J]. 政治学研究, 2015 (02): 69-78.

[222] 王天星. J 市地方旅游立法研究：改革开放 30 年的回顾与展望 [J]. 北京政法职业学院学报, 2008 (02): 8-12.

[223] 王伟, 曹丽媛. 作为任务型组织的政府议事协调机构 [J]. 中共中央党校学报, 2013, 17 (04): 51-55.

[224] 王锡锌, 章永乐. 专家、大众与知识的运用：行政规则制定过程的一个分析框架 [J]. 中国社会科学, 2003 (03): 113-127+207-208.

[225] 王旭科, 张泽琳. 从孤立到综合：北京非法"一日游"治理模式的革新 [J]. 旅游论坛. 2013, 6 (05): 88-92.

[226] 王雅琴. 城市管理监察综合行政执法之理论与实践 [M]. 北京：法律出版社, 2016.

[227] 王宗凡. 我国医疗保险改革的跨部门政策执行模式：以 B 市为个案的研究 [A].// 王思斌. 中国社会工作研究：第 8 辑 [M], 2012.

[228] 王宁. 代表性还是典型性？：个案的属性与个案研究方法的逻辑基础 [J]. 社会学研究, 2002 (05): 123-125.

[229] 魏娜. 官僚制的精神与转型时期我国组织模式的塑造 [J]. 中国人民大学学报, 2002 (01): 87-92.

[230] 温金童, 李飞龙. 抗战时期陕甘宁边区的卫生防疫 [J]. 抗日战争研究, 2005 (3): 153-173.

[231] 文宏, 崔铁. 矩阵式结构、网格化管理与多机制保障：运动式治理中的纵向府

际合作实现[J].四川大学学报（哲学社会科学版），2015（03）：121-128.

[232] 翁士洪.整体性治理及其在非结构化社会问题方面的运用：以西藏林芝地区"希望工程"政策运作为例[J].甘肃行政学院学报，2009（05）：71-79+127.

[233] 吴鹏，范学臣.公安机关参与联合执法的分析[J].中国行政管理，2008（04）：32-35.

[234] 吴鹏，范学臣."联合执法"的问题及完善路径[J].中国行政管理，2006（05）：24-27.

[235] 吴锡泓，金荣枰.政策学的主要理论[M].金东日，译.上海：复旦大学出版社，2005.

[236] 吴晓林.结构依然有效：迈向政治社会研究的"结构—过程"分析范式[J].政治学研究，2017（02）：96-108+128.

[237] 吴晓林."小组政治"研究：内涵、功能与研究展望[J].求实，2009（03）：64-69.

[238] 吴知论.优化协同高效原则的理论和实践意义[J].中国行政管理，2021（12）：15.

[239] 吴志成.治理创新：欧洲治理的历史、理论与实践[M].天津：天津人民出版社，2003.

[240] 威廉姆森.市场与层级制[M].蔡晓月，孟俭，译.上海：上海财经大学出版社，2011.

[241] 夏书章.加强合作治理研究是时候了[J].复旦公共行政评论，2012（2）：1-4.

[242] 谢庆奎.中国政府的府际关系研究[J].北京大学学报（哲学社会科学版），2000（01）：26-34.

[243] 谢秋山，陈世香.弥补而非打破官僚制：国家治理现代化背景下的任务型组织再认识[J].甘肃行政学院学报，2018（05）：11-20+125.

[244] 谢延会，陈瑞莲.中国地方政府议事协调机构设立和运作逻辑研究[J].学术研究，2014（10）：50-55.

[245] 熊烨.跨域环境治理：一个"纵向—横向"机制的分析框架：以"河长制"为分析样本[J].北京社会科学，2017（05）：108-116.

[246] 徐刚.编制资源的治理取向：一个试点悖论的视角：基于市县机构案例的追踪比较[J].公共管理学报，2020，17（04）：43-52+167.

[247] 徐家良.市场经济功能与地方政府管制的限度：以郑州"馒头风波"为例[J].北京行政学院学报，2002（04）：20-24.

［248］徐菊凤．旅游研究：理论与实践[M]．北京：旅游教育出版社，2015．

［249］徐明强．指挥部如何指挥？：精准扶贫中地方政府的组织型变与政策执行[J]．经济社会体制比较，2021（4）：108-118．

［250］徐晓林，朱国伟．解释与取向：运动式治理的制度主义视野：以"治庸问责"风暴为背景的分析[J]．学习与实践，2011（08）：86-94．

［251］徐旭洲，任国斌．政府部门间协调配合机制的研究与思考[J]．机构与行政，2016（08）：54-56．

［252］徐岩，范娜娜，陈那波．合法性承载：对运动式治理及其转变的新解释：以A市18年创卫历程为例[J]．公共行政评论，2015，8（02）：22-46+179．

［253］徐艳晴，周志忍．水环境治理中的跨部门协同机制探析：分析框架与未来研究方向[J]．江苏行政学院学报，2014（06）：110-115．

［254］徐勇．治理转型与竞争：合作主义[J]．开放时代，2001（07）：25-33．

［255］徐静．北京一日游参团游客满意度测量及相关问题研究[D]．北京交通大学，2018．

［256］薛立强．授权体制：改革开放时期政府间纵向关系研究[M]．天津：天津人民出版社，2010．

［257］颜海娜．技术嵌入协同治理的执行边界：以S市"互联网+治水"为例[J]．探索，2019（04）：144-155．

［258］颜海娜．我国食品安全监管体制改革：基于整体政府理论的分析[J]．学术研究，2010（05）：43-52+160．

［259］颜海娜，聂勇浩．制度选择的逻辑：我国食品安全监管体制的演变[J]．公共管理学报，2009，6（03）：12-25+121-122．

［260］燕继荣．协同治理：社会管理创新之道：基于国家与社会关系的理论思考[J]．中国行政管理，2013（02）：58-61．

［261］杨富斌．北京一日游亟待规范，游客需谨慎参团[A]//杨富斌等．旅游法论丛：第3辑[M]．北京：中国法制出版社，2013．

［262］杨冠琼，刘雯雯．公共问题与治理体系：国家治理体系与能力现代化的问题基础[J]．中国行政管理，2014（02）：15-23．

［263］杨宏山，石晋昕．跨部门治理的制度情境与理论发展[J]．湘潭大学学报（哲学社会科学版），2018，42（3）：12–17．

［264］杨宏山．转型中的城市治理[M]．北京：中国人民大学出版社，2017．

［265］杨宏山．情境与模式：中国政策执行的行动逻辑[J]．学海，2016（03）：12-17．

［266］杨华, 袁松. 中心工作模式与县域党政体制的运行逻辑: 基于江西省 D 县调查 [J]. 公共管理学报, 2018, 15（01）: 12-22+153-154.

［267］杨雪冬. "小组政治"与制度弹性 [J]. 人民论坛, 2014（15）: 6.

［268］杨雪冬. 压力型体制: 一个概念的简明史 [J]. 社会科学, 2012（11）: 4-12.

［269］杨志军. 三观政治与合法性基础: 一项关于运动式治理的四维框架解释 [J]. 浙江社会科学, 2016（11）: 28-38+156-157.

［270］杨志军. 运动式治理悖论: 常态治理的非常规化: 基于网络"扫黄打非"运动分析 [J]. 公共行政评论, 2015, 8（02）: 47-72+180.

［271］叶敏. 迈向网格化管理: 流动社会背景下的科层制困境及其破解之道 [J]. 南京社会科学, 2018（04）: 64-71.

［272］叶托, 李金珊, 杨喜平. 碎片化政府: 理论分析与中国实际 [J]. 中共宁波市委党校学报, 2011, 33（02）: 42-48.

［273］叶托. 国务院议事协调机构的变迁及其逻辑 [J]. 中国行政管理, 2015（12）: 28-33.

［274］易承志. 大城善治: 中国大都市发展中的政府治理机制创新研究 [M]. 北京: 北京大学出版社, 2017.

［275］于文轩. 中国公共行政学研究的未来: 本土化、对话和超越 [J]. 公共行政评论, 2013, 6（01）: 15-20.

［276］余湘青. 对公安机关参与行政联合执法的理性思考: 兼论警察行政协助法律制度的构建 [J]. 中国行政管理, 2008（09）: 23-27.

［277］俞红. 项目管理及其组织结构 [J]. 商业经济与管理, 2004（09）: 29-32.

［278］俞可平. 中国的治理变迁: 1978-2018[M]. 北京: 社会科学文献出版社, 2018.

［279］俞可平. 推进国家治理体系和治理能力现代化 [J], 前线, 2014（01）: 5-8+13.

［280］俞楠, 黄忠怀. 英美两国政府内部控制暨行政督察制度研究: 政治学与行政学的视角 [J]. 中国行政管理, 2016（11）: 126-132.

［281］原超. "政治势能"视阈下新时代议事协调机构的制度逻辑及职能优化 [J]. 广西师范大学学报（哲学社会科学版）, 2020, 56（04）: 41-50.

［282］原超. 理解"议事协调小组": 中国特色政策执行的实践工具 [J]. 领导科学论坛, 2019（15）: 36-48.

［283］原超. 地方治理中的"小组机制"研究 [M]. 北京: 中央编译出版社, 2017.

［284］原超. "领导小组机制": 科层治理运动化的实践渠道 [J]. 甘肃行政学院报, 2017（05）: 35-46+126-127.

[285] 原超, 李妮. 地方领导小组的运作逻辑及对政府治理的影响：基于组织激励视角的分析 [J]. 公共管理学报, 2017, 14（01）: 27-37+155.

[286] 约翰·W. 克雷斯威尔. 研究设计与写作指导：定性定量与混合研究的路径 [M]. 崔延强, 译. 重庆: 重庆大学出版社, 2007.

[287] 岳经纶. 食品安全问题及其政策工具选择 // 白钢、史卫民. 中国公共政策分析 [M]. 北京: 中国社会科学出版社, 2006.

[288] 臧雷振, 徐湘林. 理解"专项治理"：中国特色公共政策实践工具 [J]. 清华大学学报（哲学社会科学版）, 2014, 29（06）: 161-170+181.

[289] 詹姆斯·R. 汤森, 布莱特利·沃马克. 中国政治 [M]. 顾速, 董方, 译. 江苏: 江苏人民出版社, 2010.

[290] 詹姆斯·L. 吉布森等. 组织学: 行为、结构和过程: 第 10 版 [M]. 王常生, 译. 北京: 电子工业出版社, 2002.

[291] 张成福, 李昊城, 李丹婷. 政府横向协调机制的国际经验与优化策略 [J]. 中国机构改革与管理, 2012（05）: 11-14.

[292] 张创新, 韩艳丽. 协同执行：政府执行力提升的新路径 [J]. 黑龙江社会科学, 2012（05）: 18-22.

[293] 张凤阳. 任务型组织的生存逻辑：以计划生育委员会为例 [J]. 中国行政管理, 2015（01）: 77-82.

[294] 张康之. 论走向合作制组织的结构变革 [J]. 学习与探索, 2019（09）: 65-73.

[295] 张康之等. 任务型组织研究 [M]. 北京: 中国人民大学出版社, 2009.

[296] 张康之. 走向合作治理的历史进程 [J]. 湖南社会学, 2006（04）: 31-36.

[297] 张树平. 政府体制改革的实与新 [M]. 上海: 上海人民出版社, 2019.

[298] 张陶然, 宫志刚. 制度分析框架下的旅游警务建设困境与发展路径 [J]. 理论月刊, 2019（11）: 106-116.

[299] 张庭伟. 新自由主义·城市经营·城市管治·城市竞争力 [J]. 城市规划, 2004（05）: 43-50.

[300] 张五常. 中国的经济制度 [M]. 北京: 中信出版社, 2009.

[301] 张泽滈, 刘宏. 渐进决策与治理能力：以新加坡对抗新冠疫情为例 [J]. 湖北社会科学, 2020（08）: 42-51.

[302] 张铮, 李政华. "领导小组"机制的发展理路与经验：基于历史制度主义的分析 [J]. 中国行政管理, 2019（12）: 103-108.

[303] 赵鼎新. 论机制解释在社会学中的地位及其局限 [J]. 社会学研究, 2020, 35（02）:

1-24+242.

［304］折晓叶.“田野”经验中的日常生活逻辑：经验、理论与方法[J].社会，2018，38（01）：1-29.

［305］郑传坤，黄清吉.健全党内监督与完善巡视制度[J].政治学研究，2009（05）：68-73.

［306］郑桂玲.“旅游警察”能否根治旅游乱象[J].江淮法治，2015（20）：2+1.

［307］郑晶，孔令学.北京"一日游"市场秩序治理的法律与政策思考//许传玺.北京法治发展报告（2013）[M].北京：法律出版社，2014.

［308］钟开斌.中国应急管理机构的演进与发展：基于协调视角的观察[J].公共管理与政策评论，2018，7（06）：21-36.

［309］周飞舟.政府行为与中国社会发展：社会学的研究发现及范式演变[J].中国社会科学，2019（03）：21-38+204-205.

［310］周军.官僚制控制体系的失灵与变革：通过任务型组织的建构寻求出路[J].公共管理与政策评论，2015，4（03）：21-28.

［311］周天勇，翁士洪.从管理走向治理：中国行政体制改革40年[M].上海：格致出版社，2018.

［312］周望.办事机构如何办事？：对领导小组办公室的一项整体分析[J].北京行政学院学报，2020（01）：43-50.

［313］周望.中国治理实践中的技术性机制[J].内蒙古社会科学：汉文版，2018，39（06）：36-41.

［314］周望.超越议事协调：领导小组的运行逻辑及模式分化[J].中国行政管理，2018（03）：113-117.

［315］周望.改革机制谈之领导小组[J].中国机构改革与管理，2018（10）：20-22.

［316］周望.议事协调机构的过去、现在与未来[J].中共天津市委党校学报，2013，15（06）：68-72.

［317］周望.议事协调机构和临时机构改革研究综述[J].天水行政学院学报，2010（02）：61-65.

［318］周望.中国"小组"政治模式解析[J].云南社会科学，2010（03）：14-18.

［319］周望.中国"小组机制"研究[M].天津：天津人民出版社，2010.

［320］周雪光.中国国家治理的制度逻辑[M].北京：生活·读书·新知三联书店，2017.

［321］周雪光.运动型治理机制：中国国家治理的制度逻辑再思考[J].开放时代，2012（09）：105-125.

[322] 周雪光. 权威体制与有效治理：当代中国国家治理的制度逻辑 [J]. 开放时代，2011（10）：67-85.

[323] 周雪光，练宏. 政府内部上下级部门间谈判的一个分析模型：以环境政策实施为例 [J]. 中国社会科学，2011（05）：80-96+221.

[324] 周雪光. 组织社会学十讲 [M]. 北京：社会科学文献出版社，2003.

[325] 周雪光. 西方社会学关于中国组织与制度变迁研究状况述评 [J]. 社会学研究，1999（04）：3-5.

[326] 周翼虎等. 中国单位制 [M]. 北京：中国经济出版社，2002.

[327] 周志忍，蒋敏娟. 中国政府跨部门协同机制探析：一个叙事与诊断框架 [J]. 公共行政评论，2013，6（01）：91-117+170.

[328] 周志忍. "大部制"：难以承受之重 [J]. 中国报道，2008（03）：63-65.

[329] 曾凡军，王宝成. 我国政府预算的碎片化现状及其整体性治理策略研究 [J]. 理论月刊，2010（09）：60-62.

[330] 曾健，张一方. 社会协同学 [M]. 北京：科学出版社，2000.

[331] 曾培炎. 西部大开发决策回顾 [M]. 北京：新华出版社，2010.

[332] 曾维和. "整体政府"：西方政府改革的新趋向 [J]. 学术界，2008（03）：285-290.

[333] 朱春奎，毛万磊. 议事协调机构、部际联席会议和部门协议：中国政府部门横向协调机制研究 [J]. 行政论坛，2015，22（06）：39-44.

[334] 朱光磊. 当代中国政府过程 [M]. 天津：天津人民出版社，2008.

[335] 朱光磊，李利平. 从"分管"到"辅佐"：中国副职问题研究 [J]. 政治学研究，2007（03）：52-60.

[336] 朱光磊，张志红. "职责同构"批判 [J]. 北京大学学报（哲学社会科学版），2005（01）：101-112.

[337] 朱国云. 组织理论 [M]. 江苏：南京大学出版社，2014.

[338] 朱国云. 公共组织理论 [M]. 江苏：南京大学出版社，2003.

[339] 朱四倍. 民生若被部门利益裹胁？[J]. 科学决策，2007（04）：32.

[340] 朱晓武，阎妍. 组织结构维度研究理论与方法评介 [J]. 外国经济与管理，2008（11）：57-65.

[341] 邹爱勇. 旅游市场监管与法律风险防范 [M]. 北京：中国旅游出版社，2018.

[342] 中国行政改革研究会. 中国行政体制改革前沿问题 [M]. 北京：中共中央党校出版社，2018.

后　记　努力用学术讲好本土城市治理故事

在此，还想在"论文写在大地上""讲好中国故事""大兴调查研究之风"等国家相关倡导背景下，结合议题研究，谈谈通过案例方法研究本土治理的粗浅认识以求教于方家：

常听人说起"很多人的工作是无意义的"（当然包括很多研究也是），也常自问这些年探索开展的公共治理相关研究到底意义何在？不是有人疑问"研究者能比行政实践者懂更多？"或者"研究了又能怎样呢？"……还看过某著名大学相关学科教授吐槽学术圈盛产"精致的平庸"、甚至只是"不精致的平庸"的观点。虽不能完全认同，但经年在一亩三分地里"挖呀挖"、然后动辄的"万言书"如不能一定程度地超越媒体深度报道、局内人的经验之谈乃至公众的朴素认知——甚至最终只是以记数的方式被评价的流水线作业，那这样学术的确是有些"丧"的……

这话题说深了得回到何谓社会科学、社会科学何为，由于其复杂性及国内外研究生态等无法在此展开，目前个人的简单认识是：所谓社会科学兼具了科学和人文属性，从后者看，其也如同寓言、诗歌等体裁，是希望认知复杂社会的个体对现实的理解和表达；而从前者看，作为"挖掘社会事实的人"，研究者的这种观察思考应是深入系统的并能加以抽象概括，这样其对现象背后的因果关系、因果机制的解释力会较寓言等更稳定些。这样两面来看，社会科学的意义或高下首先看谁更能敏感抓住、积极回应身处时代的一些要题，之后能通过有效方法进行学理探讨，更有甚者还形成"近人"的表达（如所谓"人人心中有，一人口中出"，现在可称"嘴替"吧）。由此还可见，立足最熟悉的"大地"进行观察思考、希望对其有所建设性而非为写而写是这种研究的题中应有之义。退而言其次，也表达了研究者的结构性认知，且这是能让希望通过论文来认识"大地"的人有实打实收获的——于己于人都有认知提升是这"活路"最基本的获得感，这还可以一定程度消解"说有用就有用、说没用即没用"的尴尬。

　　这里有必要单独谈一下方法的问题。任何价值达成无疑都需要工具或方法，那什么才是能帮助认知真实世界的有效方法呢？似乎已有一套"看齐"自然科学而成的通则，当然也不乏质疑或批评。例如，有"20世纪的达尔文"之称的进化生物学家恩斯特·迈尔早就强调生物学的研究不同于物理学研究——社会科学研究当然更可以有别于物理学；哈耶克在获经济学诺奖的感言中也对作为文科显学的经济学照搬自然科学方法提出严厉批评。从本土公共治理研究看，早在民国时期就有专家提醒方法对于社会科学更为重要：自然科学可以借助仪器或机械进行，还可以用化验的办法来处理研究对象，而社会科学的研究对象经常是抽象的、常变的。

　　对方法的深入探讨必将继续。总的看来，方法要与所研究问题要相匹配、模糊的正确优于精准的错误，重要的公共议题往往具有多变量性，案例研究对于解释复杂社会现象、形成公共治理中的"地方性知识"有重要意义等，是有较大共识的。进一步说，如按照前述对社会科学的理解、更加之这些年国家的相关倡导作有力背书，案例研究无疑是正处"风口"的：个人认为其基本路径可以是扎进"小田野"+丰富"大田野"——扎实做好直接针对研究议题的调查研究，更把其扎根在个体不断沉淀的对复杂社会理解的"大田野"之上，这些大、小田野认知的叠加能弥补技术的不精致乃至在某些方面超越"精致的平庸"。注意这里面也包含了"把自己作为方法"，别忘了自己是最重要的研究工具，包括要用好除了逻辑力、计算力外，同样宝贵的洞察力。

　　回到本书中：跨部门协同是中外公共管理实践和研究都很关注的议题，其视野下的"领导小组"是一种本土习以为常、而又有不同认知的重要组织现象。我相信该领域的研究价值是具有普适性的，且"习惯行为的背后蕴藏着法理"、对其运行的更科学解释是会有利于地方治理实践的。在师友们的帮助指导下，我坚持从组织学角度，运用过程追踪法、剖析较为熟悉的旅游市场治理案例的方式推进研究。还好，这个议题最终成果是得到各方鼓励的（如相关"小论文"被列入近五年地方治理领域前沿热点论文）……这一过程中，我感觉也摸索到一种用学术讲好本土治理故事的出品方式：对一种在本土有长期实践又不乏不同认知的存在，能借助/综合运用中外学界都使用的基础性理论工具把其在道理上说清楚，用剖析鲜活的、历时性的案例来加以实证，由此而得出的一般性结论可以清楚"看见"（这时已是从有情节的故事到结构化的理论了）：哪些是中外可相通的、哪些的确又是本土特征明显的，哪些是行之有效的、哪些又是可以优化提升的；受众也因此而产生理解之同情/认同、理解之传播……

进一步，是不是还可以把"讲好故事"分为两个重要层面：一是传播相关层面，关键词是创作，侧重通过创意创新（包括增加情节性）、借助高新技术（如 AIGC）进一步把中外都有所认知的事物作更生动叙事；二是学术相关层面，关键词是"发现"，可以重在把有长期实践探索，但理论研究还不足，外人不理解甚至质疑、自身也担心说不清道不明的存在，用严谨的、逻辑的方式剖析并构建。可以说，学术面是"里面"而传播面是"外面"：破解"有理讲不出"首先需前者多多下功夫、化解"说了传不开"则要后者多赋能，并以此形成里应外合；而要讲好"里面"的故事，的确需要常怀"论文写在大地上的"之心、切实"大兴调查研究"之行——当然，从故事元素角度看，这样的也自带好故事所需的情节性，也更有条件把科学研究的解释力转化为对外传播的说服力。

关于书名，原拟取为《运行中的"领导小组"》，突出所聚焦的"小组运行"议题（也借鉴了著名组织学学者汤普森的名著《行动中的组织》），为了通俗化做了调整。今年初始，权威媒体新闻就显示全国已有多数省份以及一些省会、副省级城市举行了机构改革动员部署会议，"议事协调机构"议题依然是地方机构改革的重点任务之一。可见国家和地方一直在重视研究并优化身边的"习以为常"，也为研究者指明了更多可以深挖"富矿"的场域，能更好服务于中国式现代化的方向。

"大论文"的酸甜苦辣已过眼烟云，而诸多师友的"真传"记忆犹新：我的博士研究生导师李东泉教授在中国人民大学公共管理学院以治学严谨著称，同时她又能启发我根据自身知识积累、经历阅历选择议题并借助院里一流的科研平台攻坚克难；杨宏山教授扬弃前沿协同治理理论的点拨让创新有了一以贯之的方向感；李文钊教授提示"环境—结构"可作为研究的一个理论视角；刘一弘副教授帮助清晰了通盘的逻辑关系；叶裕民教授鼓励写出"让人想一口气读完而非读得喘不上气来"的文章（遗憾至今仍只能是后者）……还有公管院内的郑国教授、王洁晶副教授，院外的唐士其（北京大学）、蓝志勇（清华大学）、崔晶（中央财经大学）以及我校的许峰等教授的真知灼见都一次次 Push 了这项研究……求索路上哪能少了同门相助呢，李雪伟博士是其中的优秀代表——我的那些与"论文体"大相径庭的表达，经他品评后（此时他已是"能把体育一并给教了"的北京体育大学公共管理学院硕士生导师）有望成为贴近青年学人之举。

  家人"照例"不能缺场，但又无法用语言来描述她们的无限关爱。西南边陲亲人"天涯比邻"的支持，让我能心无旁骛地一"挖"就那么久！小家庭女主们已经习惯了我持续的"静默"状态，经历了"小升初"又不得不开"卷"的女儿在我的电脑文档中偷偷留下"酸秀才、不知书"之类就算是（代表女主）最大抗议……说实在的，每每有"打退堂鼓"念头，一个主因就是"于人于己都有认知提升"无疑是有大耗损做代价的——对未能很好承担家庭责任深感愧疚！

  最后，感谢当代中国出版社的大力支持，拙著得以如期出版。感谢学通中西的云华教授、知行合一的必虎教授、最早鼓励我"拓荒"的青年才俊马亮教授繁忙中的赠言勉励，我理解他们是为我的"十五五"指明了方向。

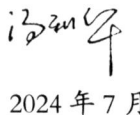

2024 年 7 月